古代歷史文化研究輯刊

十三編

王明蓀 主編

第 15 冊

宋代民婦的生活情態

陳偉慶 著

國家圖書館出版品預行編目資料

宋代民婦的生活情態／陳偉慶 著 -- 初版 -- 新北市：花木蘭文
化出版社，2015〔民104〕

目 4+178 面；19×26 公分
（古代歷史文化研究輯刊 十三編：第 15 冊）
ISBN 978-986-404-025-4（精裝）

1. 女性 2. 生活史 3. 宋代

618   103026954

古代歷史文化研究輯刊
十三編　第十五冊　　　　　　ISBN：978-986-404-025-4

宋代民婦的生活情態

作　　者　陳偉慶
主　　編　王明蓀
總 編 輯　杜潔祥
副總編輯　楊嘉樂
編　　輯　許郁翎
出　　版　花木蘭文化出版社
社　　長　高小娟
聯絡地址　235 新北市中和區中安街七二號十三樓
　　　　　電話：02-2923-1455 ／傳真：02-2923-1452
網　　址　http://www.huamulan.tw 信箱 hml 810518@gmail.com
印　　刷　普羅文化出版廣告事業
初　　版　2015 年 3 月
定　　價　十三編 27 冊（精裝）台幣 52,000 元

宋代民婦的生活情態

陳偉慶　著

作者簡介

陳偉慶（1980～），男，廣東雲浮人。文學學士，歷史學碩士、博士，現爲暨南大學文學院歷史系在站博士後，研究方向爲宋元社會史、文學史及中外關係史。曾在《文學遺產（網絡版）》、《中國韻文學刊》、《中國農史》等期刊發表論文二十餘篇，獨立主持第 55 批中國博士後科學基金面上資助項目《元明清時期朝鮮人口遷入中國考（項目編號：2014M552280)》。

提　　要

　　在宋代，平民婦女占女性人口的絕大多數。她們是直接參加生產勞動、創造社會物質財富的中堅力量。通過對宋代民婦的研究，有助於加深我們對宋代廣大民眾日常思維、生活習慣、心理素質和衣食住行、婚喪嫁娶、生老病死等行爲方式的認識。

　　本文的緒論部分回顧了中外學術界關於這一課題的研究成果，介紹了本文的研究方法、學術價值。論文正文部分共分四章。第一章，探討了宋代民婦群體的婚姻家庭生活，主要從初婚年齡、擇偶範圍、家庭生活、家務勞作等方面進行切入。第二章，從飲食習慣、居住出行、日常交往、醫療狀況、喪葬習俗這五方面入手，對宋代民婦的日常生活進行了論述。第三章，通過分析宋代民婦在農業、商業、手工業、服務業中的參與情況，對宋代民婦的經濟行爲進行了探討，以突出宋代民婦對社會經濟所做的貢獻。第四章，圍繞著宋代民婦的精神文化活動，對該群體教育情況、宗教信仰、休閒活動、節日娛樂等方面進行探討，反映了宋代民婦生活多姿多彩的一面。

　　最後，本文對宋代民婦的家庭地位與社會地位進行了總結。一般而言，宋代民婦在家中的地位較高，但這並不意味著在社會上也能獲得相應的地位。通過對宋代民婦群體的研究，可以爲我們瞭解宋代社會乃至整個古代社會提供一個新的視角。

目
次

緒　論

第一節　研究目的及意義

　　中國婦女一直以來都是以男性精英為主體的歷史敘述的「缺席者」與「失語者」，尤其是生活在古代社會的千百萬普通婦女。雖然她們絕大多數都默默無聞，幾乎未留下多少記載與痕跡，但她們才真正是婦女的主體。作為社會的弱勢群體，她們的經歷被忽視、貢獻被淹沒，歷史地位與作用沒有得到應有的反映和呈現，她們成了名副其實的「沉默群體」，正如美國學者費俠莉所說：「在不久的過去，女性與下層百姓、農民、少數民族等都是不受學者重視的邊緣人群，在歷史學中被忽略，似乎婦女不在歷史進程之中。其實婦女在歷史中的缺席是在歷史學家著作中的缺席，歷史上的婦女就像今天的婦女一樣是不可缺席的。關鍵在於歷史學家認為什麼樣的歷史是重要的，是值得找尋的。如果歷史學家認為只有帝王將相這樣的政治領袖是重要的，他們就會對有關女性的資料視而不見。但一旦將目光投向社會、日常生活、文化傳統，你就會接觸到大量有關女性活動的資料。」（姜進《女性主義視野中的中國歷史——與費俠莉教授的對話》，朱政惠等主編《海外中國學評論》第一輯，上海古籍出版社，2006 年，第 67 頁）

　　人口學家告訴我們，男女人口的出生比例是基本相等的。就算加上一些地區某個時期有殺害女嬰等現象的出現，在人類歷史的發展過程中，女性約占人類社會總人口的半數，古今皆如此。作為性別社會中的一大群體，她們是社會物質財富和精神財富的重要創造者之一，而且還是社會變革和歷史前

進的重要政治力量。馬克思曾高度評價了婦女在歷史發展中的作用，他指出：「沒有婦女的酵素，就不可能有偉大的社會變革。社會的進步可以用女性的社會地位來精確地衡量。」（馬克思、恩格斯：《共產黨宣言》，人民出版社，1972 年，第 24 頁）。如美國學者瓊‧凱利─加多所指出的：「我們對所謂進步發展的認識，如古典的希臘文明、文藝復興和法國大革命，將會得到令人震驚的重要評價。對婦女來說，雅典的所謂進步，意味著納妾制對公民妻子的幽禁；歐洲的文藝復興，意味著使資產階級的妻子們專事家務，以及對女巫愈演愈烈的跨階級的迫害；法國大革命也明顯地把婦女排斥在自由、平等、博愛之外。突然間，我們以新的雙重視角來重新觀察這些歷史時期，眼前呈現的是不同的畫面。」（瓊‧凱利─加多《性別的社會關係──婦女史在方法論上的含義》，載王政、杜芳琴主編《社會性別研究選譯叢書》，三聯書店，1998 年，第 84～85 頁）

在中國古代社會，平民婦女不僅在家內織麻養蠶、繅絲織布，而且還承擔了管理家務、撫養子女、贍養老人、飼養家畜等家務勞動，並從事手工業、商業、服務業等有償勞動。她們是國家的重要勞動力和財政收入的輸送者，同時也是家庭物質生活的維持者。墨子甚至將婦女紡織的意義提升到關乎國家強盛與否的重要地位上，他在《墨子‧非命下》指出：「今也，婦人之所以夙興夜寐，強乎紡績織紝，多治麻絲葛緒捆布縿，而不敢怠倦者，何也？曰：彼以為強必富，不強必貧，強必暖，不強必寒，故不敢怠倦。……婦人怠乎紡織績紝，則我為天下衣食之財將必不足矣。」如果婦女辛勤地進行紡織，百姓就會遠離寒冷而感到和暖，國家就會擺脫貧窮而趨向富強。由此可見，婦女是否紡績織紝，確乎關繫著國計民生。

在紡織業極為發達的時代和地區，甚至還出現了主要依靠婦女勞動交納賦稅和維持生計的情況。班固在《漢書‧食貨志》中特別指出：「婦人同巷相從夜績，女工一月得四十五日。」（班固《漢書》卷二十四），婦女除了白天的勞作，夜晚還要挑燈夜織，班固把婦女的勞動估算為一月 45 日，比男人更辛苦，而這還沒有加上維持生命延續的家務和生育勞動。所謂「一婦不織，天下必有受其寒者。」（王欽若《冊府元龜》卷四百七十三），從秦漢開始，女織一直就是重要的賦稅來源，軍事國力的體現。

在古代，平民婦女雖然不能出任公職，在公共領域有一番大作為，然而她們卻以另一種方式實現自我價值。她們在家內通過踐行管家、妻子、母親

的職責，表現出獨特的生存智慧。在較少受到教育的情況下，平民婦女也在用自己獨特的方式創造著文化，如剪紙、編織、刺繡、歌舞、口頭文學等。有的還在與同性的交往中創造和使用獨特的女性文字（女書），以表達女性的聲音。

　　由於中國古代社會是一個宗法與等級並存的社會，它們與性別秩序一起構成了婦女生活的複雜背景，而不同等級和階層的婦女生活狀態也是有著極大差異的。事實上，各個種族、民族、階級、地域、時代、宗教的婦女以及每個個體之間都存在著一定的差異。正是這種差異造成了婦女生存狀態的多元化與婦女史的多姿多彩。即使在同一階層內部，不同女性之間因輩份、身份及家庭環境等的差異，其人身經歷、生命體驗以及生活方式等也面貌各異。如就地區條件而言，在政權建設健全、國家機器運轉正常、經濟發展水平較高、傳統文化薰染較深、家族勢力強大的中心地區，與經濟文化相對滯後的邊疆與新移民區相比，人們的思想和行為即會有較大的不同。再如人們通婚地域的寬窄，女子初婚年齡的大小，守貞與再嫁人數的多少等諸多方面，也多與人們的生活圈子有關，並與不同的階級、階層背景聯繫在一起。

　　本文主要以宋代平民婦女這一群體作為研究對象。所謂平民，又稱良人、百姓、齊民、庶民等，是人數最多的社會階層，構成整個社會的基礎。它的最大特徵是有身份而無特權，有身份是相對賤民而言；無特權，則是相對特權階層而言，這就決定了其等級地位。本文所指宋代平民婦女包括了商人家庭的女性、市井小民家的女性、普通農家及鄉紳家庭女性和貧苦知識分子家庭的女性等。在古文的語境中，「婦女」可以專指已婚的女人，也可以泛指「婦＋女」，涵蓋了「在家」及出嫁的女人。本文所論「婦女」包括「已婚女性」和「未婚女性」。

　　南宋理學家程頤在論守節時曾說到：「餓死事極小，失節事極大」（程顥、程頤《二程遺書》卷二十二），《宋史‧列女傳》也有「婦人死不出閨房」（脫脫等《宋史》卷四六〇）之語，以致後人多認為，宋代婦女在嚴苛禮教的束縛下，一生鮮有獨立自主的機會。本文的研究目的主要即是通過對大量歷史材料的解讀，具體、全面地分析宋代婦女中占絕大多數的平民婦女的經濟行為、文化教育、宗教信仰、婚姻生活、日常生活等方面情況，以期加深我們對宋代婦女及宋代社會的進一步認識。

　　對於宋代婦女問題，學者們已經做了諸多有益的探討。但出自為婦女向

男權社會爭取權利的出發點，中外婦女史研究大都以婦女群體的共性作爲立論的基點，較強調婦女受壓迫的一面，故對於「婦女」這個群體多籠統論之。在對婦女群體的考察中，往往不注重分析同一性別之間的差異，這會導致我們對中國古代婦女的認識停留在「男尊女卑」的膚淺認識層面。一些研究者在運用社會性別理論的同時，卻往往忽視了社會性別研究的局限性，忽視了階級、種族等因素的影響，忽視了個體或群體之間的差異性。近年來，人們逐漸開始注意到婦女群體的差異性，而且發現這種差異之大，絕不亞於其共同性。有的學者提出：「同一社會性別內的差異，往往比不同社會性別之間的平均差異大。」（周顏玲《有關婦女、性和社會性別的話語》，王政等主編《社會性別研究選譯》，三聯書店，1998 年，第 383 頁）有的學者則指出個體之間的差異要遠遠大於兩性之間的差異，並據此提出反對把婦女作爲受壓迫的性別群體籠統地看待。

以往學界對宋代婦女史的研究大多不作分層，即使分層也多關注於后妃、妓女或節烈婦女之類的特殊女性，其結果必然會造成對婦女形象認識上的偏差。正如學者杜芳琴指出的：「婦女史不應該放棄對這兩類婦女（指后妃、妓女——引者注）的研究。但她們決不是中國古代婦女的代表，更不能成爲主流，她們畢竟是極少數地位生活特殊的一群，是一群依附性寄生性最強，生平際遇反差極大——表面一時的顯赫與事實上的奴隸生活結合的病態人生，若將注意力過多投入這裡，未免舍本（對大眾婦女的生活貢獻地位的探討）逐末（對個別上層婦女的過度渲染）。」（杜芳琴：《研究主體對婦女史研究的影響——婦女史出版物十年回顧（1981～1990）》，載《發現婦女的歷史——中國婦女史論集》，天津社會科學院出版社，1996 年，第 17 頁）。

眾所周知，宋代是中國社會一個轉型時期。明代陳邦瞻在《宋史紀事本末·敘》中就已指出：「宇宙風氣，其變之大者三：鴻荒一變而爲唐虞，以至於周，七國爲極；再變而爲漢，以至於唐，五季爲極；宋其三變，而吾未睹其極也。」這種變化包括土地財產轉移的方式；增長中的商業化和城市化；士人性質的變化，特別是入仕途徑的變化以及其他獲得和保持社會地位的辦法；儒學復興，尤其是程朱理學這個流派的逐步成功。還有宋代地理環境的變化；這些歷史潮流與婦女生活中的變化之間必然有著密切的聯繫。如科舉制激發了爭奪有學問的夫婿的競爭，反過來擡高了嫁資；城市化和增長中的商品經濟及士人階層的擴大等都刺激了對中下層婦女爲上層提供服務的需

求，如當婢女、妾和妓女，這一市場的發展又使有關女性魅力的標準和男女關係發生了微妙的變化。可以想見，處在社會變革中的宋代平民婦女必然有其自身的時代特色。

　　在宋代，平民婦女占女性人口的絕大多數，與其他階層婦女不同的是，她們是直接參加生產勞動、創造社會物質財富的中堅力量，因此我們不能忽略平民婦女對國家、社會和家庭的貢獻。通過研究宋代平民婦女，可以加深我們對宋代廣大民眾日常思維、生活習慣、心理素質和衣食住行、婚喪嫁娶、生老病死等行為方式，以及民眾對生命的理解等方面的認識。這對我們瞭解宋代社會各方面的情況也是大有裨益的。

　　宋代婦女生活是宋代社會生活的一個重要方面，是宋史研究的重要組成部分。宋代平民婦女作為一個有自主性的群體，在接受規範的同時，亦以各自環境所允許的方式，在不違背現有社會制度規範的前提下，在有限的社會空間中不斷主動與社會主流意識融合。這就需要我們對平民婦女群體內部進行深入考察，揭示平民婦女群體日常生活的共性和差異，同時探討其自身對生活的參與和努力。這不但能深化我們對中國古代婦女地位複雜性的認識，還可以加深我們對中國古代社會的瞭解。

第二節　研究現狀

　　對中國婦女歷史的關注可以說是古已有之，如關於婦女纏足的起始，早在明清時期便有學者進行探討。19世紀40年代以後，外國傳教士、商人、學者等來華後，觀察並記錄下中國女性的歷史和現狀。通過史料閱讀、分析可知，在19、20世紀之交，美國傳教士對中國婦女的觀察尤為典型，他們還曾在「廢纏足」、「興女學」運動中發揮了重要作用。確切地說，具有現代意義的中國婦女史研究始於20世紀20年代左右。它的發生既有學術因素，也有非學術因素。「五四」運動以來，由於反封建的需要，對於婦女受壓迫的歷史宣傳得較多。該時期的婦女史議題多圍繞探討中國社會性質，呼籲解放婦女並探索從解決婦女問題入手以振興國家民族的良策。中國的婦女史研究開始了拓荒階段，陳顧遠、陳東原、董家遵、趙鳳喈、王書奴等多位學者發表不少有關婚姻、家庭和女性生活史的論著，如陳顧遠《中國古代婚姻史》（上海商務印書館，1929）；陳東原《中國婦女生活史》（上海商務印書館，1937）；

趙鳳喈《中國婦女在法律上之地位》（上海商務印書館，1934）；王書奴《中國娼妓史》（上海三聯書店，1934）；董家遵更發表了一系列論文如《論中國古代婚姻的年齡》、《歷代節婦烈女的統計》、《從漢到宋寡婦再嫁習俗考》、《唐代婚姻研究》等，後結集爲《中國古代婚姻史研究》（廣東人民出版社，1995）這些論述雖然以學術面貌出現，但多是反映揭露男權壓迫、呼籲婦女解放的意旨。人們較多地注意婦女受到壓迫這一面，卻往往忽視了婦女創造歷史的主動一面。

建國初期，百廢待興，處理民族關係遂成爲國家大事。於是，歷史中「和番」公主如漢代王昭君與唐代的文成公主被推舉爲維護民族團結的使者。張家駒的《黃道婆與上海紡織業》（上海人民出版社，1959），即是爲元代將植棉和棉紡技術從黎族傳到上海一帶的黃道婆樹碑立傳。還有胡文楷編著了《歷代婦女著作考》（商務印書館，1957）。總體而言，婦女問題仍然未得到應有的重視。學術界與整個社會一樣，進入了一種政治化與「無性化」狀態：學術研究課題單一，造成該時期有關婦女史的論述甚少，寥寥無幾。僅有的少量婦女史著述多旨在闡述婦女的受壓迫歷史，以之教育婦女提高覺悟，學術研究成果並不多見。

20 世紀 70 年代末的改革開放，新思潮、理論和學術的引進，使得當時的學術思想界異常活躍。80 年代以後，史學與整個學術界開始進入了興盛階段。史學大家陳寅恪的集考據實證與抒發胸懷於一體之名作──《柳如是別傳》在 1980 年由上海古籍出版社出版。另外，陳寅恪對彈詞女作家陳端生的《再生緣》研究也是較爲關注。1984 年劉乃和在《光明日報》撰文《要重視古代婦女史的研究》，表達其「重視和加強婦女史研究的呼籲」。與此同時，在國內也出現了一些中國婦女史研究的論文與專著，具有代表性的專著諸如李季平《唐代奴婢制度》（上海人民出版社，1986）、高世瑜《唐代婦女》（三秦出版社，1988）、鄭慧生《上古華夏婦女與婚姻》（河南人民出版社，1988）、杜芳琴《女性觀念的衍變》（河南人民出版社，1988）、石雲、章義和《柔腸寸斷悉千縷：中國古代婦女的貞節觀》（陝西人民教育出版社，1988）、中華全國婦女聯合會編撰的《中國婦女運動史》（春秋出版社，1989）等。從 20 世紀 80 年代開始，婦女史研究者意識到把女性一概描述爲受害者的簡單僵化模式不利於女性運動的發展。因此，婦女史研究的目標開始轉向女性對歷史的貢獻，以反映女性才能的正面範例取代以往對女性否定的描述，竭力從歷史

中選取女性成功的典範，探討女性地位以及家庭、婚育問題的論著也是屢見不鮮。由於歷史學在新時期開拓新領域的需要，婦女史作爲新興的社會史學科的一個重要組成部分，逐漸受到史學界的正視與認可。婦女史在當今中國大陸雖非顯學，但與往昔的蕭條局面相比，可以說是發展迅猛，已逐漸在史學殿堂獲得了一席之地。

與婦女史興起最直接相關的是 20 世紀 80 年代中期社會史的重新興起。雖然至今人們對於所謂「社會史」的定義眾說紛紜，但是這一新興學科關注社會結構、社會群體，關注普通人的生活，是受到多數人公認的。因此，婦女史以及與之密切相關的婚姻、家庭等從一開始便被社會史納入麾下。早期的婦女史學家過多地強調了性別壓迫，將婦女視爲一體，忽視了婦女群體中的種族、階級等各種差異與矛盾。近年來，人們開始注意到婦女群體的差異性，而且發現這種差異之大，絕不亞於其共同性。強調婦女群體的差異性已成爲一種研究趨勢，這正是婦女史走向深入的表現。

當 20 世紀 80 年代中期中國內地的婦女史研究剛剛興起時，國外以及港臺地區的婦女史包括對中國婦女史的研究早已起步，並經過了較長時間的發展。以往的婦女史撰述，由於史料與思想方法的限制，較多注重少數上層婦女與精英人物，婦女史因此基本上是精英婦女史或上層婦女史。當前港臺婦女史學界已將注意力投入到平民婦女身上，特別注重平民婦女的生活經歷與個人感受。如臺灣學者游惠遠《宋代民婦的角色與地位》（新文豐出版公司，1998）、《宋元之際婦女地位的變遷》（新文豐出版公司，2003）、《宋代民婦之家族角色與地位研究》（花木蘭出版社，2011）等論著。許多港臺婦女學、婦女史學者，多有著強烈的人文關懷、社會責任感與平等意識。她們不僅關注普通婦女的人生經歷與感受，而且著述注意面向一般婦女讀者。相對以往的歷史學注重的關於國家、民族發展的「大歷史」，普通婦女的人生經歷與感受無疑屬於「小歷史」。然而，這些關於普通婦女人生的歷史雖「小」，意義卻不可低估，它不僅折射出了大歷史的發展情況，也是大歷史的具體生動補充。

同時，西方婦女史學者也強調婦女史是「人民史」，重視普通民眾。20 世紀 70 年代以後，西方婦女史的研究對象開始由知名婦女轉向「普通婦女」，其研究範圍也逐步擴大，研究領域從政治領域擴展到婦女的日常生活、宗教體驗、家庭、心理等方面，使西方婦女史彙入了社會史的洪流之中，從而開創了眞正意義上的婦女史。90 年代以後，後現代女性主義反對男女二元對立

的思維模式，提倡研究模式的多元化，尤其是反思以往白人女性主義話語的局限性問題。美國的中國婦女史研究者也受到這種學術思潮的衝擊和影響。這導致中國婦女史研究就出現了新轉機，集中表現在伊沛霞《內闈：宋代婦女的婚姻和生活》（江蘇人民出版社，2004）、費俠莉《繁盛之陰：中國醫學史中的性（960～1665）》（江蘇人民出版社，2006）、高彥頤《閨塾師：明末清初江南的才女文化》（江蘇人民出版社，2005）以及曼素恩《綴珍錄：十世紀及其前後的中國婦女》（江蘇人民出版社，2005）。伊沛霞賦予中國婦女以積極的主體性而進行了初步嘗試，開創了美國中國婦女史研究的新局面。伊沛霞經過研究發現，中國社會對上層婦女和勞動婦女的要求有著不同之處，宋代的上層家庭是「郎才女貌」，重視婦女的德、才和美；下層家庭則是「男耕女織」，更看重婦女在增加家庭收入中所起的作用，而這正是中國社會家庭關係的基本模式。

在日本學者中，柳田節子對宋元女性史尤其是財產權利和地位進行了頗為深入的研究，其中頗有不少新觀點。對「中國婦女地位的急遽下降始於宋代」的觀點，柳田節子即有不同看法。在其著作《宋代庶民的婦女們》（汲古書院，2003）中，柳田先生寫道：「歷來說到前近代的婦女，人們立刻想到的便是節婦烈女之類的形象。……本書欲暫時拋開節烈、隸從等固有的觀念，盡可能地接近平民婦女本來的生存形態，並想嘗試探索這些婦女與宋朝專制統治的相關節點。」全書分為兩大部分，第一編為《宋代庶民的婦女們》，收有《宋代女子的財產權——南宋時期於家產分割中的女承分》、《於宋代裁判中的女性訴訟》、《宋代的義絕和離婚、再嫁》、《宋代的女戶》和《元代女子的財產繼承》等五篇論文。第二編《宋代鄉村社會和專制統治》，收有《宋代鄉原體例考》和《宋代的父老——與統治農民的宋代專制權力相關》等兩篇論文。

在《宋代女子的財產權——南宋時期於家產分割中的女承分》一文中，柳田先生從「改嫁與妝奩財產」、「改嫁與亡夫的財產」、「女合承男之半」及「女子田產所有」這四方面說明宋代婦女具有一定的財產權。當時應該有一個共同遵守的劃分財產份數的法規，詳細規定了在室、歸宗、出嫁諸女的財產分割比例。柳田先生認為宋代婦女尚有一定的財產權，她指出「婦女財產權的逐漸喪失，是在明清以來朱子學成為國學、連科舉制也以朱子學為基礎以後才開始的」。《於宋代裁判中的女性訴訟》一文中，柳田先生從妾婢訴主

人、妻爲原告的離婚訴訟、母訴子不孝、宗室官僚家妻子涉訟等方面進行了考察。這些女子訴訟大多圍繞著後嗣與遺產，如母訴子不孝，即有出於爭財產爲目的。在現實中，由妻方主動提出的離婚並不少見，丈夫蓄妾或家貧都曾被當作離婚的理由。地方官判案時的標準不是以尊卑、上下爲先，而是以情理、曲直來判斷，由此可見婦女某些權利爲當時社會所承認。在《宋代的義絕和離婚、再嫁》一文中，柳田先生考證了宋代義絕律的內容，認爲所謂夫婦間的義是以夫妻雙方爲對象的。若夫妻一方對對方家族犯有殺、毆、罵、奸等行爲，即爲犯義絕，當然夫妻間是不平等的，對妻子一方更嚴屬。在宋代社會中，離婚是需要理由的，加上「三不去」的限制，實際在一定程度上阻止了男子的隨意拋棄妻子。柳田先生還指出，程頤的「餓死事極小，失節事極大」的名言，並非僅要求女性守貞，實際也批判了男性的再婚，此觀點令人耳目一新。在《宋代的女戶》一文中，柳田先生從女子財產權來考察宋代女戶的。她指出，宋代立女戶的條件是：取得納稅的田地，製作契約書，於官帳簿上登錄，蓋上官印。因此，立女戶就不限於寡婦，寡居不過是女戶的一種形式。女戶既編入主戶也編入客戶，作爲田地及其他財產的所有者，女戶也有戶等，並承擔賦稅。

柳田先生研究的範圍主要是在宋元時期的經濟史領域。對於宋代婦女的研究，柳田先生主要是從法律訴訟入手，對宋代婦女的財產權利進行了細緻的研究，認爲宋代並不是中國婦女地位開始急遽下降的時代。

日本學者島田正郎撰有《南宋家產繼承上的幾種現象》（《大陸雜誌》三十四卷，1956）。他認爲，南宋時期的江南地區，在家產分配上存在著男女平等，或近於平等的原則。

近年來，中國大陸有關宋代婦女問題的論文、專著日漸增多，範圍漸廣。現將近年來宋代婦女問題研究的成果綜述如下。

一、婦女經濟狀況研究

關於宋代婦女職業生計方面，早在全漢昇先生《宋代女子職業與生計》（《食貨》1 卷第 9 期，1935）起就開始探討這一問題。他認爲宋代的婦女不僅從事家內勞動，而且也參與社會生產，在農業、手工業、商業等各個領域都對社會做出了貢獻。該文相當部分描述遊藝娼妓等服務行業。郭東旭《宋代法律研究淺議》（《宋史研究通訊》，1989 年第 2 期）指出隨著宋代商品經濟

的發展，婦女的社會性勞動增強了，婦女經濟地位的變化帶來了婚姻家庭中地位的變化。袁俐《宋代女性財產權述略》（《宋史研究集刊》，1989）對宋代婦女財產權作了全面分析。袁俐指出，宋代婦女有一定的財產權、繼承權。該文對宋代女子對父家財產的繼承、隨嫁財產的轉移、寡婦財產權益的得失進行了較爲深入的探討。邢鐵《宋代奩田與墓田》（《中國社會經濟史研究》，1993 年第 4 期）從奩田的角度指出，宋代的陪嫁之風很盛。但對婦女來說，奩田只是一種不完整不穩定的所有權。唐自斌《略論南宋婦女的財產與婚姻權力問題》（《求索》，1994 年第 6 期）從宋代關於訴訟判詞和官府公文的《名公書判清明集》出發，認爲南宋婦女有一定的財產所有權和繼承權。但這種權利很有限，而且改嫁後更喪失了對原夫家產的支配權。作者經過分析後認爲婦女雖有一定的財產權和婚姻自主權，但不能估計過高。在男女的社會關係中，婦女仍處於卑賤地位。劉筱紅《中國古代婦女的經濟地位》（《中國史研究》，1995 年第 4 期）指出，宋代婦女的紡織經濟在家庭經濟中具有不可忽視的作用，甚至有些婦女也經營田產，她們也要承擔國家的賦稅重擔。吳旭霞《淺談宋代婦女的就業》（《學術研究》，1997 年第 10 期），認爲宋代婦女就業局限於服務性、商業性、手工業等行爲，就業對提高其地位有影響。鄭必俊《論兩宋婦女在經濟文化方面的貢獻》（《北京大學百年國學文粹·史學卷》，北京大學出版社，1998）也探討了宋代婦女的生計，但未見深入。宋東俠《簡析宋代在室女的財產權》（《青海師範大學學報》，2002 年第 1 期）一文認爲宋代對婦女財產權規定更爲詳細，並呈現出多重性特點，在室女除與兄弟分家產外，亦可繼承戶絕財產的全部或大部分，同時又可以借助嫁資而獲得部分財產繼承權。高楠、王茂華《宋代家庭中的奩產糾紛——以在室女爲例》（《貴州文史叢刊》，2004 年第 2 期）認爲對於沒有經濟來源的女性來說，獲取奩產陪嫁是女兒間接參與娘家財產分配的最常用方式，這得到法律及社會認可。當其財產受到侵犯時，甚至不惜以訴訟的方式來維護自己的利益，這也反映了其自身所具有的法律觀念和經濟觀念。柳立言《宋代分產法「在室女得男之半」新探（上、下）》（《法制史研究》2004 年，第 5、6 期）對女子繼承權進行了討論。該文認爲，所謂「在室女得男之半」，有兩種情形，一是聘財法，適用於分產前已支配聘財或嫁妝的場合，在室女可分得兄弟聘財的一半；二是男 2 女 1 法，適用於分產前未支配聘財或嫁妝的場合，即在室女可分得兄弟應繼份額的一半。

　　另外，易素梅《契約關係中的女性活動——以唐宋時期的女性戶主爲中心》（《國學研究》第 5 輯，1998 年）、宋東俠《簡析宋代在室女的財產權》（《青海師範大學學報》，2002 年第 1 期）、張文《民間慈善：婦女參與社會活動的有效途徑》（《西南大學學報》，2005 年第 3 期）、李智萍《宋代女戶的財產來源》（《平頂山學院學報》，2005 年第 6 期）、張金花《宋代女性經商探析》（《中國史研究》，2006 年第 4 期）、魏天安《宋代財產繼承法之「女合得男之半」辨析》（《雲南社會科學》，2008 年第 6 期）、郭麗冰《宋代女性對家庭經濟貢獻探析》（《湘潭師範學院學報》，2008 年第 3 期）、鐵愛花《論宋代女性的賑濟活動》（《西北師大學報》，2009 年第 4 期）、崔碧茹《宋代女性的經濟活動：以地產買賣與契約爲中心》（《中國經濟史研究》，2010 年第 3 期）、戰秀梅《宋代婦女經濟活動探析》（《中國社會經濟史研究》，2010 年第 10 期）等論著都從不同角度對宋代婦女經濟行爲進行考察。

二、婦女婚姻問題

　　張邦煒《宋代婦女再嫁問題的探討》（《宋史研究論文集》，1984）一文中列舉了大量史料進行論證，指出宋代婦女改嫁者較多，但宋代婦女擁有的一定改嫁和離婚的權利並不屬於女子本人，而是屬於其父母。在《婚姻與社會》（四川人民出版社，1987）一書中，張邦煒採用把宋代同以唐代爲主的前代相對比的方法，對唐宋之際婚姻制度、婚姻習俗和婚姻觀念的某些變化作了介紹和探討。張邦煒認爲，從婦女這一角度看，雖然宋代在婚姻上男女之間仍是不平等的單方面的一夫一妻制、單向性的婚姻不可離異；但是，由於法律給予了女子一定的離婚權和改嫁權，宋代婦女改嫁者仍然較多，守節者依然較少，與唐代比並無多大變化。張邦煒《試論宋代「婚姻不問閥閱」》（《歷史研究》，1989 年第 3 期），認爲「不問閥閱」是宋代婚姻制度的一大特色，他歸結出三個主要依據：一是「士庶婚姻浸成風俗」；二是后妃「不欲選於貴戚」；三是宗室婚姻「不問閥閱」，並對唐宋兩代進行比較，認爲宋代是由門閥政治時期進入典型官僚政治階段的重要時期。方建新《宋代婚姻論財》（《歷史研究》，1986 年第 3 期）一文論述了宋代婚姻「不顧門第、只求資財」現象的表現、影響及其產生原因。他指出宋代上至皇族、下至民間，婚姻論財的風氣都很嚴重，此風盛行給宋代社會帶來了一系列嚴重後果；籌措聘財嫁奩成爲當時人們的一大負擔。婚嫁失時、童婚、早婚等社會流弊出現。吳旭霞

《試論宋代婚姻科舉士人》（《廣東社會科學》，1990 年第 1 期）一文認為科舉中榜的士人也符合宋代貴戚們擇婿的標準。有關宋代婚姻的論述大多集中於上層社會的婚姻生活，而這種婚姻關係往往與政治、經濟利益相掛鈎，體現了這一時期婚姻關係的政治性。吳寶琪《宋代的離婚與婦女再嫁》（《史學集刊》，1990 年第 1 期）用大量事實證明無論北宋還是南宋，不論是宗室貴戚、士宦之家，還是普通百姓家庭，都存在著婦女再嫁現象。而且，宋代法律也允許婦女改嫁。

離婚改嫁在宋代並未因為理學的興起而被完全禁錮。屈超立《從宋代婚姻立法和司法實踐看宋代婦女的社會地位》（《國際宋代文化研討會論文集》，四川大學出版社，1991）指出宋代婚姻立法全面繼承了唐律中的有關規定，《宋刑統》中的婚姻法規在宋代行之有效。但在司法實踐中，卻比前代判決的寬嚴程度有了某些變化。宋代頒行有利於婦女離婚改嫁的條文，在實踐中為官員所認真執行。這與門閥士族退出歷史舞臺，人身依附關係減弱，商品經濟發展，婦女財產有所擴大等有著密切關係，批駁了傳統觀念上認為理學家所提倡的「死守貞節」的主張剝奪了婦女離婚改嫁的權利的觀點。宋東俠《論宋代婦女改嫁盛行的原因》（《青海師範大學學報》，1996 年第 1 期）認為宋代婦女改嫁極為普遍，貞節觀念的變化及有關法律規定為改嫁提供了基礎，理學對宋代社會乃至婦女的影響極為有限。劉春萍《南宋婚姻家庭法規中婦女地位芻議》（《求是學刊》，1996 年第 6 期）就南宋婦女的離婚權、改嫁權、財產繼承權作了論述，認為這是由物質生活條件所決定的，是經濟關係的必然反映，但是這種權利、自由是有限的。杜桂榮《宋代女子離婚、再嫁與社會地位》（《湖北大學學報》，2000 年第 3 期）認為宋代社會女子再嫁往往與其私有權缺失相關，無論是貞是淫，都體現了父權意識形態的要求。薛瑞生《兩宋提倡婦女改嫁說》（《文史知識》，2000 年第 7 期）以宋代婦女改嫁為例，對有關封建禮教在宋代對婦女禁錮最嚴、受害最深的觀點進行了剖析。初春英《也論宋代婦女的離婚、再嫁及地位》（《黑龍江教育學院學報》，2002 年第 3 期）認為宋代婦女離婚、再嫁較為普遍，是不可否認的事實。但決定權並不屬於婦女本身，大多聽命於長輩，而且有些是不情願的、被迫的。婦女有一定的資財，不可避免的造成婦女再嫁帶有金錢交易的性質，寡婦再嫁也是形勢所迫，所以她認為宋代婦女地位並不高。吳旭霞《試論宋代的貞淫觀》（《江漢論壇》，1989 年第 5 期）強調宋代理學家的觀點對當時社會生活的影響還不

是很大，正是因爲宋人的貞淫觀比較寬泛，才引起理學家們的重視。宋代的貞淫觀是古代社會貞淫觀的過渡時期，宋代女子改嫁普遍，貞節觀念淡薄，不少年青女子追求婚姻自由。蔡淩虹《從婦女守節看貞節觀在中國的發展》（《史學月刊》，1992 年第 4 期）用列表的方法計算出各代節婦的年平均人數，分析得出宋代前期人們的貞節觀比較寬泛、淡薄，有的學者把宋代視爲中國古代貞節觀强化的轉折點，並不準確。

　　朱瑞熙《宋代社會風尚》（《撫州師專學報》，1991 年第 3 期）將宋代「婚姻禮儀」進行概括，他認爲宋代人們在婚姻上，把鄉貫、望族放在次要地位，較重視對方及其家族的官職或錢財，這種社會風氣的形成對當時的婚姻禮儀產生了較大影響。陳廣勝《宋代生子不育風俗的盛行及其原因》（《中國史研究》，1989 年第 1 期）指出，宋代的生產力水平遠遠滿足不了人口增長的需要，因而使宋人多子多福的生育意識產生動搖。臧健《南宋農村「生子不舉」現象之分析》（《中國史研究》，2003 年第 2 期）指出「生子不舉」這種與中國傳統觀念相悖的生育習俗廣泛存在於兩宋的農村地區，是用人爲的因素來控制家庭人口增長，完全是出於貧苦農民的自發行爲，指出「生子不舉」是對無節制生育的自我報復，結果導致了男女比例失調，出現了買賣婦女和早婚現象，同時對婦女身心健康帶來極大影響。臺灣學者劉靜貞所著《不舉子：宋人的生育問題》（稻鄉出版社，1998）一書，全面探討了「地獄中的母親──損子壞胎的報應說」、「產育之難──婦產婦學的局限與支持」、「殺子成風──經濟性理由的探討」、「前生今世──親子之結緣」等問題。李伯重《墮胎、避孕與絕育：宋元明清時期江浙地區的節育方法及其運用與傳播》（李伯重《多視角看江南經濟史（1250～1850）》，三聯書店，2003）則獨闢蹊徑，指出江浙民間採用的生育控制手段（墮胎、避孕與絕育）分爲藥物方法和非藥物方法兩種，對各種方法的具體內容及使用情況逐一進行考察，對這些方法在民間的傳播途徑進行了分析，認爲兩宋時期江浙地區在生育控制方法的多樣性和有效性等方面，取得了重大進步，這些方法已經爲廣大民眾所接受。

　　其他關於宋代婦女婚姻生活比較重要的論文，還有白凱、柳田節子《關於南宋家產分割中的女子繼承部分》（《劉子鍵博士頌壽紀念宋元史研究論文集》，日本同朋舍，1989）、杜桂榮《宋代女子離婚、再嫁與社會地位》（《湖北大學學報》，2000 年第 5 期）、陳大爲《從社會法律層面看唐宋女子再嫁問題》（《青海師範大學學報》，2006 年第 2 期）、邢鐵《唐宋時期的贅婿和接腳

夫》(《宋史研究論叢（第九輯）》，河北大學出版社，2008)、鄭麗萍《宋代婦女婚姻生活研究》(華東師範大學博士論文，2010)等等。

三、婦女地位問題

　　有學者認為，相比唐代婦女，宋代婦女的地位大有下降之勢。徐規先生於 1945 年完成的碩士論文《宋代婦女的地位》(收入徐規《仰素集》，杭州大學出版社，1999)，指出宋代婦女地位是處於下降過程的。朱瑞熙《宋代社會研究》(中州書畫社，1983)第八章比較了唐宋婦女地位，認為宋代夫權得到加強，女權進一步被剝奪。具體表現為：宋代婦女的婚姻自主權日益被剝奪，財產繼承權逐步減少，提倡婦女裹足、出門戴蓋頭等，限制婦女的行動自由。姚紅《從寡婦財產權的變化看兩宋女子地位的升降》(《浙江學刊》，1993 年第 1 期)指出，兩宋社會確實是女子地位嚴重下降的轉折時期。余貴林《宋代買賣婦女現象初探》(《中國史研究》，2000 年第 3 期)，認為宋代買賣婦女大量存在，表現在宋代法律並不完全禁止買賣婦女。宋代皇帝出於各種原因也加以支持，士大夫則把蓄妾視為「人情」，因此到處都可見妓女的身影，並在各地形成了規模不等的人口市場，買與賣的主體及動機各不相同，程序也相當複雜，從中可見婦女的命運十分悲慘。鍾年、孫秋雲《宋代的婦女生活》(《文史知識》，1995 年第 8 期)、《肉體與精神的雙重禁錮——宋代婦女生活》(《文史雜誌》，1996 年第 1 期)，從宋代婦女的服飾、行為、纏足、貞節觀等多方面，提出婦女在肉體和精神上受到的雙重禁錮的觀點。臧健《宋代家法與女性》(《慶祝鄧廣銘教授九十華誕論文集》，河北教育出版社，1997)則指出，在中國古代社會中，地位最低的並不是深受儒家文化思想薰陶的士人家族婦女，而是表面看來不受儒家思想束縛的生活在鄉村的廣大民眾婦女。

　　對宋代婦女地位大有下降的觀點，也有不少學者持不同意見。如張邦煒《婚姻與社會》(四川人民出版社，1987)認為，宋代婦女再嫁者仍然較多，宋代並不是婦女地位急轉直下的時期。張邦煒《兩宋婦女的歷史貢獻》(《社會科學研究》，1997 年第 6 期)從婦女參與政治、主持家政、發展經濟、繁榮文化等幾個方面作了詳細論述，得出兩宋婦女的歷史貢獻備長期被忽視，這與不能正確估計兩宋婦女的社會地位有關。賈貴榮在《宋代婦女地位與二程貞節觀的產生》(《山東社會科學》，1992 年第 3 期)指出，宋代男女青年還有一定程度自由結合的可能，在構建自己的生活時，女子亦有一定的自主權，

寡婦再嫁具有一定的普遍性。宋東俠《論宋代婦女改嫁盛行的原因》（《青海師大學報》，1996 年第 1 期）認爲理學對宋代社會包括婦女的影響極爲有限。

鄧小南《從考古發掘資料看唐宋時期女性在門戶內外的活動》（載李小江等編《歷史、史學與性別》，江蘇人民出版社，2002）指出：家族門戶內外界限的象徵意義，強烈地存在於時人的理念之中。鮑家麟、呂慧慈《婦人之仁與外事——宋代婦女和社會公共事業》（載鄧小南主編《唐宋女性與社會》，上海辭書出版社，2003）探討了唐宋婦女在家庭之外的社會活動。

其他關於宋代婦女地位問題的論文還有宋東俠《宋代婦女的社會地位》（河北大學碩士論文，1986）、李侃諭《宋代的婦女地位及其生活》（《史化》，1999 年第 27 期）、宋東俠《淺議宋代婦女在社會生產中的作用》（《青海社會科學》，2000 年第 6 期）、臧健《對宋元家族制度、家法與女性的考察》（《山西師大學報》，2000 年第 2 期）、苗玉勤《試論宋代婦女的地位及其社會作用》（鄭州大學碩士論文，2005）、秦豔《淺談兩宋之交婦女的生活狀況》（《長治學院學報》，2005 年第 4 期）、宋東俠《宋代婦女地位研究》（中國文史出版社，2006）、饒軍《「餓死事小，失節事大」的貞節觀與宋朝婦女地位》（《湖北職業技術學院學報》，2009 年第 3 期）、劉欣《略論宋代家訓中的「女教」》（《中華女子學院學報》，2009 年第 5 期）、鄧小南《出土材料與唐宋女性研究》（《中國史新論・性別篇》，財經出版社，2009）、馬瑩瑩《宋代婦女的生活及地位考》（《黑龍江史志》，2009 年第 16 期）等等。

四、婦女文化教育問題

對於宋代婦女文化教育問題，學界也有較多論述。苗春德《宋代教育》（河南大學出版社，1992）是一部全面介紹宋代教育的專著。作者認爲婦女教育在宋代受到重視，大批有文化女性的湧現，正是宋代教育、文化發展不可阻擋的結果，這是對男權主義的一種衝擊。

方燕《巫文化視域下的宋代女性》（四川大學博士論文，2005），及其於博士論文基礎上撰成的《巫文化視域下的宋代女性——立足於女性生育、疾病的考察》（中華書局，2008），對宋人關於女性生育的整體認識、對於生育過程的觀念、生育技術、對婦嬰照護的醫學和巫學解讀、女性的生育困境等進行了考察。本書的特別之處在於對醫療與身體史的巫學解讀的探討，如對產後病和其他婦科疾病的產生與治療中的巫術因素進行了論述。

梁鳳英《宋代婦女的獨立意識》(《鄭州大學學報》,1996年第5期)指出,宋代婦女在詞書藝術及其他技藝上均佔有一席之地。宋代婦女不僅善於創作,在書畫、緙絲技術、瓷器工藝、木雕等其他也頗有貢獻。陳華文《論宋代城市的風俗及對後世的影響》(《浙江師大學報》,2000年第5期)探討了宋代城市民俗及其特點,尤其突出了婦女纏足、結婚喝交杯酒、相親等民俗對後世的影響。黃偉《宋代體育與宋代社會》(《史學月刊》,1992年第6期)指出宋代婦女參加體育運動的人數雖不多,但女子相撲卻十分普遍,自街頭至民間瓦肆,甚至宮廷中均有她們的身影。徐爽《宋代女子禮佛研究》(浙江大學碩士論文,2011)選取士大夫家族的女子為主要論述對象,考察了宋代士大夫們積極地排佛興儒,而與他們聯繫最緊密的人——母親、妻子和女兒卻禮佛。該文試圖通過對女子禮佛現象的解析,從這一視角來反觀這一時期儒學自身的重建與發展。

相關論文還有馬莉《宋代女子教育》(河南大學碩士論文,2003)、陳莉婷《宋代家訓之女子教育觀研究》(臺灣師範大學碩士論文,2003)、黃亞娟《試論宋代女子教育》(《內蒙古農業大學學報》,2005年第4期)、鄭必俊《宋代家庭文化教育的發展與官紳家族婦女》(《燕京學報》,2005)、趙悅鳳《宋代女子教育的內容和成就初探》(河南大學碩士論文,2007)、汪莉《論宋代上層婦女教育中的儒家人文主義思想》(《鄖陽師範高等專科學校學報》,2008年第2期)等從宋代女子教育方面探討教育對宋代女子的影響。

黃啓江《兩宋社會菁英家庭婦女佛教信仰之再思考》(《法鼓佛教學報》,2008年第6期)、秦豔《從墓誌看宋代女性的佛教信仰》(《晉陽學刊》,2009年第6期)等文章主要通過墓誌等材料考察了宋代婦女佛教信仰的情況。

張明葉《兩宋末年愛國婦女的詩詞》(《文史知識》,1993年第11期)、馬秀娟《宋代的婦女詩作》(《中國典籍與文化》,1994年第3期)、程春萍《宋代婦女詞中的女性形象》(《社會科學戰線》,1994年第3期)、程民生《略論宋代市民文藝的特點》(《史學月刊》,1998年第6期)、文瑾《宋代市井體育休閒文化考略》(《新聞愛好者》,2009年第16期)、宋多霞《唐宋女性著述之比較》(《蘭州學刊》,2009年第4期)對宋代婦女的文化水平等問題進行了探討。

五、各階層婦女研究

（一）皇后妃嬪

張邦煒《宋代公主》（《天府新論》，1990 年第 1 期）對宋代公主的封號、等級、俸祿及婚配作了較爲全面的考述。黃錦君《宋代后妃》（載《國際宋代文化研討會論文集》，四川大學出版社，1991）對宋代后妃的封號、等級地位及生活進行了全面考察。魏志江《論宋代后妃》（《揚州師範學院學報》，1994 年第 1 期）詳細論述了宋代后妃制度及其演變，在政治、經濟上的待遇，總結出后妃制度有兩大特點：一、后妃多出身於軍事官僚家庭；二、后妃需「德、閥」並重。朱瑞熙《宋朝的宮廷制度》（《學術月刊》，1994 年第 4 期）認爲宋代統治者在吸取漢唐的歷史教訓下，注重「治內」，嚴禁后妃干預政事，這涉及到皇后和妃嬪的編制；宮廷管理機構和宮女的編制；皇后和妃嬪的人選；后妃和宮女的等級、俸祿和恩蔭等待遇，並就其約束機製作了詳細介紹。張明華《論北宋女性政治的蛻變》（《河南大學學報》，2002 年第 1 期）認爲北宋眞宗劉皇后、仁宗曹皇后、英宗高皇后、神宗向皇后、哲宗孟皇后的聽政，走的是一條人格弱化、權力弱化的下降路線。祝建平《仁宗朝劉太后專權與宋代后妃干政》（《史林》，1997 年第 2 期）論述了宋初劉太后的專政之路，劉太后雖欲弄權但最終失敗，導致其失敗的原因主要是北宋有嚴密的官僚監督體制，對宮廷防範的嚴密及劉太后自身的弱勢。

靳華《兩宋之際孟后垂簾聽政與民族矛盾》（《求是學刊》，1997 年第 3 期），認爲宋朝一直處於民族政權的攻擊之中，兩宋之際，孟后兩次垂簾聽政，這與她的身世及遭遇有極大的關係，並就其垂簾時的背景、情況作了交待，認爲兩次垂簾聽政對於維護、鞏固宋朝統治有功績。張明華《北宋宣仁垂簾聽政的心理分析》（《洛陽師範學院學報》，2004 年第 1 期）論及北宋宣仁太后垂簾時期，面對內政外交和自己所處環境的心理反應，並對此進行了剖析，認爲這是政治形勢的一種心理對應。相關論文還有張明華《北宋第一位垂簾太后與宋代最初的黨爭》（《開封師範高等專科學院學報》，1997 年第 4 期）、張明華《從曹皇后的道德自虐看北宋中朝儒學復興對宮廷女性的負面影響》（《浙江萬里學院學報》，2004 年第 1 期）、鮑藝敏《宋代恭聖仁烈楊皇后籍貫考》（《南方文物》，2003 年第 3 期）。

就宋代后妃預政方面，學者也有較多關注。楊光華《宋代后妃、外戚預政的特點》（《西南師範大學學報》，1994 年第 3 期）一文，認爲宋代后妃預政

的一大特點就是不重用外戚，沒有造成后妃勢力的危害，並就后妃預政的原因作了深入探究，認爲主要是由於后妃缺乏雄厚的政治經濟實力和受到多方面的限制所造成的。諸葛憶兵《論宋代后妃與朝政》（《南京師範大學學報》，1998 年第 4 期）一文中，他認爲宋代后妃同樣具有權力欲，但由於宋王朝將其預政納入了良性運行軌道，成爲皇權的有利補充，這對於抑制外戚勢力、維護趙宋王朝的平穩過渡有重要作用。肖建新《宋代臨朝聽政新論》（《社會科學戰線》，2003 年第 4 期）認爲宋代有 9 位后妃 10 次臨朝聽政，這較爲罕見，但都未危及趙宋王朝統治。究其原因，與宋代后妃聽政合法，依靠文臣取代依靠外戚、宦官以及與后妃自身的賢德有較大關係。相關論文還有楊果《宋代后妃參政評述》（《江漢論壇》，1994 年第 4 期）、蔡一平《漢宋女主的比較》（《中國典籍與文化》，1994 年第 3 期）、朱子彥《宋代垂簾聽政制度初探》（《學術月刊》，2001 年第 8 期）、羅嬋《試比較唐宋兩代婦女的政治地位》（《零陵學院學報》，2003 年第 4 期）、譚平《后妃與宋代政治》（《中華文化論壇》，2008 年第 3 期）等。

李春棠《坊牆倒塌以後》（湖南人民出版社，1992）乙篇《后宮微瀾》對兩宋后宮生活作了全面的介紹。該文指出，宋代皇后、妃嬪大多出身低微，這正是兩宋不重門第思想的又一表現。陳峰《北宋皇室與「將門」通婚現象初探》（《文史哲》，2004 年第 3 期）通過用統計的手法得出北宋皇室與將門通婚現象十分突出，這實際上是一種政治手段，在於籠絡將門之人爲朝廷效力，以後則形成打壓和拉攏相結合的武將政策，由此造成了一批長期與皇室聯姻而又統軍的著名將門。吳旭霞《試論宋代宗室之婚姻》（《江西社會科學》，1996 年第 4 期）認爲宋代宗室出於政治原因重視門第婚姻，完全無視當事人的感情，造成許多婚姻悲劇，這是一種功利主義婚姻的體現。但是宗女離婚可以再嫁，而宋代以後宗女再嫁就難以實現。相關文章還有李智萍《宋代宗女婚姻論略》（《殷都學刊》，2004 年第 1 期）。

季曉燕《論宋代后妃的文化品格：中國女性文化思考之一》（《江西社會科學》，1996 年第 10 期）在論及宋代后妃的同時，認爲宋代后妃在表面浮華之下隱藏著太多的缺憾與痛苦。她認爲宋代后妃多是附屬於男性政治，並對其原因作了剖析。以封建正統的標準衡量，宋代后妃可稱楷模，但仍可窺見她們身上古代女性典型的社會悲劇和命運悲劇的多重意蘊。張明華《「靖康之難」被俘北宋宮廷及宗室女性研究》（《史學月刊》，2004 年第 5 期）一文就「靖

康之難」史料所載的宮廷及宗室女性爲研究對象，揭示了特殊時期這一階層女性的不同遭遇及變遷。

（二）官宦婦女

鄧小南《宋代蘇州士人家庭中的婦女》（載《北京大學婦女問題第三屆國際研討會論文集》，1994）指出，蘇州士人家族婦女中的不少人事實上掌管著家族產業，成爲家族事務正常運轉所倚重的對象，其中有些更以不同的方式輔助乃至介入夫君子嗣的事業。曾棗莊《三蘇姻親考》（《中華文史論叢》，1986年第 2 輯）在對三蘇姻親逐個紮實考證基礎上，探討了三蘇姻親與黨爭的關係。馬斗成《宋代眉山蘇氏婚姻與黨爭》（《煙臺大學學報》，2001 年第 2 期）探討了眉山蘇氏婚姻與黨爭的關係，從婚姻的側面入手探討了宋代黨爭的情況。姚兆餘《論北宋世家大族的擇偶標準》（《甘肅社會科學》，2002 年第 6 期）認爲宋代「婚姻不問閥閱」並不等於「不問門第」，在以特權和等級爲基核的宋代社會，崇尚門第仍然是大部分家族締結婚姻關係時恪守的原則。此外，與宋代政治體制和社會結構變遷相一致，「以才擇婿」也成爲世家大族擇偶的重要標準。陶晉生《北宋士族家庭・婚姻・生活》（臺灣中央研究院歷史語言研究所，2001）一書，專門論述士族階層的家庭、婚姻及生活，作者指出士族婦女不僅掌管家庭的財務，而且在丈夫死後處理財產。王善軍《宋代三槐王氏家族的仕宦、婚姻與文化成就》（《河北學刊》，2003 年第 2 期）列舉了宋代三槐王氏家族的聯姻對象，同樣認爲北宋世家大族不問閥閱問門第、以才擇婿的兩個擇婿標準。張彥霞《宋代韓琦家族婚姻關係特徵考論》（《集寧師專學報》，2005 年第 3 期）也持相同的觀點，認爲士大夫家族婚姻及婚姻關係常與政治經濟利益相關聯。相關論文還有馬斗成《宋代眉山蘇氏婚姻圈試探》（《天津社會科學》，2002 年第 2 期）、張明華《王安石家族女性文化初探》（《鄭州航空工業管理學院學報》，2004 年第 1 期）等等。

戚良豔《宋代士人婦女在家庭經濟運營中的作用》（上海師範大學碩士論文，2006）指出宋代士大夫雖不希望婦女過多地參與家庭經濟的決策，但又需要婦女的協助，正是這種矛盾的心理，在家庭經濟中給婦女留下一定發揮空間。其次，在現實生活中，宋代士人婦女擁有相當數量的私財。在法律上，這部分私財雖被記於夫家名下，但在社會習慣中，婦女實際擁有私財的支配權，決定私財的消費與投資方向。相關論文還有劉靜貞《正位於內——宋代女性的生活空間》（《錢穆先生紀念館館刊》，1998 年第 2 期）等。鄭麗萍《宋

代婦女婚姻生活研究——以〈全宋文〉所涉 4802 篇墓誌爲例》（華東師範大學博士論文，2010）以墓誌爲探討重點，對宋代官宦婦女其婚姻家庭等日常生活狀況、變化及其社會文化背景與內在原因等問題進行了深入的考察。類似的文章還有楊果《宋人墓誌所見女性形象解讀》（《（臺灣）東吳歷史學報》，2004 年第 6 期）、王章偉《從幾個墓誌銘看宋代河南呂氏家族中的婦女》（載《宋史論文集——羅球慶老師榮休紀念專輯》，1994）等。

鐵愛花對宋代官宦婦女有較深入的探討，其博士論文《宋代士人階層女性研究——秩序、規範與女性生活》（武漢大學博士論文，2006），及博士論文基礎上撰成的《宋代士人階層女性研究》（人民出版社，2011），還有《論宋代士人階層的夫妻關係——秩序規範與實際形態》（《蘭州大學學報》，2009 年第 1 期）、《淺論宋代外命婦及其家務管理職能》（《濮陽職業技術學院學報》，2009 年第 4 期）等等，廣泛考察了宋代國家、士人社會、地方鄉里以及士人家庭等對女性的規範，從不同角度研究宋代士人階層女性的生活。她還從多角度、多層面透視宋代社會秩序、規範與士人階層女性實際生活之間的關係，將宋代女性問題的思考引向深入。

（三）傑出女性

對於宋代女性人物個案研究以李清照研究占絕對優勢，關於朱淑眞、張玉娘、唐婉等的文章也爲數不少。朱靖華《李清照是齊魯文化性格的婦女典型》（《中國人民大學學報》，1992 年第 3 期）把李清照放到宋代整個文化背景中去考察，把她作爲中華民族一個突出文化現象來考察。劉乃昌《論李清照的文化性格及詞作成就》（《濟南師專學報》，1990 年第 2 期）認爲，淵博的學養，摯著的追求，對愛情和生活熾烈的興致以及要強的個性構成了李清照的文化性格。馬瑞芳《李清照再嫁之謎》（《文史知識》，2000 年第 7 期）對李清照再嫁這一百年話題展開議論，認爲摘掉「爲才女爭貞節」的觀點，李清照再嫁之事便不難辨明。周桂峰《李清照研究回顧與展望》（《淮陰師範學院學報》，2000 年第 3 期）、畢寶魁《李清照生年新論》（《遼寧大學學報》，1992 年第 4 期）等文對李清照也有所論及。羅時進《一個罕見的女性形象——宋代作家朱淑眞》（《蘇州大學學報》，1993 年第 1 期）指出，朱淑眞亦剛亦柔的個性，大膽執著的愛情追求，涵宏開闊的創作視野，使她成爲中國古代史上一個罕見的女性形象。繆鉞的《論朱淑眞生活年代及其〈斷腸詞〉》（《四川大學學報》，1991 年第 3 期）一文，對朱淑眞生活年代進行了詳細考辨，指出朱

淑眞的生活年代爲南宋初期。作者還對朱淑眞的生平事跡進行了研究，並對
其主要作品《斷腸詞》進行了論析。

（四）平民婦女

相對於其他階層婦女而言，宋代平民婦女的研究成果並不多。季曉燕《論
宋代列女的特質》（《江西師範大學學報》，1997 年第 2 期），認爲宋代列女呈
現出兩個相反趨勢：一是列女爲丈夫殉死，這是非常盲目愚昧的。二是列女
開始追求自強獨立的人生價值。臺灣學者游惠遠《宋代民婦之家庭角色與地
位研究》（東海大學碩士論文，1988）、《宋代民婦的角色與地位》（新文豐出
版公司，1998）、《宋代民婦之家族角色與地位研究》（花木蘭文化出版社，2011）
主要從婚姻的角度來論述婦女的家庭地位及財產權，其論述偏重於下層婦女
群體，較少涉及士人婦女。張偉然《唐宋時期峽江女性的形象與日常生活》（《中
國文化研究》，1998 年夏之卷）一文研究了唐宋峽江地區婦女特殊的體貌和文
化形態，如文面、髮式和甲狀腺腫大等等情況，認爲這些特殊形態與當地的
自然環境、當地土著的固有文化形態密切相關，也與當時該地區開發時間不
長有關，元明之後這一地區的習俗已與其他地方無異。宋軍風《唐宋商人婚
姻變化探析》（《石油大學學報》，2005 年第 6 期）論述了宋代商人的通婚階層
較唐代發生了巨大變化，並分析了變化的原因，認爲宋代社會經濟的發展是
商人婚姻變遷的物質基礎，階級關係的變化爲商人地位的提高提供了良好契
機。

郭麗冰《〈夷堅志〉中的勞動婦女》（《廣東農工商職業技術學院學報》，
2003 年第 2 期）、《從〈夷堅志〉看宋代女性的婚姻生活》（《長春市委黨校學
報》，2008 年第 3 期），指出在坊市商品經濟蓬勃發展的形勢下，宋代婦女生
活比起理學盛行的明清要相對自由得多，表現在她們主動參與到手工業、商
業及服務業等經濟領域。《夷堅志》中記載的許多事例，展示了宋代婦女豐富
多彩的經濟生活。相關文章還有謝桃坊《論宋人話本小說的市民女性群像》
（《社會科學研究》，1993 年第 2 期）。秦玉琴《雙重框架下的宋代平民女性》
（《法制與社會》，2007 年第 3 期）指出，當時在對普通婦女生活的約束方面，
「禮」與「法」的關係呈現出一種特殊形態，不是法律被禮教同化，而是禮
教依附於法律。「禮弱法強」成爲普通婦女生活的一個突出現象。

郭洪榮《宋朝市民階層婦女研究》（西南大學碩士論文，2007）一文從市
民階層婦女的家務勞動、教育與文化生活、家庭關係等方面系統論述了宋朝

市民婦女的家庭生活。筆者認為宋朝市民婦女的家庭生活是豐富多彩的，顯示出宋代市民階層獨特的社會特徵。隨著商品經濟的發展和繁榮，夜市、草市、集市的繁榮，宋代市民婦女的社會經濟活動有了更大的發展和變化，她們拋頭露面於公開場合活動或進行經營性活動。她們擁有更多的社會活動的空間和自由，在社會經濟活動中也更為活躍。

張曉華《宋代平民婦女財產權利研究──以律法為中心的考察》（遼寧大學碩士論文，2011）從宋代平民女性一生當中三種主要的身份入手，即在室女、已婚女和寡母，從平民婦女財產權的靜態法律規定入手，考察了法律在她們所處的不同階段所賦予她們的財產權，以及她們在司法實踐中對財產權益的積極爭取。

李智萍《宋代女戶研究》（河南大學碩士論文，2004）對宋代女戶進行了細緻的研究，該文指出宋代女戶具有以下特點：第一，除寡婦所招後夫外，宋代女戶家庭中還可以存在其他男性成員。第二，宋代女戶消融於其他社會群體的趨勢進一步加強。第三，宋代女戶數量北宋少、南宋多，北方少、南方多。第四，宋代是女戶相對自由的發展時代。其意義主要表現在：宋代女戶制度是為了維護財產私有權而發展完善起來的。

總體而言，對於宋代中下層的婦女研究，大多屬通論性質，對於婦女從事各種行業的詳細面貌探討不足。

（五）娼妓奴婢

李春棠《坊城倒塌以後》（湖南人民出版社，1992）丁篇《紅顏多薄命》一文全面描述了宋代妓女的生活，作者指出，不少官妓才智和學問非同一般，宋代妓女和文人往來頻繁。宋東俠《宋代士大夫的狎妓風》（《史學月刊》，1997年第 4 期）認為宋代士大夫狎妓成風，流風所及，幾乎每一個士人都與名妓有關，這成了宋代士大大的精神生活的重要組成部分，也反映了處於社會下層的妓女生活，揭示了另一女性形象與當時社會的關係，對社會及婦女都產生了重大影響。梁庚堯《宋代伎藝人的社會地位》（載《國際宋史研討會論文選集》，河北大學出版社，1992）指出婦女在伎藝人中佔了相當比例，除了正常表演外，相當一部分藝伎人以出賣色相、行騙、滑稽表演等手段謀生。

戴建國《「主僕名分」與宋代奴婢的法律地位──唐宋變革時期階級研究之一》（《歷史研究》，2004 年第 4 期）認為具有良人身份的雇傭奴婢擁有了一定的法律地位，同時指出宋代奴婢可以與奴婢之外的人通婚是歷史的一大進

步，也是宋代奴婢身份提高的一個標誌。陶建榮《從宋元話本看宋代婦女婚姻狀況》（《宿州教育學院學報》，2003 年第 1 期）論述了宋代社會中娶青樓女子爲妾的現象。王曾瑜的《宋代奴婢、人力、女使和金朝奴隸制》（《文史》，第 29 輯，1988）對宋代奴婢、女使的來源和社會地位作了全面的探討。作者認爲，宋代奴婢、女使大多來自雇募，契約雇傭奴婢仍是債務奴隸的變種。於延中《宋代奴婢實態研究》（《史學集刊》，1989 年第 4 期），認爲宋代奴婢實態的突出特點是大量奴婢從生產領域轉向服務於地主階級奢侈生活的各種活動之中。宋東俠《關於宋代「女使」問題》（《青海教育學院學報》，1993 年第 1 期），認爲宋代女使地位比唐代奴婢地位要高，是較自由的勞動者。郭東旭《論宋代婢僕的社會地位》（《河北大學學報》，1993 年第 3 期）就有關女使來源，對非法雇傭女使的限制，禁止對女使違契役使，嚴禁私自懲罰婢僕、私殺奴婢，以及雇良爲婢，非同賤民等等問題進行了較爲深入的研究。桂始馨《宋代雇婢性質淺析》（《史學月刊》，2005 年第 4 期）探討了宋代與妾地位相近的婢的地位和性質；柳田節子《宋代的雇傭人和奴婢》（載《國際宋史研討會論文選集》，河北大學出版社，1992）對宋代的奴婢問題也有所涉及。

第三節　研究思路及史料來源

一、研究思路

　　本課題的研究對象主要關注宋代平民婦女這一群體。高世瑜女士在 1997 年曾提出過，婦女史分爲兩種：一種是婦女群體生活與活動的歷史。一種則是從女性性別立場與視角去觀察和編纂的歷史，即女性主義史。本書的研究即爲第一種，以期站在理性角度即兩性平等的角度觀察歷史，使得對歷史認識更加全面。

　　本文以傳統史學方法爲基礎，無論是選題、史料、論證方法，都充分採用傳統史學重史實、重證據、論從史出等觀點。而對於馬克思主義唯物史觀，其注重經濟基礎、注重階級分析等基本理論方法同樣不可廢棄。

　　通過在對已有研究有一定瞭解的基礎上，對宋代平民婦女的相關資料全面調查，盡量多地佔有第一手資料，並注重採用文史互證、地下文物與史籍相印證的方法。同時，不論是新興的性別史、家庭史、身體史、醫學史、兒童史，還是傳統的政治史、經濟史、法律史、宗教史、文學史、藝術史等領

域都與婦女的生活與狀況有著十分密切的聯繫，也要給予必要的關注。此外注意吸取社會學、心理學、人類學、語言學、民俗學等不同學術領域的研究成果。利用這些領域的研究成果，探究婦女的政治、經濟、家庭、宗教地位，有助於更全面地分析婦女的狀況。

當歷史研究者將眼光朝向底層社會時，往往遇到的最大的難題就是文獻史料的缺乏。中國歷史文獻浩如煙海，婦女史的資料散見於其中，要把握、甄別並從中分離出來並非易事。何況婦女史和歷史學的其他分支一樣，不可能是真正客觀的。所有的歷史文本都是一種「再表現」，是經過過濾和加工的，婦女史的資料尤其如此。由於傳統文獻的書寫者絕大多數是男性，而且大多是站在官方立場與男性立場的書寫者，這就要求我們對男性撰寫的資料保持應有的警覺，盡可能地尋找女性的聲音，並發掘資料背後的歷史事實。

就目前收集到的材料來看，本文史料來源主要包括以下幾個方面：

1、正史、法律文書：主要指歷代官方組織編纂的正史，還有《宋大詔令集》、《歷代名臣奏議》、《宋刑統》、《慶元條法事類》、《名公書判清明集》、《折獄龜鑒》等有關宋代法規的重要材料。

2、詩詞、話本、筆記小說：主要以已出版的《全宋詩》、《全宋詞》、《全宋筆記》為主，還有《錯斬崔寧》、《碾玉觀音》、《金明池吳清逢愛愛》等宋代話本。

3、文人著作：主要以已出版的《全宋文》為主，還有其他以叢書或單行本出版的宋人文集。

4、墓誌、碑刻、家訓、族規：如《金石萃編》、《宋代石刻文獻全編》、《石刻史料新編（第一輯）》、《江西出土墓誌選編》等有與宋代相關內容的墓誌、碑刻材料，還有《袁氏世範》、《司馬氏書儀》等宋人家訓族規等材料。

5、地方史志：包括中國歷代撰寫的多部省志、府、州、縣志、鄉志等，以宋元地方志為主。

6、其他資料：包括宋代醫案、宋人畫作、宋代女教書、佛教典籍，還有已經收集整理出版的出土文書、壁畫等等各類材料。

7、前人研究的相關成果：之前為開展論文研究工作收集到的大量有關歷代婦女研究尤其是宋代婦女研究的代表性著作與論文。

第四節　創新與特色

　　對宋代婦女的研究雖然已有不少學者涉獵，但大多都是關注上層婦女如后妃、官宦婦女群體，還有處於社會下層的娼妓、奴婢等群體，個案研究也以傑出婦女如李清照、朱淑真等人為多。但是缺少對占宋代婦女人口絕大多數的平民婦女進行系統深入的探討。一些學者把禮教中限制和歧視婦女的說法作為社會普遍現象，並以此作為中國婦女史研究的出發點，顯然是有問題的。不少論著沒有充分重視婦女群體之間的巨大差異，有過於籠統、以偏概全的缺點。本文重視宋代不同階層婦女之間存在的差異，故以宋代平民婦女這一群體為研究對象。

　　在史料運用上，本文除了前輩學者常用的宋代詔令法律、宋人文集、墓誌等材料外，還較重視採用宋人詩詞尤其是平民婦女所作詩詞，以分析其生活面貌和精神世界。另外，對於考古出土材料、宋代畫作等能較直觀反映宋代平民婦女的材料也加以深入挖掘。

　　本文在分析平民婦女的行為時，不單看到來自社會禮法、風俗等外界的影響，同時亦重視婦女內心主觀意志和情感。

　　有關宋代婦女史的論著雖然數量可觀，其中也不乏研究性的力作。但選題比較集中，研究範圍還不夠寬，仍然較多集中於有關后妃及政治研究、綜合性女性研究的論述。而且，正如朱瑞熙先生在評價《中國婦女通史・宋代卷》所指出的：「該書美中不足的是對宋代農村婦女以及參與各項手工業的女性工匠的生產活動注意不夠，所以著墨不多。」（《中國史研究動態》，2012 年第 4 期，第 91 頁），因此，宋代平民婦女參與社會生產的方面，也是本文研究闡述的主要著力的地方。

第一章　宋代民婦的婚姻家庭生活

第一節　擇偶行爲

一、初婚年齡

在古代，男子與女子有不同的成年禮。男子稱爲「冠禮」，女子稱爲「笄禮」。笄禮始於周代，《禮記·內則》曰：「（女子）十有五年而笄。」年滿十五歲時，女孩子將頭髮結成髮髻並加插髮笄，表示成年叫做「笄禮」，故古代稱女子成年爲「笄年」或「及笄」。宋時，女子成年禮多在寒食節前一天舉行〔註1〕。這一天由女性長者爲其束髮插簪，表示女孩子已成年可以結婚了。

宋代法定的成婚年齡，沿襲了唐代開元律「凡男子十五、女年十三以上，聽婚嫁」的規定。〔註2〕司馬光《書儀》中指出：「男子年十六至三十，女子十四至二十，身及主婚者無期以上喪，皆可議婚」。自注曰：「今令文，凡男年十五、女年十三以上，並聽婚嫁」〔註3〕。南宋時，繼續實施此規定：「在法男年十五、女年十三以上，並聽婚嫁」。〔註4〕可見，宋代法律規定女性初婚年齡下限應爲十三歲。司馬光曾經談到婚齡問題，他指出：「男不過三十，女不過二十耳，過此則爲失時矣」，〔註5〕可見，宋時女子二十歲以後出嫁即被認爲失時。

〔註1〕　吳自牧：《夢粱錄》卷二《清明節》，中華書局，1985年，第11頁。
〔註2〕　王溥：《唐會要》卷八十三《婚嫁》，中華書局，1985年，第1529頁。
〔註3〕　司馬光：《書儀》卷三《婚儀上》，商務印書館，2005年，第698頁。
〔註4〕　佚名：《名公書判清明集》卷七《户婚門》，中華書局，1987年，第217頁。
〔註5〕　司馬光：《書儀》卷三《婚儀上》，商務印書館，2005年，第698頁。

關於宋代婦女初婚年齡，諸多學者作過探討。根據陶晉生的統計為 18 歲，方建新的統計為 18.07 歲，伊沛霞的統計為 19 歲，程民生的統計為 18.8 歲。〔註6〕可見，宋代早婚的比例並不太高，大多數婦女初婚年齡為十九歲左右。

二、擇偶範圍

擇偶行為是新的婚姻關係締結的基本環節，歷來為傳統社會所重視。自古以來，中國人的鄉土意識較為濃厚，無論是在統一或是分裂的國家形態下，都存在強烈的地域觀念。在古代聚居的基層結構中，邑里成員關係密切，他們「禍災相恤，資喪比服……飲食相約，興彈相庸，禍耕俱耘，男女有婚，墳墓相連」。〔註7〕在宋代，雖然商品經濟較之前代有了明顯發展，但仍以自給自足的小農經濟為主。平民婦女婚姻大多限於同縣，很多是同村，乃至同里。如陸游《村女》詩曰：「白襦女兒繫青裙，東家西家世通婚。採桑餉飯無百步，至老何曾識別村。」〔註8〕于石《小石塘源》詩曰：「嫁女必近鄰，生男不行商。死徙無出境，耕織各有常」〔註9〕。

在宋代，平民家庭男女婚姻的對象，除了地域因素，民婦擇偶範圍還受到身份地位因素的影響。在宋代，中上層官員家庭中子女婚配受家庭背景影響比較大，而下層官吏及平民家庭的影響則相對小得多。而隨著家庭出身的下降，婚姻的半徑也越來越小。

具體而言，宋代民婦擇偶範圍主要有以下幾種。

第一、農農聯婚。在宋代，農家女通常是「所嫁皆村夫」〔註10〕、「擇民家子配焉」。〔註11〕正如林光朝《生女》詩曰：「貧家不生女，飯牛小兒安得

〔註6〕 參見陶晉生：《北宋士族：家庭·婚姻·生活》第五章《士族婦女》，臺北中央研究院歷史語言研究所，2001 年；方建新：《宋代婚姻禮俗考述》，《文史》第 24 輯，中華書局，1985 年；（美）伊沛霞撰、胡志宏譯：《內闈——宋代的婚姻和婦女生活》第三章《做媒》，江蘇人民出版社，2004 年；程民生：《宋人婚姻及平均死亡年齡、死亡率、家庭子女數、男女比例考》，載《宋史研究論文集（第 11 輯）》，巴蜀書社，2006 年。

〔註7〕 （晉）孔晁：《逸周書》卷四《大聚解三十九》，商務印書館，2005 年，第 533 頁。

〔註8〕 陸游：《劍南詩稿》卷七十九《村女》，錢仲聯主編《陸游全集校注》，浙江出版聯合集團，2012 年，第 8 冊，第 63 頁。

〔註9〕 于石：《紫岩詩選》卷一《小石塘源》，商務印書館，2005 年，第 524 頁。

〔註10〕 江少虞：《新雕皇朝類苑》卷六《李漢超》，北京出版社，2011 年，第 276 頁。

〔註11〕 李燾：《續資治通鑑長編》卷十七，太祖開寶九年九月戊辰條，中華書局，2004 年，第 385 頁。

妻。」〔註12〕釋文珦《田家》詩曰：「兒女長成畢婚嫁，祇在東鄰與西舍。」陸游《浣花女》詩曰：「長成嫁與東西家，柴門相對不上車。」〔註13〕劉克莊詩曰：「嫁與官人成底事，荊釵只合偶田家」〔註14〕。農農聯婚是農家女擇偶最普遍的情況。

　　第二、工、商與農聯婚。在宋代，商農聯婚的情況也很普遍，普通商人常言：「士非我匹。若工農，則吾等也」。〔註15〕王明清《摭青雜說》載：「泰州鹽商項四郎之妻曰：吾等商賈人家，止可娶農賈之家女。彼驕貴家女，豈能攻苦食淡，緝麻緝布，為村俗人事邪！」。〔註16〕董嗣杲《賦得河中之水曲》詩曰：「提籃採桑西城婦，容髮蓬勃霜色欺。傳是長安估客女，二八嫁與東鄰兒。」〔註17〕一些從事手工業的小商販也以娶民婦為主，如洪邁《夷堅志》所提到的陳磨鏡妻和成都鑷工妻〔註18〕即是嫁與從事手工業者。

　　第三、兵農聯婚。這種情況在宋代也並不少見，如李呂《貞婦》詩曰：「婉彼鄒氏女，其父嘗籍兵。嫁作耕夫妻，婦道以勤稱」〔註19〕。釋文珦《征婦怨》詩曰：「寧為路旁草，莫作戰士妻。初嫁席未溫，夫今戍遼西。」〔註20〕普通士兵娶普通民家女子為妻的現象更是比比皆是。

　　第四、僧道與民婦為婚。在宋代，僧道娶婦的情況也存在，尤其在都城更是如此。據陶穀《清異錄》記載，汴京大相國寺僧人也娶妻，稱為「梵嫂」〔註21〕。徽宗時，汴京各道觀的道士們也「皆外蓄妻子，置姬媵，以膠青刷鬢，美衣玉食者，幾二萬人」〔註22〕。在嶺南地區也有此種情況，莊綽《雞

〔註12〕劉壎：《隱居通議》卷十二林光朝《生女》，中華書局，1985年，第136頁。

〔註13〕陸游：《劍南詩稿》卷八《浣花女》，錢仲聯主編《陸游全集校注》，浙江出版聯合集團，2012年，第2冊，第89頁。

〔註14〕劉克莊：《後村先生大全集》卷三十二《得池陽書》，線裝書局，2004年，第182頁。

〔註15〕歐陽修撰、李之亮箋注：《歐陽修集編年箋注》卷六十三《湘潭縣修藥師院佛殿記》，巴蜀書社，2007年，第4冊，第182頁。

〔註16〕王明清：《摭青雜說》，中華書局，1985年，第4頁。

〔註17〕董嗣杲：《英溪集》，北京出版社，2011年，第173頁。

〔註18〕洪邁：《夷堅乙志》卷十二《成都鑷工》，中華書局，1981年，第287頁。

〔註19〕李呂：《澹軒集》卷一《貞婦》，北京出版社，2011年，第33頁。

〔註20〕傅璇琮等主編：《全宋詩》卷三千三百一十釋文珦《征婦怨》，北京大學出版社，1998年，第63冊，第39508頁。

〔註21〕陶穀：《清異錄》卷一《梵嫂》，中華書局，1991年，第64頁。

〔註22〕佚名：《宣和遺事》前集《重和元年》，中華書局，1985年，第20頁。

肋編》卷中載：「廣南風俗，市井坐估，多僧人爲之，率皆致富。又例有家室，故其婦女多嫁於僧。」〔註23〕這些與僧道聯姻的婦女應不是出自於官宦人家，而以出自普遍民家爲主。

除以上所提及的情況外，宋代民婦嫁給下級官吏的情況也較爲普遍。在宋代，士庶之間的等級差別依然是很深的。士庶不婚的禁忌雖然已經破除，但是在現實生活中，他們之間的通婚仍受到某些限制。

在宋代普通民家，中表婚的形式較爲常見。中表婚是指姑舅兄妹姐弟相互爲婚，後亦包括兩姨兄妹姐弟相互爲婚。中表通婚，在中國傳統社會中的歷史可謂源遠流長，最早可以追溯到上古夏、商、周時代。中表爲婚的現象在宋代的實際生活中存在頗多，洪邁曾指出：「姑舅兄弟爲婚者，在禮法不禁……中表兄弟姊妹正是一等，其於婚娶，了無所妨」。〔註24〕但正如蘇洵《自尤》中所說「鄉人嫁娶重母黨，雖我不肯將安云」，〔註25〕中表結親有時並不是婚配家庭本身所願，有些只是迫於形勢，無可奈何。

三、法令限定

在宋代，一些婚姻類型是被政府所嚴令禁止的，這主要包括以下幾種。

（一）州縣官不得與屬下民眾通婚。《宋刑統》規定：「諸州縣官人，在任之日，不得共部下百姓交婚，違者雖會赦，仍離之」〔註26〕。

（二）禁止收繼婚和禁止異輩婚。收繼婚即婦女在丈夫死後嫁給其兄弟的行爲，多是兄弟亡故收其寡妻爲己妻，包括兄收弟媳和弟收兄妻。收繼婚早在先秦時期便遭到人們指責，以後各朝均有法律規定廢止，在一些少數民族中較爲盛行。異輩婚如外侄女嫁舅舅，表侄子娶表姑，亦包括子收庶母（父妾）等類型的婚姻，這在宋朝是受到嚴令禁止的。

在宋代，一些類型的婚姻是屬於無效婚姻的，如包括有妻更娶妻，同宗共姓及親屬相婚，男家或女家違約妄冒（如姐替妹出嫁），居父母及夫喪而嫁娶，強嫁守志婦，良賤不婚等。其中良賤不婚所包括的內容相當廣泛，其中以主僕不婚、良娼不婚這兩種最爲常見。頒行於宋初的《宋刑統》照抄了《唐

〔註23〕莊綽：《雞肋編》卷中，中華書局，1983年，第64頁。
〔註24〕洪邁：《容齋隨筆》續筆卷八《姑舅爲婚》，中華書局，2005年，第321頁。
〔註25〕蘇洵：《類編增廣老蘇先生大全文集》補遺《自尤》，線裝書局，2004年，第416頁。
〔註26〕竇儀：《宋刑統》卷十四《監臨婚娶》，中華書局，1984年，第222頁。

律疏議》有關良賤不婚的全部條文，後來又予以重申。仁宗至和元年（1054）十月「壬辰，詔士庶家毋得以嘗傭顧之人爲姻，違者離之。」〔註 27〕直到南宋後期，法律依然如此。

第二節　影響民婦婚姻諸因素

在宋代，平民婦女的婚姻往往受到多種因素的影響，除上文所提及的，還有以下幾個方面。

一、父母之命

在宋代，婦女往往作爲婚姻的當事人而非婚姻締結的決定者。在大多數情況下，民婦的婚姻都談不上自由選擇，而是由長輩安排進行的。長輩的態度和意見仍然影響甚至決定著子女的擇偶行爲。《宋刑統》規定：「諸卑幼在外，尊長後爲定婚，而卑幼自娶妻，已成者，婚如法。未成者，從尊長，違者杖一百。」〔註 28〕可見，宋代統治者對父母在子女婚姻中的決定權也是予以維護的。

在宋代婚姻中，父母的意見影響較大，女性擇偶時的自主性又較男性爲弱。如曾豐《貞女篇》詩曰：「女生願有家，奴嫁理所宜。出自父母命，奴豈敢固違。」〔註 29〕陳藻《訟田行》詩曰：「下鄉老嫗何大娘，小郎遺業孤女當。主婚老嫗貪聘資，將女嫁與曾琚兒。」〔註 30〕袁采《嫁娶當父母擇配偶》曰：「有男雖欲擇婦，有女雖欲擇婿，又須自量我家子女如何。如我子愚凝庸下，若娶美婦，豈特不和，或有他事。如我女醜拙狠妒，若嫁美婿，萬一不和，卒爲其棄出者有之。凡嫁娶，因非偶而不和者，父母不審之罪也。」《議親貴人物相當》條載：「男女議親不可貪其閥閱之高、資產之厚，苟人物不相當，則子女終身抱恨，況又不和，而生他事者乎？」〔註 31〕。可見，父母在女兒婚事中的主導地位。

〔註 27〕　（元）脫脫等：《宋史》卷十二《本紀十二》，中華書局，1985 年，第 237 頁。
〔註 28〕　竇儀：《宋刑統》卷十四《和娶人妻》，中華書局，1984 年，第 223 頁。
〔註 29〕　陳藻：《樂軒集》卷二《訟田行》，商務印書館，2005 年，第 102 頁。
〔註 30〕　曾豐：《搏齋先生緣督集》卷三《貞女篇》，線裝書局，2004 年，第 43 頁。
〔註 31〕　袁采：《袁氏世範·睦親·議親貴人物相當》，黃山書社，2007 年，第 70 頁。

二、媒妁之言

中國傳統禮教規定，男女婚姻大事必須遵守嚴格禮法，那就是「父母之命，媒妁之言」。正如《詩經・齊風・南山》曰：「取妻如之何？匪媒不得。」《孟子・滕文公下》曰：「不待父母之命，媒妁之言，鑽穴隙相窺，逾牆相從，則父母國人皆賤之。」我國最早的典制專著《周禮》中《地官》就設有「媒氏」之官，以專門掌管士庶婚姻大事。可見在古代婚姻中媒人的必要性和重要性。

宋時，成婚用媒已由單純的禮制要求，變為法制規範。《宋刑統》載：「為婚之法，必有行媒」。〔註32〕宋代媒人還分成職業官媒和職業私媒。官媒還有等級的劃分，「其媒人有數等，上等戴蓋頭，著紫背子，說官親宮院恩澤；中等戴冠子，黃包髻背子，或只係裙，手把青涼傘，皆兩人同行」。〔註33〕職業私媒指的是沒有在政府登記造冊，不領取國家俸祿的一種以說媒為生的城鄉媒人。這種職業私媒多見於民間的婚姻締結。

在宋代，媒人是一樁婚姻中必不可少的角色。朱熹《家禮》載：「男子年十六至三十，女子年十四至二十……必先使媒氏往來通言，俟女氏許之，然後納采。」〔註34〕史浩《童丱須知・夫婦篇》詩曰：「兩家因媒妁，是以為夫婦。」〔註35〕歐陽修詩曰：「鄉閭同飲食，男女相媒妁」。〔註36〕洪邁《夷堅志》中《西池遊》條載：「聞子已喪偶，思欲遣媒妁」〔註37〕。《羊冤》條載：「妻尚少，父母欲嫁之，每媒氏至。」〔註38〕可見，媒人在婚姻中的重要作用日益顯現，一樁婚姻中如果沒有媒人，將被視為「無媒苟合」，是不見容於當時社會的。在婚禮之時，媒人也是必須到場的，她們的作用就如同商業活動中的中介經紀，起到擔保的作用，同時也是律法及道德的要求。

〔註32〕 竇儀：《宋刑統》卷十三《婚嫁妄冒》，中華書局，1984年，第213頁。

〔註33〕 孟元老撰、伊永文箋注：《東京夢華錄箋注》卷五《娶婦》，中華書局，2006年，第479頁。

〔註34〕 朱熹：《家禮》卷三《婚禮》，北京出版社，2011年，第469頁。

〔註35〕 史浩：《鄮峰真隱漫錄》卷四十九《夫婦篇》，線裝書局，2004年，第253頁。

〔註36〕 歐陽修撰、李之亮箋注：《歐陽修集編年箋注》卷三《汝瘿答仲儀》，巴蜀書社，2007年，第1冊第118頁。

〔註37〕 洪邁：《夷堅丁志》卷九《西池遊》，中華書局，1981年，第610頁。

〔註38〕 洪邁：《夷堅乙志》卷一《羊冤》，中華書局，1981年，第192頁。

如果媒人眞正用心地爲未婚男女穿針引線，也可成就不少良緣，爲社會做出一些貢獻。但在宋時，媒人的社會地位並不高。因爲她們爲了金錢，常常用盡欺騙手段，以致造成婦女不得佳偶的現象並不罕見。如李新《感貧女》詩曰：「媒妁近來趨勢利，終年元未適良家。」〔註39〕袁采《媒妁之言不可信》就指出：「古人謂周人惡媒，以其言語反覆。給女家則曰男富，給男家則曰女美，近世尤甚。給女家則曰男家不求備禮，且助出嫁遣之資。給男家則厚許其所遷之賄，且虛指數目。若輕信其言而成婚，則責恨見欺，夫妻反目至於仳離者有之。大抵嫁娶，固不可無媒。而媒者之言不可盡信，如此宜謹察於始。」〔註40〕爲了促成婚姻的締結以賺取酬勞，媒人往往對男女的實際情況進行隱瞞歪曲，這樣使得成婚後民婦發現媒人的許多承諾根本無法兌現，無疑是對民婦的欺騙。

不可否認，媒妁之言在民婦婚姻中也有著一定的影響，乃至很大程度上決定了婦女婚後生活的好壞。

三、經濟因素

在宋代，厚嫁之風較爲盛行，這在史籍中多有記載。「將娶婦，先問資裝之厚薄；將嫁女，先問聘財之多少。」〔註41〕蔡襄指出：「娶婦何爲，欲以傳嗣，豈爲財也？觀今之俗，娶其妻不顧門戶，直求資財。」〔註42〕按宋代婚俗，議婚須交換草帖、正帖，帖上除寫明年齡、生辰、父母官職、男方聘禮數目外，女方的隨嫁奩產也是必列內容之一。「草帖」中要寫明「奩田若干」和「奩具若干」等，婚帖中也要「具列房奩」，包括「首飾、金銀、珠翠、寶器、動用、帳幔等物，及隨嫁田土、屋業、山園等。」〔註43〕重陪嫁多是出於天倫親情，還有就是怕他人恥笑。如福建漳州地區，「本州有習俗之弊，婚嫁喪祭，民務浮侈，殊不依禮制。……女之嫁也，以妝奩厚薄，外人不得見。必有隨車錢，大率多者千緡，少者不下數百貫。倘不如此，則鄉鄰訕笑，而

〔註39〕 李新：《跨鼇集》卷八《感貧女》，商務印書館，2005年，第676頁。
〔註40〕 袁采：《袁氏世範·睦親·媒妁之言不可信》，黃山書社，2007年，第71頁。
〔註41〕 司馬光：《書儀》卷三《親迎》，商務印書館，2005年，第698頁。
〔註42〕 蔡襄：《莆陽居士蔡公文集》卷二十五《福州五戒》，書目文獻出版社，1998年，第233頁。
〔註43〕 吳自牧：《夢粱錄》卷二十《嫁娶》，中華書局，1985年，第185頁。

男女皆懷不滿。……富者以豪侈相高，貧者恥其不逮，往往貿易舉貸以辦。
若力有不及，寧姑置而不爲，故男女有過時而不得嫁娶」〔註44〕。

　　在這種厚嫁思潮的影響下，有些父母在女兒一生下來就爲之準備嫁妝。
羅願《新安志》載：「山出美材，歲聯爲桴，下溯河，往者多取富。女子始生，
則爲植杉，比嫁斬賣以供百用。」〔註45〕范端臣《嫁別》詩曰：「妾從五歲遭
亂離，頻年況逢年凶饑。母躬蠶桑父鋤犁，耕無餘糧織無衣。十年辛苦寸粒
積，倒篋傾囊資女適」〔註46〕。

　　宋時，不少待嫁女子因爲貧困，家中不能提供體面的嫁妝，甚至出現了宗
室女子都不能及時出嫁的現象。「宗女貧不能行，多自稱不願出適者。」〔註47〕
宗女尚因貧困無力及時出嫁，以不願嫁人來應對世人的猜疑，普通民家女子的
境況可想而知。如虞儔詩曰：「君不見羅敷採桑城南路，不肯輕爲使君婦。又不
見銀釵垂頸負薪歸，四十未嫁夔州女。」〔註48〕蘇轍詩曰：「俚人風俗非中原，
處子不嫁如等閒。雙鬟垂頂髮已白，負水採薪長苦艱」〔註49〕。胡次焱《嫠答
媒》詩曰：「妾家貧如洗，妾貌妝不妍。中年方擇配，幸逢夫婿賢。」〔註50〕

　　南宋陳造詩作《財婚》向我們講述了宋代民間婚姻論財眞實而生動的例
子，其詩曰：「東家女未笄，儀矩無可紀。已聞歸有日，資送耀鄰里。西家女
三十，閉戶事麻枲。四壁漏風霜，行媒無留趾。坐貧失行期，趨富曹貪鄙。
流弊例不免，其源實此起。」〔註51〕可見，東家女年未滿十五，行爲舉止「無
可紀」，但因爲已經有豐厚的嫁妝，出嫁的日子早早定好了。而西家女年逾三
十，日夜爲家事辛勤勞作，但因爲家貧，連媒人都不願上門提親。因此，詩
人有所感慨：「坐貧失行期，趨富曹貪鄙」。

〔註44〕廖剛：《高峰文集》卷五《漳州到任條具民間利病五事奏狀》，商務印書館，
　　　　2005 年，第 694 頁。
〔註45〕羅願：《（淳熙）新安志》卷一《風俗》，中華書局，1990 年，第 7604 頁。
〔註46〕范浚：《香溪集》卷二十二《右朝請郎致仕范公墓誌銘代》，中華書局，1985
　　　　年，第 214 頁。
〔註47〕李心傳：《建炎以來朝野雜記》甲集卷一《宗女奩具》，中華書局，2000 年，
　　　　第 57 頁。
〔註48〕虞儔：《尊白堂集》卷一《林正甫舉似所和雙了岩詩且索同賦》，線裝書局，
　　　　2004 年，第 404 頁。
〔註49〕蘇轍：《欒城集》卷一《竹枝歌》，上海古籍出版社，1987 年，第 6 頁。
〔註50〕胡次焱：《梅岩集》卷二《嫠答媒》，商務印書館，2005 年，第 196 頁。
〔註51〕陳造：《江湖長翁集》卷六《財婚》，商務印書館，2005 年，第 503 頁。

因爲家境貧寒，民家婦女未得適時出嫁的情況在宋代並不罕見。經濟因素成爲影響民婦婚姻的重要因素之一。有的貧苦之家，男方爲了減輕將來的聘金，女方爲了免除養育的負擔和出嫁時禮金的支出，盛行「養婦」之風，即俗稱的「童養媳」。如晁補之《雞肋集》載：「民間女幼，許嫁未行而養諸婿氏者，曰『養婦』」〔註52〕。

第三節　追求婚姻自由的努力

相比而言，宋代民婦婚姻受到的禮教束縛要比官宦家庭的婦女要少，這在宋代話本中即可見到。從流傳下來的宋代話本來看，話本中創造了無數光彩奪目的女性形象，不論凡人、神仙、狐妖，她們都抗爭封建婚姻禮教，主動公開、大膽熱情地追求婚姻自由。如《張生彩鸞燈傳》中，少女劉素香和青年秀才張舜美，在元宵燈會這個特殊的場合相遇。二人一見鍾情，卻被看燈的人群擠散。次日，二人又得在燈會上相見，劉素香以身相許，二人遂私定終身，一同私奔。當張舜美中舉攜妻「到家見了父母。舜美告知前事，令妻出拜公姑。」其父母並沒有責怪，而是「大喜過望，作宴慶賀。」素香的父母也「大排筵宴，作賀數日。」〔註53〕又如話本《碾玉觀音》中的璩秀秀與其意中人碾玉匠崔寧結合的故事，也是市井細民企圖擺脫禮教束縛，追求自主婚姻的典型事例。

在南方地區，民婦追求婚姻自由的情況較爲普遍。正如莊綽《雞肋編》卷上所言：「近時而婚喪尤爲乖，……南方之俗，尤異於中原」。南方之俗婚嫁「諸禮頗多異事。如民家女子不用大蓋，放人縱觀。處子則坐於榻上，再適者坐於榻前。其觀者若稱歎美好，雖男子憐撫之，亦喜之，而不以爲非也」〔註54〕。

宋代南方地區民婦婚姻受禮教影響較小，以下列幾個地區最爲明顯。

（一）嶺南地區。嶺南是指五嶺之南，五嶺指的是越城嶺、都龐嶺、蔭渚嶺、騎田嶺及大庾嶺，嶺南地區包括現今廣東、廣西、海南全境及江西、

〔註52〕晁補之：《雞肋集》卷六十七《刑部侍郎杜公墓誌銘》，商務印書館，2005年，第88頁。
〔註53〕（明）馮夢龍：《古今小說》卷二十三《張舜美燈宵得麗女》，人民文學出版社，1958年，第364頁。
〔註54〕莊綽：《雞肋編》卷上，中華書局，1997年，第8頁。

湖南的部分地區。五嶺作為天然屏障，在一定程度上阻隔了嶺南地區與中國其他地區的交通和文化交流，形成了一個相對封閉的文化圈。在這個文化圈中風俗習慣迥異於中原地區，也有別於長江流域。《宋史》有載：廣南「大率民婚嫁、喪葬、衣服多不合禮，尚淫祀，殺人祭鬼……人病不呼醫服藥」〔註55〕。雍熙二年閏九月二十四日，宋太宗就曾下詔指出：「嶺嶠之外，封域且殊。蓋久隔於華風，乃染成於污俗。朕常覽傳記，備知其土風。飲食男女之儀，婚姻喪葬之制，不循教義，有虧禮法」，他下詔要求當地官員採取措施，「多方化導，漸以治之」〔註56〕。

嶺南地區婚姻自由之風，以廣西地區最為明顯。周去非《嶺外代答》中《捲伴》條載：「深廣俗多女，嫁娶多不以禮。商人之至南州，竊誘北歸，謂之『捲伴』。其土人亦自捲伴，不能如商人之徑去，則其事乃有異。始也，既有桑中之約，即暗置禮聘書於父母床中，乃相與宵遁。父母乍失女，必知有書也，索之衽席間，果得之，乃聲言訟之，而迄不發也。歲月之後，女既生子，乃與婿備禮歸寧。預知父母初必不納，先以醮酒入門，父母佯怒，擊碎之。婿因請託鄰里祈懇，父母始需索聘財，而後講翁婿之禮，凡此皆大姓之家然也。若乃小民有女，惟恐人不誘去耳。往誘而不去，其父母必勒女歸夫家。且其俗如此，不以為異也。」〔註57〕在這裡，「捲伴」有兩層意思，一是外來人誘拐南方女子為妻，一是當地土人男女私奔成婚的婚俗，甚至有「小民有女，惟恐人不誘去耳」的情況。

周去非《嶺外代答》中《踏搖》條還載有：「瑤人每歲十月旦，舉峒祭都貝大王。於其廟前，會男女之無夫家者。男女各群，連袂而舞，謂之『踏搖』。男女意相得，則男吚嚶奮躍，入女群中負所愛而歸，於是夫婦定矣。各自配合，不由父母，其無配者，姑俟來年。女三年無夫負去，則父母或殺之，以為世所棄也。」〔註58〕在農曆十月初一這一天，瑤族人會祭祀都貝大王，在都貝大王廟前，瑤族青年分男女兩列，手牽手跳踏搖舞，並自由擇配成婚。范成大《桂海虞衡志》中也有相關記載，「十月朔日，各以聚落祭都貝大王。男女各成列。連袂相攜而舞，謂之『踏傜』。意相得，則男吚嗚躍之女群，負

〔註55〕（元）脫脫等：《宋史》卷九十《地理志六》，中華書局，1985 年，第 2248 頁。

〔註56〕（清）徐松輯：《宋會要輯稿》刑法二之三，中華書局，1957 年，第 6497 頁。

〔註57〕周去非：《嶺外代答》卷十《卷伴》，廣陵書社，2003 年，第 352 頁。

〔註58〕周去非：《嶺外代答》卷十《踏搖》，廣陵書社，2003 年，第 345 頁。

所愛去，遂爲夫婦，不由父母。其無配者，俟來歲再會。女二年無所向，父母或欲殺之，以其爲人所棄云。」〔註59〕在自由擇配時，男女如互相中意，男子會「負所愛去」，「負」是「背」的意思。

　　廣東、海南地區的婦女亦多自主選擇配偶，平民百姓家的女兒，長到十四五歲即自力更生，開始爲自己準備嫁妝，辦齊之後，即嫁給自己的心上人，父母並不加干涉。「廣南……貧下之家，女年十四五，即使自營嫁裝，辦而後嫁其所喜者，父母即從而歸之。」〔註60〕宋哲宗紹聖三年（1096），章楶指出廣州等地「嫁娶間無有媒妁者，而父母弗之禁也。」〔註61〕劉克莊《方揭惕墓誌銘》亦指出：「廣俗……無媒而合，謂之『倦神』。」〔註62〕彭乘《續墨客揮犀》卷三《胡蔓》條載：「二廣有草生於山谷間，其名『胡蔓草』……婦人多不由媒而配合」。

　　兩廣地區還盛行一夫多妻制，這也是與其他地區較爲相異的習俗。周去非《嶺外代答》卷十《十妻》條載：「余觀深廣之女，何其多且盛也……欽之小民，皆一夫而數妻。妻各自負販逐市，以贍一夫。……至於溪峒之首，例有十妻，生子莫辨嫡庶，至於讎殺」。在廣西欽州，一夫多妻的現象較爲常見。在廣東地區，也有一夫多妻制的情況。如方大琮《廣州丙午勸農》曰：「願有家室，毋留老女，毋犯多妻」〔註63〕。

　　（二）福建地區。紹興年間，朱熹任泉州同安主簿時，「訪聞本縣自舊相承，無婚姻之禮，里巷之民，貧不能聘，或至奔誘，則謂之『引伴爲妻』，習以爲風，其流及於士子富室，亦或爲之，無復忌憚。」〔註64〕於是頒文加以整頓。關於福建地區自由婚嫁之風，陳普《古田女》也指出：「巴夒與閩粵，至今愧華夏。男不耕稼穡，女不專桑柘。內外悉如男，遇合多自嫁」〔註65〕。

〔註59〕（元）馬端臨：《文獻通考》卷三百二十八《四裔考五》引范成大《桂海虞衡志》，中華書局，2011年，第9024頁。

〔註60〕莊綽：《雞肋編》卷中，中華書局，1997年，第65頁。

〔註61〕（明）解縉等：《永樂大典》卷二萬一千九百八十四章楶《廣州府移學記》，楊家駱主編，臺北世界書局，1977年，第97冊。

〔註62〕劉克莊：《後村先生大全集》卷一百五十一《方揭惕》，線裝書局，2004年，第520頁。

〔註63〕方大琮：《宋寶章閣直學士忠惠鐵庵方公文集》卷三十三《廣州丙午勸農》，北京出版社，2011年，第474頁。

〔註64〕朱熹：《晦庵集》卷二十《申嚴婚禮狀》，商務印書館，2005年，第123頁。

〔註65〕陳普：《石堂先生遺集》卷十六《古田女》，書目文獻出版社，1998年，第771頁。

（三）兩湖地區。陸游《老學庵筆記》卷四中指出：「辰、沅、靖州蠻有
犵狑，有犵獠……女未嫁者，以海螺爲數珠掛頸上。嫁娶先密約，乃伺女於
路，劫縛以歸。亦佯爭叫號求救，其實皆僞也。生子乃持牛酒拜女父母。初
亦佯怒卻之，鄰里共勸，乃受。」陸游說的是宋時湖南西北地區的自由婚嫁
之風，類似廣西地區的「捲伴」之風。在湖北地區，歐陽修曾指出：「夷陵之
俗多淫奔。」〔註66〕夷陵即今湖北宜昌，可見，該地女子與異性交遊相對自
由。范致明《岳陽風土記》載：「湖湘之民，生男往往多作贅，生女反招壻舍
居。然男子爲其婦家承門戶，不憚勞苦，無復怨悔，俗之移人有如此者。」〔註
67〕可見，湖湘地區盛行入贅婚。在通常情況下，在入贅婚中，女性有著較多
的擇偶自由。

可見，南方地區婚俗與中原及其附近地區有著較大差異，男女自由婚配
的現象較多見。

第四節　家庭地位

一、民婦家庭結構的特點

在古代社會，平民家庭歷來是以一家一戶作爲一個基本單位的，每戶有
多少人口，直接關係到家庭有多少勞動力可以投入生產，以及生產所得是否
足夠全家消費。就宋代而言，雖然史料中百口之家、數十口、十數口之家的
記載並不乏實例，但只代表極少數豪勢及官宦之家。整體而言，對人口數據
有決定性意義的是貧下戶，即主戶中的四、五等戶及客戶才是人口中的絕大
部分，約占宋代人口的百分之八十至九十。如學者梁庚堯在其著作《南宋的
農村經濟》第一章《南宋農村的戶口概況》中估計，下戶在主戶中所佔比率
甚大，約爲百分之九十左右〔註68〕。呂祖謙《爲張嚴州作乞免丁錢奏狀》
即指出：「臣謹按本州丁籍……通計六縣，第一等至第四等戶止有一萬七百
一十八丁，其第五等有產稅戶共管七萬一千四百七十九丁，雖名爲有產，大
率所納不過尺寸分釐升合抄勺，雖有若無，不能自給。」若將一州之中有產

〔註66〕歐陽修撰、李之亮箋注：《歐陽修集編年箋注》卷十一《初至夷陵答蘇子美見
　　　　寄》，巴蜀書社，2007年，第1冊，第420頁。
〔註67〕范致明：《岳陽風土記》，中華書局，1991年，第30頁。
〔註68〕梁庚堯：《南宋的農村經濟》，新星出版社，2006年，第26頁。

稅戶第五等與無產稅戶加在一起，「十分之中九分以上尫瘵困迫，無所從出」〔註69〕。

南宋初年，張守指出淮西的一些州府，「今之家業及千緡者，僅有百畝之田，稅役之外，十口之家，未必糊口。」〔註70〕人均十畝田地，儘管被士大夫看來「未必糊口」，但無疑也是屬於自耕農行列的。

普通民眾因為經濟上的貧窮狀況，使他們很難組成中型或大型家庭。在宋代，平民家庭每戶人口在四至十人之間。五至七口之家，代表了宋代社會下層民眾家庭的一般人口數。蘇軾曾說：「岳、鄂間田野小人，例只養二男一女。」〔註71〕南劍州（今福建南平）人楊時也說：「吾郡吾邑，……富民之家，不過二男一女。」〔註72〕而在江西婺源，「多止育兩子，過是不問男女，生輒投水盆中殺之」。〔註73〕《宋會要輯稿》載：一般貧困之家「大率戶為五口。」〔註74〕還有紹熙二年（1191），金州失火，據四川總領所言，通判金州陳京等申：「本所賑給被火人戶，每十口上下之家，支錢引五道。五口上下之家，三道。」〔註75〕《夷堅志》載：「畈下民家，闔門五六口。」〔註76〕可見，在宋代平民家庭結構中，小型家庭是最主要的類型。

二、民婦的家庭地位

在宋代，民婦為家庭生計有一定的貢獻，她們對家庭經濟的重要性，使得她們在家中的地位相對其他階層婦女要高。皇后、后妃及出嫁公主作為最高貴的媳婦，一般有固定的高額的經濟來源。她們不僅由內庫供給一切所需，還會時不時得到皇帝的賞賜。貴族宦門人家的婦女被封為外命婦者，根據品

〔註69〕呂祖謙：《東萊集》卷三《為張嚴州作乞免丁錢奏狀》，商務印書館，2005年，第424頁。
〔註70〕張守：《毗陵集》卷二《論淮西科率箚子》，中華書局，1985年，第17頁。
〔註71〕蘇軾：《蘇軾文集》卷四十九《與朱鄂州書》，中華書局，1986年，第1416頁。
〔註72〕楊時：《龜山集》卷十七《寄俞仲寬別紙》，商務印書館，2005年，第91頁。
〔註73〕朱松：《韋齋集》卷十《戒殺子文》，線裝書局，2004年，第71頁。
〔註74〕（清）徐松輯：《宋會要輯稿》食貨二四之一○，中華書局，1957年，第5199頁。
〔註75〕（清）徐松輯：《宋會要輯稿》瑞異二之三九，中華書局，1957年，第2101頁。
〔註76〕洪邁：《夷堅乙志》卷十四《魚陂癘鬼》，中華書局，1981年，第304頁。

階也可得到一定的俸料錢。中下層宦門人家的婦女處於貴族與平民之間，她們沒有上層婦女的俸料收入，也沒有下層婦女勞動所得，她們的生活一般靠丈夫的官俸收入。由於身在宦門，她們沒有平民百姓的稅役之苦，不用為交納賦稅而辛勤織作，但由此也失去了獨立的經濟收入。當她們的丈夫失官之後，她們也便失去了一切。因此其經濟地位較其他兩個階層要低。

宋代民婦的家庭地位並不低，這不僅與平民家庭的結構有關，又與民婦廣泛參與社會經濟活動，為家庭經濟付出極大貢獻有著密切的關係。

在宋代，平民家庭以小型家庭為主，多以家中壯年為戶主，孩子長大後，結婚析居，分裂成為新的小型家庭。因此，從輩分關係上說，小型家庭一般是以兩級結構為主。在小型家庭中，成員之間的輩分關係和血緣關係相距較近，而且一般都是直系親屬。由於人口較少，每個成員對家庭就顯得更為重要。同時，家長專制的程度要相對輕些，家長更重視家庭成員尤其是妻子的意見。在這類家庭中，婦女的地位相對較高。在一些民家，婦女還成為一家之主。《夷堅志》中，就有婦女對家中婆婆不孝而受到神明懲罰的種種例子。如《謝七嫂》條載：「信州玉山縣塘南七里店民謝七妻，不孝於姑，每飯以麥，又不得飽。而自食則白秔飯。」〔註 77〕謝七妻後來遭到神明的懲罰而變成了牛。

宋代小型家庭人際關係更替頻繁，生活在小型家庭的婦女，其身份處在不斷變化之中，首先是經歷女兒階段，處在小型家庭中的從屬地位。結婚後由女兒角色轉變成妻子角色，成為家庭中的重要成員，在一些家庭中更成為一家之主。生兒育女後，婦女的角色又成為母親角色，處於小型家庭中的主導地位。在家中，兒女尊重母親是禮俗所定。在夫死子幼的情況下，寡母更成為一家之主，其地位和作用完全代替了丈夫，既有戶主權，又對重大事情有裁決權。如李覯幼年時父親去世，寡母「剛正有計算，募僱客燒薙耕耨，與同其利。晝閱農事，夜治女功。斥賣所作，以佐財用」〔註 78〕。李覯寡母獨立操持家庭的生計，成為一家之主。

在宋代，還有一種特殊的民戶——女戶，即婦女作為戶主的家庭。女戶家庭中女戶主的地位是最高的。

〔註 77〕洪邁：《夷堅丙志》卷八《謝七嫂》，中華書局，1981 年，第 430 頁。
〔註 78〕李覯：《直講李先生文集》卷三十一《先夫人墓誌》，線裝書局，2004 年，第 225 頁。

在小型家庭中，婦女往往要承擔家中許多家庭勞作，甚至是家庭經濟的主要勞動力。如農家中的婦女耕織並作，成爲家庭經濟來源的重要承擔者。越是底層的女性群體，其在家庭經濟收益中所起的作用越大。男性在家庭生產勞動中參與越少，女性在家庭經濟收益中承擔得越多。如不少婦女的紡織成果不僅可用於爲家庭繳租納稅，又可以爲家人裁衣禦寒，還可以將布帛用於售賣，以補貼家用。

在宋代，民間有「諺云：『成家由婦，破家由婦』。」〔註79〕一個家庭幸福與否，家庭中的男人能不能毫無後顧之憂地集中精力做生命中眞正重要的事情，如寒窗苦讀，或出外經商，在很大程度上取決於其妻能否把家庭治理得好。在宋代，大部分民婦實際上管理著家庭的產業，成爲家庭經濟得以運轉不可或缺的動力。宋仁宗明道年間，兩浙路商人喬俊「專一在長安崇德收絲，往東京賣了，販裹子胡桃雜貨回家來賣……其妻高氏，掌管日逐出進錢鈔一應事務。」〔註80〕可見，在一些家庭中，婦女是掌握財務大權的。婦女當家掌財，有的是因爲丈夫懦弱無能或懶惰。兗州民婦賀氏，里人稱其爲「賀織女」，其夫不肖，「其姑已老且病，凜餒切骨」，賀織女「傭織以資之，所得傭直，盡歸其姑」〔註81〕。有的是丈夫讀書治學而無暇治家，家庭的重擔不能不落在家中的妻子身上。如程夫人獨立操持家業，三蘇得以專心向學，終成名家。若是家中男子參軍遠行，婦女更要承擔家裏家外的諸多事務。在丈夫死後，婦女獨立主持家務，更是常見現象，如李覯寡母即是顯例。

一些平民家庭裏是以夫婦協助養家的，妻子的地位並不低。如洪邁《夷堅志補》卷四《顏氏義犬》條載：「顏氏夫婦業傭，留小女守舍。」《宗立本小兒》條載：「宗立本，登州黃縣人。世世爲行商，年長未有子。紹興戊寅盛夏，與妻販縑帛抵濰州，將往昌樂」。〔註82〕可見，宋代婦女或獨當一面，或與男子共同承擔勞動，經濟地位的提升使得民婦的家庭地位有所提升，在一定程度上也改變著夫婦之間的關係。

宋代民婦承擔家中重要勞作，這在南方地區更爲常見。如湖南地區「女

〔註79〕劉清之：《戒子通錄》卷三，商務印書館，2005 年，第 586 頁。
〔註80〕（明）洪楩：《清平山堂話本・錯認屍》，上海古籍出版社，2002 年，第 82 頁。
〔註81〕李昉：《太平廣記》卷二百七十一《婦人二・賀氏》，中華書局，1981 年，第 2131 頁。
〔註82〕洪邁：《夷堅甲志》卷二《宗立本小兒》，中華書局，1981 年，第 12 頁。

子皆服力役……鬻甃僭賣，力奪男夫，否則恥之。」〔註83〕湖南婦女不但像男子一樣從事體力勞作和商業活動，而且勝過男子。否則的話，就會為社會風俗所不容忍，被人恥笑。江西民婦亦是「皆習男事，採薪負重，往往力勝男子，設或不能，則陰相詆誚。」〔註84〕福建福州地區，「市廛阡陌之間，女作登於男。」〔註85〕兩廣地區也有男子「抱子嬉遊，慵惰莫甚」，而「其妻乃負販以贍之。」〔註86〕廣州婦女常常代夫奔走，出入官府訴訟。「（廣州）婦女兇悍，喜鬥訟，雖遭刑責，而不畏恥，寢陋尤甚。」〔註87〕她們「不恥爭鬥，婦代其夫訴訟，足躡公庭，如在其室，詭辭巧辯，喧嘖涎漫。被鞭笞而去者，無日無之！」〔註88〕婦女在家庭中的作用可想而知。在廣西地區，婦女往往代替男子成為主要社會生產者，「欽之小民，皆一夫而數妻，妻各自負販逐市，以贍一夫。」〔註89〕男子還要靠女子來養活。海南地區也是如此，曾在海南謫居的李光提到當地「男子弱而婦人強。男子多坐食於內，而婦人經營於外。」〔註90〕不同於中原地區的風俗。

在宋代，理學思想對民婦家庭地位的實際影響並不大。南宋是理學的形成時期，元代是理學成為統治思想的預立時期，明初才是理學成為統治思想的確立時期。史載：「道學盛於宋，宋弗究於用，甚且有屬禁焉。」〔註91〕二程、張載等人的學說流行較晚，在北宋一代的學術界並未取得過支配地位。而且，一種理論從提倡到形成影響是需要一定時間和過程的，它的傳播速度受時代的局限和影響。因此，理學思想對宋代社會和婦女的實際影響是非常有限的。宋代民婦的地位並沒有受到理學的多少影響，在家庭中地位並不低。

但是，宋代民婦的家庭地位是要受到政治、經濟、法律、文化、社會風氣等多種因素綜合影響的。總的來說，民婦在家中的地位是要低於丈夫的。在家

〔註83〕祝穆：《方輿勝覽》卷二十九《岳州巴陵》，中華書局，2003年，第510頁。
〔註84〕范致明：《岳陽風土記》，中華書局，1991年，第30頁。
〔註85〕梁克家：《（淳熙）三山志》卷四十《土俗類一》，中華書局，1990年，第8247頁。
〔註86〕周去非：《嶺外代答》卷三《情農》，廣陵書社，2003年，第118頁。
〔註87〕莊綽：《雞肋編》卷中，中華書局，1997年，第53頁。
〔註88〕（明）解縉等：《永樂大典》卷二萬一千九百八十四章奏《廣州府移學記》，楊家駱主編，臺北世界書局，1977年，第97冊。
〔註89〕周去非：《嶺外代答》卷十《十妻》，廣陵書社，2003年，第351頁。
〔註90〕李光：《莊簡集》卷十六《儋耳廟碑》，線裝書局，2004年，第80頁。
〔註91〕（清）熊賜履：《學統》卷四十下附統《黃震》，中華書局，1985年，第480頁。

中貧困無衣食之時，婦女甚至被當做出賣的對象。如陳棣《鬻婦歎》詩曰：「愁容斂袂哽不言，稚子牽衣驚且哭。答云至此奈若何，離別孰與性命多。他年豐稔五穀熟，勿吝百金來相贖。」〔註92〕周紫芝詩曰：「富者鬻田貧鬻妻，夜困桁楊曉敲樸。」〔註93〕李光《海外謠》詩曰：「貧民賣妻孥，強者起持戟」〔註94〕。

第五節　家務勞作

在宋代民間，從家庭需要出發，勤而巧的女性歷來受到讚譽，懶和笨的婦女則是受到譴責和嘲弄的對象。在平民家庭中，妻子是家庭主婦，操持各種家庭事務。1984年，在山西長治市五馬村出土的宋墓中的磚雕上，即有不少是描繪家庭婦女操持家務的圖象。如「5號磚雕畫面上刻有火膛、高層蒸籠、竈前刻有正在生火添柴、懷抱小孩、篩面勞作的三婦人」，「6號磚雕畫面上刻一婦人，正在搖轆轤攪水。井臺刻一擔水而來的婦人」，「7號磚雕畫面上刻一石磨盤，磨盤左右兩側二婦人正在推磨碾米，其中一婦人懷抱孩童。碾前刻一婦人正在作篩米狀」〔註95〕。

總的來說，民婦常見的家務勞作有以下幾方面。

（一）烹飪。這是婦女最主要的家務勞作之一。如方回詩曰：「大婦銀釵小綠裙，採茶洗菜踏溪雪」。〔註96〕陸游詩曰：「大婦下機廢晨織，小姑佐庖忘晚妝」。〔註97〕趙蕃詩曰：「借問還家底為計，兒能樵木婦能炊」〔註98〕。

（二）縫紉。這是宋代婦女應當具備的技能。梅堯臣詩曰：「秋風入破衣，瘦婦思補刺。」〔註99〕舒岳祥筆下的寄衣婦，「夜靜翦刀響，天寒針線長。」

〔註92〕陳棣：《蒙隱集》卷一《鬻婦歎》，線裝書局，2004年，第488頁。
〔註93〕周紫芝：《太倉稊米集》卷十《次韻伯尹食糟民示趙鵬翔》，線裝書局，2004年，第8頁。
〔註94〕李光：《莊簡集》卷二《海外謠》，線裝書局，2004年，第718頁。
〔註95〕王進先、石衛國：《山西長治市五馬村宋墓》，《考古》，1994年第9期。
〔註96〕方回：《桐江續集》卷三《雖然吟五首並序》，商務印書館，2005年，第551頁。
〔註97〕陸游：《劍南詩稿》卷十九《屢雪二麥可望喜而作歌》，錢仲聯主編《陸游全集校注》，浙江出版聯合集團，2012年，第3冊，第276頁。
〔註98〕趙蕃：《淳熙稿》卷十三《袁州北崇勝寺二首》，北京出版社，2011年，第285頁。
〔註99〕梅堯臣：《宛陵集》卷四十九《依韻奉和永叔感興》，朱東潤校注《梅堯臣集編年校注》，上海古籍出版社，2006年，第418頁。

〔註100〕方一夔《戍婦》詩曰：「夜夜燈前做針線，倩誰邊上寄寒衣。」〔註101〕不會裁衣縫紉的婦女，往往被夫家所嫌棄。洪邁《夷堅志》中《鹽城周氏女》條就記載了這麼一個故事，「鹽城民周六……一女年十七八，略不識針鈕之事，但能助父編葦而已。以神堰漁者劉五為其子娶之，不能縫裳，逐之歸。父母俱亡，無以糊口，遂行乞於市。」〔註102〕鹽城周氏女因為不會縫製衣服被劉五兒子所棄，但其父母雙亡，自己又沒法獨立生活，後來竟淪為乞丐。

（三）汲水清潔。1983 年 6 月，山西沁水縣發現的宋墓雕磚，其中有「汲水圖一女人頭梳高髻，身穿交領白色上衣，腰束百折羅裙於上衣內，右手持井繩，左手持轆轤把作提水狀，井後放有水桶」。〔註103〕無疑，這個婦女在從事汲水的勞作。

關於民婦汲水的情況，在宋代史籍中也多有記載。舒岳祥筆下的汲水婦，汲水回家有多種用途。「溪頭汲水婦，力小憩中途。奉佛澄齋鉢，供姑潔飯盂。煮蔬甘勝肉，洗布白於酥。釀黍修時祀，家篘不用沽。」〔註104〕陳普《古田女》詩曰：「清川浴婦人，以晝不以夜。上流濯垢膩，下流汲歸舍。供佛與事尊，共享如啖蔗。」〔註105〕趙蕃詩曰：「青裙汲水過前溪，白髮鷹門兒戲啼。」〔註106〕有些婦女是趁著夜晚汲水，如陸游所注意到「婦盎有夜汲」〔註107〕。可能一方面是夜晚江上清靜，且水質較好，而另一方面則可以騰出白天的時間以作他用。清晨女子出門汲水的情況也有，陸游詩曰：「木盎汲江人起早，銀釵簇髻女妝新」〔註108〕。

〔註100〕舒岳祥：《閬風集》卷三《自歸耕篆畦見村婦有摘茶車水賣魚汲水行饁寄衣舂米種麥泣布賣菜者作十婦詞》，北京出版社，2011 年，第 601 頁。

〔註101〕陳思：《兩宋名賢小集》卷三百十五方一夔《戍婦》，線裝書局，2004 年，第 366 頁。

〔註102〕洪邁：《夷堅支志》丁卷九《鹽城周氏女》，中華書局，1981 年，第 1036 頁。

〔註103〕李奉山：《山西沁水縣宋墓雕磚》，《考古》，1989 年第 4 期。

〔註104〕舒岳祥：《閬風集》卷三《自歸耕篆畦見村婦有摘茶車水賣魚汲水行饁寄衣舂米種麥泣布賣菜者作十婦詞》，北京出版社，2011 年，第 601 頁。

〔註105〕陳普：《石堂先生遺集》卷十六《古田女》，書目文獻出版社，1998 年，第 771 頁。

〔註106〕趙蕃：《淳熙稿》卷十八《晚行田間書事》，北京出版社，2011 年，第 350 頁。

〔註107〕陸游：《劍南詩稿》卷十《峽口夜坐》，錢仲聯主編《陸游全集校注》，浙江出版聯合集團，2012 年，第 2 冊，第 191 頁。

〔註108〕陸游：《劍南詩稿》卷二《新安驛》，錢仲聯主編《陸游全集校注》，浙江出版聯合集團，2012 年，第 1 冊，第 128 頁。

　　洗衣曬衣也是民婦的主要家務。王炎詩曰:「草笠兒驅犢,荊釵女浣衣。」〔註109〕熊禾詩曰:「隔籬翁嫗寐不熟,月落尚聞砧杵聲。」〔註110〕《夷堅志》中《巴山蛇》條載:「崇仁縣農家子婦頗少艾,因往屋後暴衣不還」〔註111〕。

　　(四)教育、撫養子女。育兒亦是宋代婦女重要的家務活動,李覯《獲稻》詩曰:「餉婦念兒啼,逢人不敢立。」〔註112〕餉婦要趕回家去照顧孩子,路上不敢跟人搭話。范成大《夔州竹枝歌》詩曰:「白頭老嫗簪紅花,黑頭女娘三髻丫。背上兒眠上山去,採桑已閒當採茶。」〔註113〕上山採茶時,民婦中有的人還背著幼兒,其辛苦可想而知。這大概是那些幼兒還處在哺乳期,需要頻繁哺乳的緣故。如果不是隨身攜帶,母親外出勞動確實多有不便。陸游看到的賣茶村女就是:「纏兒著背上,貼妥若在榻」〔註114〕。還有宋代風俗畫也體現了民婦育兒的情況。王居正《紡車圖》中的紡紗農婦至少有兩個孩子,李嵩《貨郎圖》裏匆匆忙忙趕來的村婦,懷中抱著一個嬰兒,身旁還圍繞了四名孩童。張擇端《清明上河圖》中的船娘身邊也有幼兒。佚名《浴嬰圖》中有四個孩童,作為母親出現的僅僅一人。在宋代風俗畫中,無論女子身處何方,也無論她們從事何種活動,她們無一例外地和自己的孩子在一起。

　　(五)侍奉公婆,協調妯娌、鄰里和家族內部關係。凡有「舅姑」在世的,侍奉「舅姑」便是家庭主婦的一項重要工作。司馬光《家範》卷十載:「婦事舅姑,與子事父母略同」。史浩《童丱須知‧舅姑篇》詩曰:「女子年既笄,出適乃從夫。從夫始曰婦,將以事舅姑。……定省問安否,溫清視衣襦。俎豆奉燕樂,几杖供扶持。出因侍坐席,入則臨庖廚。」〔註115〕胡次焱《媒問嫠》詩曰:「中年得夫壻,憧憧拜姑嫜。肅容采蘋藻,洗手供羹湯。」〔註116〕馮山詩曰:「不如貧婦巧且勤,巧能養家勤養親」〔註117〕。

〔註109〕王炎:《雙溪類稿》卷二《自南齋晚歸二絕》,商務印書館,2005年,第144頁。
〔註110〕(明)曹學佺編:《石倉歷代詩選》卷二百一十熊禾《搗衣曲》,商務印書館,2005年,第562頁。
〔註111〕洪邁:《夷堅丁志》卷二十《巴山蛇》,中華書局,1981年,第705頁。
〔註112〕李覯:《直講李先生文集》卷三十五《獲稻》,線裝書局,2004年,第238頁。
〔註113〕范成大:《范石湖集》卷十六《夔州竹枝歌》,上海古籍出版社,2010年,第220頁。
〔註114〕陸游:《劍南詩稿》卷二《黃牛峽廟》,錢仲聯主編《陸游全集校注》,浙江出版聯合集團,2012年,第1冊,第125頁。
〔註115〕史浩:《鄮峰真隱漫錄》卷四十九《舅姑篇》,線裝書局,2004年,第254頁。
〔註116〕胡次焱:《梅岩集》卷二《媒問嫠》,商務印書館,2005年,第196頁。
〔註117〕馮山:《安嶽集》卷六《鄰家婦》,商務印書館,2005年,第110頁。

（六）參與祭祀。在宋代，家族祭祀受到相當的重視，婦女即是祭祀活動的重要參與者。張載《女戒》指出：「銅爾提匜，謹爾賓祭」。宋人認爲：「婦者，所以承先祖，奉祭祀。不能奉祭祀，則不可以爲婦矣」〔註118〕。

在宋代，家庭中的正妻角色被稱爲「冢婦」，是家庭祭祀的主要參與者。司馬光《家範》卷十載：「舅沒則姑老，謂傳家事於長婦也。冢婦所祭祀、賓客，每事必請於姑。婦雖受傳猶不敢專行也，介婦請於冢婦。」

在寒食清明時節，平民夫婦大都共同去上墳。張耒《一百五歌》詩曰：「山民歲時事莽鹵，猶知拜掃一百五。平明士女出城闉，黃土岡前列尊俎。」〔註119〕周密《武林舊事》卷三載：「清明前三日爲寒食節，……南北兩山之間，車馬紛然，而野祭者尤多，如大昭慶九曲等處，婦人淡裝素衣，提攜兒女，酒壺肴罍。」年末的祭祀廁神紫姑專由婦女來經辦。

（七）飼養家禽。在家中飼養有家禽的情況下，多由家庭主婦來飼養照管。李光詩曰：「晚晴雞鶩喜，蓐食婦姑忙。」〔註120〕楊萬里詩曰：「喚渠朝餐歇半霎，低頭折腰只不答。秧根未牢蒔未匝，照管鵝兒與雛鴨。」〔註121〕農夫囑咐妻子照管好家中飼養的鵝兒與雛鴨，以防它們來田裏作踐。

（八）招待客人。趙汝鐩《憩農家》詩曰：「蹇餘入茅簷，解帶爲小留。荊釵三兩婦，競將機杼投。吹爐問官人，肯吃村茶不。」〔註122〕其《莊家》詩曰：「煎茗吹爐呼幼婦，持箕掃地命童兒。」〔註123〕可見，招待客人也是民婦的工作之一。

可見，在宋代民家中，絕大多數家庭主婦不僅承擔著全部日常家務，還要生兒育女、伺候老人和丈夫，並協助家庭生計。她們大都是一生都不脫離勞動，這是一種勤勞的傳統，也是生活的需要，更是家庭責任感的驅使。

〔註118〕董楷：《周易傳義附錄》卷十三，商務印書館，2005 年，第 212 頁。

〔註119〕張耒：《張右史文集》卷六《一百五歌》，上海商務印書館，1936 年，第 68 頁。

〔註120〕李光：《莊簡集》卷三《觀獲》，線裝書局，2004 年，第 726 頁。

〔註121〕楊萬里：《誠齋集》卷十三《插秧歌》，線裝書局，2004 年，第 123 頁。

〔註122〕趙汝鐩：《野谷詩稿》卷三《憩農家》，北京出版社，2011 年，第 381 頁。

〔註123〕趙汝鐩：《野谷詩稿》卷六《莊家》，北京出版社，2011 年，第 406 頁。

第二章　宋代民婦的日常生活

第一節　飲食習慣

一、南北之別

　　在宋代，民婦的日常生活亦呈現出與其他階層婦女較為不同的特色，在飲食方面即是如此。

　　宋時南北主食的差別相當明顯，北方的糧食以粟、麥為主，南方的糧食以稻米為主。在北宋，由於宋政府每年漕運六、七百萬石稻米至汴京開封等地，因此部分北方人也將稻米作為主食。南宋初年，大批北方人口南遷，而北方人喜吃麵，麥價日漲。同時，官府規定佃戶如種麥不須向地主交納麥租。因此，在南方麥子的種植面積迅速擴大，麵食在宋人主食中的比重逐漸增大。

　　在肉食方面，北方以羊肉、豬肉為主，而南方以豬肉、水產為主。宋代羊、牛肉地位高，價格貴，消費者主要為官宦、富戶。如林父的弟媳虞氏是尚書之女，習慣了食羊肉而「不食豬肉」，受到了林父的訓斥：「吾家寒素，非汝家比，安得常有羊肉？盍隨家豐儉勉食之」〔註1〕，可見，羊肉的價格是較貴的。豬肉的價格比羊肉低，消費階層面廣，成為廣大中下級官吏、城市中下層商人、手工業者、地主、農民等的肉食。在南方地區，豬肉更加成為名副其實的大眾肉食。宋代豬肉除了農村一些農民自養自宰外，其餘都是從市場上買來的。在南方地區，水產品魚蝦等的供應量大，價格並不高，也成

〔註1〕洪邁：《夷堅丙志》卷九《鄠都宮使》，中華書局，1981年，第438頁。

爲中下層民眾肉食消費的主要品種。張師正《倦遊雜錄》載：「杜大監植嘗言：南方無好羊泊面，惟魚稻爲嘉，故南人嗜之。北方魚稻不多，而肉面嘉，故北人嗜之」〔註2〕。

　　在口味愛好上，南北方亦大有不同。朱彧《萍州可談》卷二指出：「大率南食多鹽，北食多酸，四夷及村落人食甘，中州及城市人食淡。」莊綽《雞肋編》卷上記載：「瘡發於足脛骨旁，肉冷難合，色紫而癢者，北人呼爲『臁瘡』，南人謂之『骭瘡』，其實一也。然西北之人，千萬之中患者乃無一二。婦人以下實血盛，尤罕斯疾。南方婦女亦多苦之。蓋俗喜飲白酒、食魚鮝、嗜鹽味。而鹽則散血走下，魚乃發熱作瘡，酒則行藥有毒。三物氣味皆入於脾、腎，而足骭之間，二脈皆由之。」南方婦女有嗜鹹、食魚蝦、喜飲酒的習慣，這與北方婦女有所不同。

二、主副食及飲料

　　具體而言，民婦的飲食習慣表現在以下幾個方面。

　　（一）主食。從飲食的種類來看，宋代有麥飯、米飯、黍飯、粟飯等。邵定翁詩曰：「麥飯雜菽炮鮺羹，邱嫂拔秧哥去耕。」〔註3〕周紫芝《輸粟行》詩曰：「燎薪炊黍呼婦子，夜半舂粟輸官倉。」〔註4〕沈作喆詩曰：「歸來醉飽吹短簫，野花插鬢樵女嬌。農夫忍饑自芸苗，粟米自熟腹自枵。」〔註5〕王炎詩曰：「炊粳釀黍作秋社，翁媼醉飽兒孫嬉。」〔註6〕洪邁《夷堅志》中《謝七嫂》條載：「信州玉山縣塘南七里店民謝七妻，不孝於姑，每飯以麥，又不得飽，而自食則白秔飯」〔註7〕。

　　宋代農戶生產的糧食大多被地主、官府以納稅交租的方式掠奪而去，生活艱難。如呂本中詩曰：「田家得米輸官倉，一粒不得囊中藏。」〔註8〕蘇軾

〔註2〕　江少虞：《新雕皇朝類苑》卷六十二《華清宮》，北京出版社，2011年，第650頁。
〔註3〕　（清）陸心源：《宋詩紀事補遺》卷七十七邵定翁《插田》，上海古籍出版社，2002年，第424頁。
〔註4〕　周紫芝：《太倉稊米集》卷一《輸粟行》，線裝書局，2004年，第749頁。
〔註5〕　傅璇琮等主編：《全宋詩》卷一千九百七十一，沈作喆《新安採樵行》，北京大學出版社，1998年，第35冊，第22084頁。
〔註6〕　王炎：《雙溪類稿》卷三《喜雨歌》，商務印書館，2005年，第147頁。
〔註7〕　洪邁：《夷堅丙志》卷八《謝七嫂》，中華書局，1981年，第430頁。
〔註8〕　呂本中：《東萊詩集》卷十一《送一書記杲公作天寧化士》，商務印書館，2005年，第829頁。

《吳中田婦歎》詩曰：「汗流肩頳載入市，價賤乞與如糠粞。賣牛納稅拆屋炊，慮淺不及明年饑。官今要錢不要米，西北萬里招羌兒。龔黃滿朝人更苦，不如卻作河伯婦」〔註9〕。

隨著北宋以來人口的不斷增加，農村耕地愈顯不足。到了南宋，土地私有制的進一步發展，使農村土地兼併更為嚴重。大量土地越來越集中於少數官戶、富家之手，使農民愈加貧困。在此種情況下，又加上宋代雜色差役名目眾多，丁額錢絹數額繁重，如遇凶年旱潦災傷或盜賊侵擾，農民更加生活困苦。

在主食上，平民百姓只能吃到一般的粟米飯和糙米飯等。如司馬光即指出「農夫蠶婦所食者，糠籺而不足。」〔註10〕歐陽修也指出：「一歲之耕，供公僅足，而民食不過數月。甚者場功甫畢，簸糠麩而食秕稗。或採橡實，蓄菜根，以延多春」〔註11〕。

因沒有足夠的米做飯，宋代民眾以稀粥度日的情況並不少見。一些窮人平時常喝小米稀粥，或「雜蔬為糜」。〔註12〕饒州「民種蕎麥，可充一兩月糧。異時飢饉，得蘿蔔、雜菜，和米作糜，亦可度日。」〔註13〕蘇軾《和陶勸農六首》詩序引言說：「海南多荒田，俗以貿香為業。所產秔稌，不足於食，乃以薯芋雜米作粥糜以取飽。」〔註14〕蘇軾還有詩曰：「火冷餳稀杏粥稠，青裙縞袂餉田頭」。〔註15〕

（二）雜糧，這包括瓜果、蔬菜、豆類、芋薯、野菜等等。在農業不發達的地區，雜糧的重要性更加凸顯。如南方瑤人「耕山為生，以粟、豆、芋魁充糧，其稻田無幾。」〔註16〕陸游筆下的湖南西部地區，「辰、沅、靖州蠻

〔註9〕蘇軾：《蘇軾詩集》卷八《吳中田婦歎》，中華書局，1982年，第404頁。

〔註10〕司馬光撰、李之亮箋注：《司馬溫公集編年箋注》卷四十八《乞省覽農民封事箚子》，巴蜀書社，2009年，第4冊，第203頁。

〔註11〕歐陽修撰、李之亮箋注：《歐陽修集編年箋注》卷五十九《原弊》，巴蜀書社，2007年，第4冊，第62頁。

〔註12〕岳珂：《金佗稡編》卷四行實編年一《崇寧二年》，商務印書館，2005年，第151頁。

〔註13〕洪適：《盤洲文集》卷四十六《奏旱災箚子》，線裝書局，2004年，第319頁。

〔註14〕蘇軾：《蘇軾詩集》卷四十一《和陶勸農六首》，中華書局，1982年，第2255頁。

〔註15〕蘇軾：《蘇軾詩集》卷十八《次韻田國博部夫南京見寄》，中華書局，1982年，第931頁。

〔註16〕周去非：《嶺外代答》卷三《猺人》，廣陵書社，2003年，第97頁。

有犵狑，有犵獠，有犵欖，有犵犬婁，有山猺，俗亦土著，外愚內黠，皆焚山而耕，所種粟豆而已。食不足則獵野獸，至燒龜蛇啖之」〔註17〕。

　　蔬菜是平民家庭較多食用的佐餐之物。舒岳祥筆下的汲水婦，汲水歸家「煮蔬甘勝肉，洗布白於酥。」〔註18〕李綱詩曰：「雨剪葵韮滑，夜舂秔稻香。年豐飽妻子，日夕下牛羊。」〔註19〕陳藻《貧婦行》詩曰：「半簞赤飯一盂蔬，對不能餐雙淚迸」。〔註20〕范成大詩曰：「兒修雞柵了，女挈菜籃歸」〔註21〕。

　　豆類食品在平民家庭較爲多見，如李復詩曰：「婦姑具餉出，飯豆菜葉肥。」〔註22〕李新詩曰：「豆飯餉田薅鼓住，田塍收水婦翁忙。」〔註23〕晁補之《豆葉黃》詩曰：「翁媼衰，餔麋粥。豆葉黃，葉黃不獨豆。白黍堪作酒，瓠大棗紅皺」〔註24〕。

　　芋頭薯類在平民家庭的飯桌上也常可見到，陸游詩曰：「芋羹豆飯家家樂，桑眼榆條物物春。」〔註25〕趙汝鐩詩曰：「薦飯滿盂山芋美，開窗匝室野花馨。」〔註26〕還有瓜、筍類，華嶽詩曰：「麥飯瓜虀及早催，田夫雙眼望儂來。」〔註27〕吳錫疇詩曰：「村市筍廚美，田家麰餌香。」〔註28〕陸游《野步至近村》詩曰：「勿言野饁無鹽酪，筍蕨何妨淡煮羹」〔註29〕。

　　民家還有採集野食如野菜爲食的，趙蕃有《安福界上遠山之巔樵者頗眾而山色如墨蓋燒餘也路逢村婦攜籃者數輩問之云採野菜去》詩曰：「有婦能供

〔註17〕陸游：《老學庵筆記》卷四，錢仲聯主編《陸游全集校注》，浙江出版聯合集團，2012年，第11冊，第302頁。

〔註18〕舒岳祥：《閬風集》卷三《自歸耕篆畦見村婦有摘茶車水賣魚汲水行饁寄衣舂米種麥泣布賣菜者作十婦詞》，北京出版社，2011年，第601頁。

〔註19〕李綱：《李綱全集》卷五《田家》，嶽麓書社，2004年，第29頁。

〔註20〕陳藻：《樂軒集》卷一《貧婦行》，商務印書館，2005年，第96頁。

〔註21〕范成大：《范石湖集》卷二十五《家人子輩往石湖檢校暮歸》，上海古籍出版社，2010年，第354頁。

〔註22〕李復：《潏水集》卷十《郊居》，商務印書館，2005年，第578頁。

〔註23〕李新：《跨鼇集》卷七《銅鼓道中所見詩》，商務印書館，2005年，第672頁。

〔註24〕晁補之：《雞肋集》卷八《豆葉黃》，商務印書館，2005年，第772頁。

〔註25〕陸游：《劍南詩稿》卷八十一《肩輿歷湖桑堰東西過陳灣至陳讓堰小市抵暮》，錢仲聯主編《陸游全集校注》，浙江出版聯合集團，2012年，第8冊，第142頁。

〔註26〕趙汝鐩：《野谷詩稿》卷六《午炊溪店》，北京出版社，2011年，第403頁。

〔註27〕華嶽：《翠微南征錄》卷十《田家十絕》，線裝書局，2004年，第179頁。

〔註28〕吳錫疇：《蘭皋集》卷下《藍溪道中》，線裝書局，2004年，第214頁。

〔註29〕陸游：《劍南詩稿》卷五十七《野步至近村》，錢仲聯主編《陸游全集校注》，浙江出版聯合集團，2012年，第6冊，第273頁。

餉，攜籃更采芹。」〔註30〕程公許《崇女擷菜煮羹》詩曰：「穉女春間繞舍嬉，手挑野菜滿籃歸」〔註31〕。

在饑荒年景，野菜更成為貧民家庭重要的食物來源。元祐六年（1091），蘇軾曰：「今秋廬、濠、壽等州皆饑，見今農民已煎榆皮，及用糠麩雜馬齒莧煮食。」〔註32〕王炎曰：「田野之民，食糟糠，此誠可憫。炎前年在山中，自十月至去年二月，山居之地，盡掘蕨根而食。」〔註33〕可見，在宋代，野菜、野葛、橡實或榆葉、榆皮被貧苦家庭當做充饑食物的情況也存在。

（三）肉食。在宋代，羊肉價格貴，地位高，主要消費階層是富商大戶。一般平民家庭多以豬肉、魚蝦為肉食。如蘇軾被貶黃州（今湖北黃岡）時，發現這裡「豬、牛、麞、鹿如土，魚、蟹不論錢」〔註34〕。淮南路民間普遍養豬，當地的豬肉價錢非常便宜，有「淮南豬肉不論錢」〔註35〕之說。臨安的豬肉也很便宜，史載：「內有起店數家，大店每日使豬十口，只不用頭蹄血髒。遇晚燒晃燈撥刀，饒皮骨，壯漢只吃得三十八錢，起吃不了，皮骨饒荷葉裹歸，緣物賤之故。」〔註36〕一個壯漢僅買了三十八文錢的豬肉還吃不完，可見當時豬肉價格的確便宜。舒岳祥筆下的賣菜婦，雖然獲利微薄，但也可以「街頭買肉歸」〔註37〕。據推斷，收入微薄的賣菜婦所買之肉很有可能是價格偏低的豬肉。

可是，貧民家庭也不是經常能消費得起豬肉的。《夷堅志》中《長垣婦人》條載：「宣和中，開封長垣縣兩弓手適村野巡邏。遇婦人攜一豬蹄獨行，為三狼所逐，叫呼求救。即杖矛為逐去之。……婦謝曰：『兩節級不救我已死了。本以老母病買豬蹄擬供饌，今輒以為報。』」〔註38〕因為家中老母有

〔註30〕趙蕃：《淳熙稿》卷八《安福界上遠山之巔樵者頗眾而山色如墨蓋燒餘也路逢村婦攜籃者數輩問之云採野菜去》，北京出版社，2011年，第221頁。

〔註31〕程公許：《滄洲塵缶編》卷八《崇女擷菜煮羹》，商務印書館，2005年，第284頁。

〔註32〕蘇軾：《蘇軾文集》卷三十三《乞賜度牒糴斛斗準備賑濟淮浙流民狀》，中華書局，1986年，第947頁。

〔註33〕王炎：《雙溪類稿》卷二十二《答淩解元》，商務印書館，2005年，第224頁。

〔註34〕蘇軾：《蘇軾文集》卷五十二《答秦太虛》，中華書局，1986年，第1536頁。

〔註35〕虞儔：《尊白堂集》卷四《戲書》，線裝書局，2004年，第475頁。

〔註36〕西湖老人：《西湖繁勝錄》，上海古籍出版社，2002年，第810頁。

〔註37〕舒岳祥：《閬風集》卷三《自歸耕篆畦見村婦有摘茶車水賣魚汲水行饁寄衣舂米種麥泣布賣菜者作十婦詞》，北京出版社，2011年，第601頁。

〔註38〕洪邁：《夷堅支志》己卷八《長垣婦人》，中華書局，1981年，第1365頁。

病，婦人才拿出錢買豬蹄煮食給老母補養身體。而在宋代一些偏遠村落裏，即使魚肉也未能輕易買到。舒岳祥《田家即事》詩曰：「荒村斷魚肉，隨興酌山杯」〔註39〕。

在南方地區，魚蝦價格低，消費量大，成爲中下層民眾的主要肉食。舒岳祥筆下的賣魚婦，「江上提魚婦，朝朝入市闤。守船留稚子，換酒醉良人。不著淩波襪，長垂濺水裙。」〔註40〕在嶺南地區，賣魚的民婦到處售賣，流動性極強。「粵女市無常，所至輒成區。一日三四遷，處處售蝦魚。」〔註41〕有的賣魚婦還會送貨上門，仇遠詩曰：「鄰翁寒乞炭，溪女曉供魚。」〔註42〕可見，在南方地區，魚蝦等水產品的消費較爲普遍。

在宋代史籍中，平民家庭消費水產品的記載亦不少。張侃詩曰：「醜婦買魚赤腳煮，醉後狂歌發眞趣。」〔註43〕劉克莊《田家》詩曰：「穉子呼牛女拾薪，萊妻自膾小溪鱗。」〔註44〕洪邁《夷堅志》中《湖州醫者》條載：「沙助教之母嗜食蟹。每歲蟹盛時，日市數十枚置大甕中，與兒孫環視。欲食則擇付鼎鑊」〔註45〕。

（四）飲料，以茶、酒爲主。在農家勞作之餘，婦女也喝茶解乏。陸游《浣花女》詩曰：「江頭女兒雙髻丫，常隨阿母供桑麻。當戶夜織聲咿啞，地爐豆稭煎土茶。」〔註46〕在四川，陸游還見到來賣茶葉的村婦，這些村婦平常應該也有飲茶習慣。

在宋代，婦女飲酒的情況亦存在，尤其在南方地區。在春秋兩個社日中，婦女飲酒的情形也較爲多見，王炎詩曰：「炊粳釀黍作秋社，翁媼醉飽兒孫嬉。」〔註47〕婦女飲酒的情況以南方較爲多見。《夷堅志補》卷九《苦竹郎君》條載：「潭州善化縣苦竹村，所事神曰：『苦竹郎君』。里中餘生妻唐氏，微有姿色。

〔註39〕舒岳祥：《閬風集》卷三《田家即事》，北京出版社，2011年，第599頁。
〔註40〕舒岳祥：《閬風集》卷三《自歸耕篆畦見村婦有摘茶車水賣魚汲水行饁寄衣舂米種麥泣布賣菜者作十婦詞》北京出版社，2011年，第601頁。
〔註41〕秦觀：《淮海集》卷六《海康書事》，線裝書局，2004年，第259頁。
〔註42〕仇遠：《金淵集》卷三《遣意》，商務印書館，2005年，第318頁。
〔註43〕張侃：《張氏拙軒集》卷二《薄薄酒》，商務印書館，2005年，第701頁。
〔註44〕劉克莊：《後村先生大全集》卷一《田舍》，線裝書局，2004年，第696頁。
〔註45〕洪邁：《夷堅乙志》卷一《蟹山》，中華書局，1981年，第188頁。
〔註46〕陸游：《劍南詩稿》卷八《浣花女》，錢仲聯主編《陸游全集校注》，浙江出版聯合集團，2012年，第2冊，第29頁。
〔註47〕王炎：《雙溪類稿》卷三《喜雨歌》，商務印書館，2005年，第147頁。

乾道二年，邀鄰婦郊行，至小溪茅店飲酒。」〔註48〕沈說詩曰：「呼童鄰錯應，貰酒婦同斟。」〔註49〕趙蕃詩曰：「田婦貰酒歸，相與慰勤力。」〔註50〕項安世筆下的歸州（今湖南秭歸）女，「歸州女兒雙髻丫，手提酒瓶頭戴花。左手持杯右手瀉，灘頭勸客爭邀遮」。〔註51〕峽州（今湖北宜昌）在歲末祭鬼時，「男女數百相從而樂飲，婦女競爲野服以相遊嬉。」〔註52〕可見，在南方地區，婦女飲酒的情況較爲多見。

第二節　居住行止

一、居住環境

在宋代，房屋的質料常常是身份的象徵。對於房屋的形制，宋政府有明確的規定。李燾《續資治通鑒長編》卷一百十九載：仁宗景祐三年（1036）八月，詔：「天下士庶之家，屋宇非邸店、樓閣臨街市，毋得爲四鋪作及斗八。非品官毋得起門屋。非宮室、寺觀毋得彩繪棟宇及間朱黑漆，梁柱窗牖，雕鏤柱礎。……非命婦之家，毋得衣珠玉。凡帷幔、帟幕、簾旌、床褥毋得純用錦繡。」〔註53〕可見，不同身份地位的人，其居住條件也有所不同。

對於宋代平民家庭而言，常見的住房主要有以下幾種。

（一）茅屋。這種茅草房是在鄉村中就地取材建造的，牆爲土坯或泥巴，頂部用稻草或麥稈、蘆葦來覆蓋。牆壁厚而低矮，屋檐四周延伸、茅草下垂以遮擋雨雪。這種房子往往經不住長時間的風吹雨淋，使用壽命比較短，尤其是房頂，需要經常翻修。唐代詩人杜甫《茅屋爲秋風所破歌》即指出：「八月秋高風怒號，卷我屋上三重茅」〔註54〕。

〔註48〕洪邁：《夷堅志補》卷九《苦行郎君》，中華書局，1981年，第1627頁。

〔註49〕陳思：《兩宋名賢小集》卷二百八十四沈說《別墅》，線裝書局，2004年，第125頁。

〔註50〕趙蕃：《淳熙稿》卷十六《田家即事》，北京出版社，2011年，第326頁。

〔註51〕項安世：《平庵悔稿・歸州女》，線裝書局，2004年，第94頁。

〔註52〕歐陽修撰、李之亮箋注：《歐陽修集編年箋注》卷十一《夷陵歲暮書事呈元珍表臣》，巴蜀書社，2007年，第1冊，第429頁。

〔註53〕李燾：《續資治通鑒長編》卷一百十九，仁宗景祐三年八月己酉條，中華書局，2004年，第2798頁。

〔註54〕杜甫：《杜工部集》卷八《茅屋爲秋風所破歌》，上海古籍出版社，2002年，第364頁。

　　宋時普通民家的住所多是茅屋，城鄉都是如此。莊綽《雞肋編》卷下載：「新州城中甚隘，居人多茅竹之屋。」公安縣（今湖北公安）的「民居多茅屋」。陸游在其故鄉江陰的房子即是茅屋，其詩《弊廬》詩曰：「弊廬雖陋甚，鄙性頗所宜。欹傾十許間，草覆實半之。碓聲隔柴門，績火出枳籬。」〔註55〕還有《葺舍》詩寫於雨前，詩曰：「補漏支傾吾可笑，呼奴乘屋更添茅」〔註56〕。

　　茅屋在都城中也頗爲常見，在郊區更是如此。如淳熙七年（1180）六月，臨安府官員上言：「奉詔本府居民添蓋，接簷突出，並蘆席木笪，侵佔街道，及起造屋宇，侵佔河岸」〔註57〕。而在邊遠城鎮及鄉村，民居除少數瓦房外，極大多數都是比較簡陋、低矮窄狹的茅草屋。邕州（今廣西南寧）官舍民居「悉以茅覆」〔註58〕。在海南，李綱看到當地人也以茅屋爲主，其地「僻陋尤甚，黃茅中草屋二百餘家。」〔註59〕在宋代詩作中，對民婦所居的房舍有豐富的記載，陸游詩曰：「婦汲惟陶器，民居半草庵。」〔註60〕于石《田家婦》詩曰：「茅簷笑語寒燈孤，夜春曉織奉舅姑。」〔註61〕楊備詩曰：「摘繭抽絲女在機，茅簷葦箔舊堂扉。」〔註62〕洪邁詩曰：「茅簷青裙婦，蓬髮薪煙昏」〔註63〕。

　　大體而言，宋代普通民戶的住房條件多以三間茅屋爲主。所謂「茅屋三間圍短籬」〔註64〕，即是其住宅基本狀況的描述。趙汝鐩《田家歎》詩曰：「破

〔註55〕陸游：《劍南詩稿》卷四十八《弊廬》，錢仲聯主編《陸游全集校注》，浙江出版聯合集團，2012年，第5冊，第430頁。

〔註56〕陸游：《劍南詩稿》卷五十七《葺舍》，錢仲聯主編《陸游全集校注》，浙江出版聯合集團，2012年，第6冊，第288頁。

〔註57〕（清）徐松輯：《宋會要輯稿》方域一〇之八，中華書局，1957年，第7477頁。

〔註58〕李燾：《續資治通鑒長編》卷二百九十七，神宗元豐二年三月戊子條，中華書局，2004年，第7223頁。

〔註59〕李綱：《李綱全集》卷二十四《次瓊管二首》，嶽麓書社，2004年，第319頁。

〔註60〕陸游：《劍南詩稿》卷七十六《頃歲從南鄭屢往來興鳳間暇日追懷舊遊有賦》，錢仲聯主編《陸游全集校注》，浙江出版聯合集團，2012年，第7冊，第487頁。

〔註61〕于石：《紫岩詩選》卷二《田家婦》，商務印書館，2005年，第527頁。

〔註62〕陳思：《兩宋名賢小集》卷三百六十一楊備《蠶室》，線裝書局，2004年，第640頁。

〔註63〕洪邁：《野處類稿》卷上《度石棟嶺》，線裝書局，2004年，第5頁。

〔註64〕陸游：《劍南詩稿》卷七十四《初春》，錢仲聯主編《陸游全集校注》，浙江出版聯合集團，2012年，第7冊，第416頁。

屋三間結草扉，柴根煨火闔家圍。……晚來稚子總歡喜，報導小姑挑菜歸。」
〔註65〕宋伯仁《農家》詩曰：「茅屋三間槿作籬，白頭婆子葺冬衣。」〔註66〕
陸游《書懷》詩曰：「朱門莫管渠癡絕，自愛茅茨三兩間。」〔註67〕像陸游這
樣的退居官吏也不過是茅屋三間，其他民戶居住條件也大致如此。如乾道五
年（1169），楚州（今江蘇淮安）募民營田，「每一家用草屋二間，兩牛用草屋
一間。」〔註68〕每家給草房2間半。

　　宋代農戶茅屋多以乾柴修作門，稱為「柴門」。陸游《浣花女》詩曰：「長
成嫁與東西家，柴門相對不上車。」〔註69〕邱葵詩曰：「溪水青山山外村，數
間茅屋掩柴門。青裙竈下偷窺客，白髮堂中笑弄孫。」〔註70〕章甫詩曰：「妻
兒春糯試新曲，鄰舍茅柴相接續。」〔註71〕梅堯臣《岸貧》詩曰：「野蘆編作
室，青蔓與為門。」〔註72〕此詩描繪的是居住在河岸邊上貧苦人家的生活情
況。他們並沒有住屋，只用野蘆編成的苫席，做個簡陋的住處。這住所沒有
門扇，只在門框上編著些藤蔓，便算抵個柴門。

　　鄉村民戶茅屋周圍多用荊棘圍住，既為防盜，又可為圈養家禽之便。趙
希逢《和田家》詩曰：「茅舍圍圍護刺笆，寂寥無處著紛拏。」〔註73〕張耒詩
曰：「棘籬蔽茅屋，雞犬入村巷。」〔註74〕有的民家也有用槿、竹等質料作為
籬笆的。葉紹翁《田家三詠》詩曰：「織籬為界編紅槿，排石成橋接斷塍。」
〔註75〕宋伯仁《農家》詩曰：「茅屋三間槿作籬，白頭婆子葺冬衣」〔註76〕。

〔註65〕趙汝鐩：《野谷詩稿》卷六《田家歎》，北京出版社，2011年，第406頁。
〔註66〕（明）董斯張：《吳興藝文補》卷五十二宋伯仁《農家》，上海古籍出版社，
　　　　2002年，第660頁。
〔註67〕陸游：《劍南詩稿》卷五十四《書懷》，錢仲聯主編《陸游全集校注》，浙江出
　　　　版聯合集團，2012年，第6冊，第165頁。
〔註68〕（清）徐松輯：《宋會要輯稿》食貨六三之四四，中華書局，1957年，第6008
　　　　頁。
〔註69〕陸游：《劍南詩稿》卷八《浣花女》，錢仲聯主編《陸游全集校注》，浙江出版
　　　　聯合集團，2012年，第2冊，第89頁。
〔註70〕邱葵：《釣磯詩集》卷三《次所盤山村韻》，線裝書局，2004年，第696頁。
〔註71〕章甫：《自鳴集》卷三《揚稻行》，商務印書館，2005年，第355頁。
〔註72〕梅堯臣：《宛陵集》卷三十三《岸貧》，朱東潤校注《梅堯臣集編年校注》，上
　　　　海古籍出版社，2006年，第384頁。
〔註73〕（明）佚名：《詩淵》，書目文獻出版社，1984年，第5冊，第3087頁。
〔註74〕張耒：《張右史文集》卷十四《西華道中》，上海商務印書館，1936年，第129
　　　　頁。
〔註75〕陳思：《兩宋名賢小集》卷二百六十葉紹翁《田家三詠》，線裝書局，2004年，
　　　　第759頁。

可以肯定地說，宋代廣大中下層民眾的房屋多以茅草屋為主。

（二）瓦房。瓦房因以瓦蓋頂而得名，又因其以磚瓦為主要建築材料建成，故又名「磚瓦房」。瓦房使用者，從社會階層來看，一般為地主和富商大賈。從地區上看，則以城市居多。

在宋代城鎮、鄉村中，常常是磚瓦屋、茅屋相間。如《清明上河圖》所繪製汴京開封城郊農村住宅以簡陋的茅草房為主，間中有少量瓦屋，三五間合成一組。南宋乾道時，溫州曾兩日內連續發生火災，知州的災情報告指出：「燒過民居三百七十一家，茅、瓦屋相間約計六百二十餘間」〔註77〕。

農村瓦房雖不普遍，但也可以見到。范成大出蜀時，見「周氏三大第皆高爽嚴潔」，他途經成都府（今四川成都）郫縣犀浦鎮，看到當地「郫邑屋極盛，家家有流水修竹，而楊氏之居為最。」〔註78〕說明鎮上居民的建築也是崇尚豪華、裝飾精美，其中以大族楊氏的宅第最為壯觀。范成大《驂鸞錄》載：「上江，兩日來帶江悉是橘林，翠樾照水，行終日不絕。林中竹籬瓦屋，不類村墟，疑皆得種橘之利。」這些瓦房多為富家所有。

（三）竹屋。這在南方地區較為多見。如嘉州（今四川樂山），多有民戶「以竹木為樓居」〔註79〕。葉康直知湖北光化縣（今湖北老河口市）時，「縣多竹，民皆編為屋。」〔註80〕一些地區，人們常用竹子代替陶瓦，即把粗竹筒劈開，仰面向上代替瓦。在荊襄地區，幾乎家家住房都是用竹蓋建的。由於竹子容易栽植，生長速度極快，因而取材方便，房屋造價較低。「黃岡之地多竹，大者如椽，竹工破之，刳去其節，用代陶瓦，比屋皆然，以其價廉而工省也」〔註81〕可見，竹工已經成為一種專門的職業匠人。周去非指出，嶺南鄉間亦有「小民壘土墼為牆，而架宇其上，全不施柱，或以竹仰覆為瓦」〔註82〕。

〔註76〕（明）董斯張：《吳興藝文補》卷五十二宋伯仁《農家》，上海古籍出版社，2002年，第660頁。

〔註77〕王之望：《漢濱集》卷七《溫州遺火乞賜降黜奏箚》，上海書店出版社，1994年，第95頁。

〔註78〕范成大：《吳船錄》卷上，中華書局，2002年，第187頁。

〔註79〕樂史：《太平寰宇記》卷七十四《劍南西道三》，中華書局，2007年，第1508頁。

〔註80〕（元）脫脫等：《宋史》卷四百二十六《葉康直傳》，中華書局，1985年，第12706頁。

〔註81〕王禹偁：《小畜集》卷十七《黃州新建小竹樓記》，商務印書館，2005年，第49頁。

〔註82〕周去非：《嶺外代答》卷四《屋室》，廣陵書社，2003年，第129頁。

在南方地區，還盛行一種「干欄」式的竹茅屋。在嶺南地區，周去非《嶺外代答》載：「深廣之民，結柵以居，上施茅屋，下豢牛豕。柵上編竹為棧，不施椅桌床榻，唯有一牛皮為裀席，寢食於斯。牛豕之穢，升聞於棧罅之間，不可向邇。彼皆習慣，莫之聞也。考其所以然，蓋地多虎狼，不如是則人畜皆不得安，無乃上古巢居之意歟？」〔註83〕在湖北夷陵（今湖北宜昌），也有這類「干欄」式建築。歐陽修《夷陵縣至喜堂記》中指出當地民居「竈、廩、匽、井無異位，一室之間上父子而下畜豕。其覆皆用茅竹。」〔註84〕干欄是南方少數民族利用南方多山地形，因地制宜進行的房屋建造。干欄多依山傍水而建，為樓居式竹木建築，分上下兩層，底層架空，放置雜物及豢養牲畜，上層用於居住，頂上覆蓋樹皮、茅草或瓦片。干欄建築具有通風、採光好的優點，又可防潮防獸，適應南方山區不平的地形及潮濕多雨的氣候，且南方地區竹木茂盛，易於取材。

（四）以舟為室。這主要是漁民家庭的習慣。周去非《嶺外代答》卷三《蜑蠻》載：「以舟為室，視水如陸，浮生江海者，蜑也。欽之蜑有三……蜑極貧，衣皆鶉結，得掬米妻子共之，夫婦居短蓬之下，生子乃猥多。」蘇軾詩作《魚蠻子》描繪了江淮漁民的室居景觀，「江淮水為田，舟楫為室居。魚蝦以為糧，不耕自有餘。」〔註85〕。

在宋代，普通民婦所居的住所以茅屋為主，瓦屋、竹屋次之。以舟為室主要是漁戶人家的習慣。

在宋代，普通民戶的家庭用具以陶製品、竹製品、木製品為主，以實用為主。如于石《小石塘源》詩曰：「翁嫗各垂白，童稚紛成行。嫁女必近鄰，生男不行商。死徙無出境，耕織各有常。地爐老瓦盆，竹幾素木床。」〔註86〕在都城臨安的巷陌街坊上，有民間需要的各種家庭用具銷售，諸如桌、凳、涼床、交椅、兀子、繩床、竹椅、裙廚、衣架、棋盤、面桶、項桶、腳桶、浴桶、大小提桶、馬子（馬桶）、桶架、木杓、研槌、食托、竹夫人、懶架、木梳、篦子、刷子等，應有盡有。〔註87〕這些形式多樣的家庭用具，可以說已經具備了近代民間生活用具的初步規模。

〔註83〕周去非：《嶺外代答》卷四《巢居》，廣陵書社，2003 年，第 130 頁。
〔註84〕歐陽修撰、李之亮箋注：《歐陽修集編年箋注》卷三十九《夷陵縣至喜堂記》，巴蜀書社，2007 年，第 3 冊，第 64 頁。
〔註85〕蘇軾：《蘇軾詩集》卷二十一《魚蠻子》，中華書局，1982 年，第 1124 頁。
〔註86〕于石：《紫岩詩選》卷一《小石塘源》，商務印書館，2005 年，第 524 頁。
〔註87〕吳自牧：《夢粱錄》卷十三《諸色雜賣》，中華書局，1985 年，第 117 頁。

二、交通出行

在交通規則上，司馬光《家範》卷一指出：「道路男子由右，女子由左，地道尊右。」趙與時指出：「古者道路，男子由右，女子由左，車從中央。」〔註88〕宋代的規定有可能即是如此。

在宋代，平民婦女的主要交通工具是車、轎、馬驢和舟船。

（一）乘車。宋時以車作為出行工具的以富商大戶人家的婦女為主，陸游《老學庵筆記》卷二載：「成都諸名族婦女，出入皆乘犢車。」邵雍記載了遊女乘車觀花的情景，「三月牡丹方盛開，鼓聲多處是亭臺。車中游女自笑語，樓下看人間往來。」〔註89〕李新詩曰：「暖霧團雲晚氣酣，柅車遊女密於蠶。」〔註90〕張耒詩曰：「驕馬金鞭白面郎，雙鬟小女坐車箱。」〔註91〕張舜民詩曰：「湖外紅花間白花，湖邊遊女駐香車。」〔註92〕有的婦女所乘之車還很講究裝飾，如油壁車就是一種以油塗車壁的輕型車子，是富家婦女出行的常用車。穆修詩曰：「油壁車中同載女，菱花鑒裏並妝人。」〔註93〕

（二）坐轎。對於車馬、轎子、兜子等交通工具，宋代禮制有嚴格的規定，其中乘轎之禁尤嚴。宋初，太宗太平興國七年，李昉奏請：「工商、庶人家乘簷子，或用四人、八人，請禁斷。」該奏請得到了批准。仁宗景祐三年（1036），詔：「民間毋得乘簷子。」神宗熙寧九年（1076），詔：「民庶之家不得乘轎，今京城內暖轎，非命官至富民、倡優、下賤，遂以為常。」〔註94〕實際上，這些禁令是難以執行的，民間乘轎出行的情況並不少見。宋代民間已經有租賃轎子的商鋪，清俞樾《茶香室續叢》卷二一載：「宋丁特起《靖康紀聞》云：「靖康二年正月二十九日，送戚里權貴女於金，搜求肩輿賃轎之家，悉取無遺。」〔註95〕可見，北宋時已經有賃轎之肆。

〔註88〕趙與時：《賓退錄》卷九，中華書局，1985年，第105頁。

〔註89〕邵雍：《伊川擊壤集》卷二《春遊》，中華書局，2013年，第16頁。

〔註90〕李新：《跨鼇集》卷十《即席次必強六絕句》，商務印書館，2005年，第680頁。

〔註91〕張耒：《張右史文集》卷二十七《上元都下》，上海商務印書館，1936年，第216頁。

〔註92〕張舜民：《畫墁集》卷三《東湖春日》，中華書局，1985年，第17頁。

〔註93〕穆修：《穆參軍集》卷一《合歡芍藥》，商務印書館，2005年，第208頁。

〔註94〕（元）脫脫等：《宋史》卷一百五十三《輿服志五》，中華書局，1985年，第3577頁。

〔註95〕（清）俞樾：《茶香室叢鈔》續鈔卷二十一《宋已有轎肆》，上海古籍出版社，2002年，第565頁。

在張擇端《清明上河圖》中熙熙攘攘的鬧市中，便有擡轎而行的場面。圖中畫有七個轎子，其中五頂都沒有露出乘客的面容，唯有正店門前的一頂轎子窗中露出一名婦女的面孔，還有另一頂旁婦女正要上轎。關於民間婦女乘轎的情況，洪邁《夷堅志》有較多記載，如《十八婆》條載：「時方冬日，有兩村夫荷轎輿一老婦人，自通爲馬先生妻來相見。」〔註96〕《夷堅志補》卷八《眞珠族姬》條載：「都人春遊，見破轎在野，有女子哭聲，無人肩輿，扣窗詢之，乃眞珠也」。

宋時，轎子基本是封閉的，如《清明上河圖》中轎子的形制全部都是全遮式，轎身呈立體長方形，轎杆皆固定於轎身中部。這樣既保持重心穩定，又便於轎夫起放。擡轎之人多少不一，一般少則二、四人，多則八人。有的轎子裝飾較爲講究，莊綽《雞肋編》卷中載：「泉、福二州，婦人轎子則用金漆，雇婦人以荷」。孟元老《東京夢華錄》載：「仍有貴家士女小轎插花，不垂簾幕，自三月一日至四月八日閉池，雖風雨亦有遊人，路無虛日矣」〔註97〕。

在宋代，轎子形制很多。四周全無障蔽的轎子也很常見，如簷子、竹輿、籃輿等亦均爲轎子，而且都用人擡。按照所擡方式，轎子又可分爲手擡和肩扛兩種，手擡的轎子稱爲「腰輿」，用肩擡的轎子稱「肩輿」。《夷堅志》中《西湖庵尼》條載：「婦人不暇俟肩輿，呼婢徒步而返，良人適在外，不敢與言」〔註98〕。

簷子即無障蔽、只有坐位而沒有轎廂的轎子。簷子先是四川地區流行，唐時就已在京師流行，在宋時還被稱爲「兜子」或「兜籠」。高承《事物紀原》卷八引《舊唐書‧輿服志》指出：「兜籠，巴蜀婦人所用。乾元以來，蕃將多著勳於朝，兜籠易於簷負。京師不用車轝，後亦以兜籠代之，即今之『兜子』。蓋其制起於巴蜀，而用於中朝，自唐乾元以來也。」〔註99〕孔平仲《孔氏雜說》卷四載：「唐乾元以來，乃用兜籠，若今之簷子矣。」李上交《近事會元》卷五《婦人乘簷子及禁斷》載：「唐高宗咸亨二年，敕曰：『百官家口，咸預士流，至於衢路之間，豈可全無障蔽。婦人比來多著帷帽，遂棄羃䍠，曾不

〔註96〕洪邁：《夷堅乙志》卷十七《十八婆》，中華書局，1981年，第333頁。
〔註97〕孟元老撰、伊永文箋注：《東京夢華錄箋注》卷七《駕回儀衛》，中華書局，2006年，第736頁。
〔註98〕洪邁：《夷堅支志》景卷三《西湖庵尼》，中華書局，1981年，第902頁。
〔註99〕高承：《事物紀原》卷八《兜子》，中華書局，1985年，第285頁。

乘車，別坐簷子』。」《宋史》載：「兜子、舁不得過二人」〔註100〕。可見，簷子在宋代也較常見。

竹輿也是轎子中的一種，可能是全由竹製的無障蔽的轎子，也可能是因竹竿爲杆用人力擡舉而得名。《夷堅志》中《惠吉異術》條載：「僧惠吉張氏，饒州餘干人。少亡賴，爲縣五伯，因追胥村社少休山麓。遇婦人乘竹輿，無所服，惟用匹布蔽體。」〔註101〕可見，竹輿全無障蔽，可以見到乘坐之人。《夷堅志》中《李源會》條載：「李源會，京師人……兄自亳州教授罷歸，姻戚畢集，具酒。婦女所乘竹輿，皆置花陰之下」〔註102〕。

（三）騎馬、驢。在宋代，婦女騎馬出行的情況也不罕見。如方回詩曰：「簪花騎馬多遊女，擲果呼猿不畏人。」〔註103〕鄭獬描述了女性騎馬出外探春至夜晚歸的情景，「江上探春回，正值早梅時節。兩行小槽雙鳳，按涼州初徹。謝娘扶下繡鞍來，紅靴踏殘雪。歸去不須銀燭，有山頭明月。」〔註104〕孔平仲也提到婦女騎馬郊遊之事，「都人士女正月十五後，乘車跨馬郊野中，爲探春之宴。」〔註105〕婦女乘馬的情況，在出土文物中也有發現。1984年5月發現的山西長治五馬村宋墓，墓中有磚雕，「15號磚雕畫面上刻三人，一老婦騎於馬上。馬下站一男子，其旁刻一手持物的男子」〔註106〕。

由於馬力氣較大，性子烈，速度快，一般婦女不好駕馭。同時，在宋代社會裏，馬較貴重，民間家裏很少能擁有。因此，民家婦女騎驢出行的情況較騎馬更爲普遍。如陳師道《贈知命》詩曰：「黃塵扶杖笑鄰女，白衫騎驢驚市人。」〔註107〕《夷堅志》中《劉師道醫》條載：「紹興十八年，大非浦人王彥禮病，遣僕馬邀迎，回次中塗逢婦人跨驢，一僕從後。」〔註108〕《俠婦人》

〔註100〕（元）脱脱等：《宋史》卷一百五十三《輿服志五》，中華書局，1985年，第3574頁。

〔註101〕洪邁：《夷堅甲志》卷九《惠吉異術》，中華書局，1981年，第78頁。

〔註102〕洪邁：《夷堅支志》庚卷七《李源會》，中華書局，1981年，第1192頁。

〔註103〕方回：《桐江續集》卷二十八《乙巳三月十五日監察御史王東溪節宿戒方回萬里飲靈隱冷泉亭趙宣慰君實趙提舉子昂靈隱寺知事晦壇治具西方僧四人兩提領北人放泉噴雪觀猿擲果予醉先退賦詩五首記之》，商務印書館，2005年，第661頁。

〔註104〕鄭獬：《鄖溪集》卷二十八《好事近》，線裝書局，2004年，第266頁。

〔註105〕孔平仲：《談苑》卷四，河北教育出版社，1995年，第161頁。

〔註106〕王進先、石衛國：《山西長治市五馬村宋墓》，《考古》，1994年第9期。

〔註107〕陳師道：《後山居士文集》卷一《贈知命》，上海古籍出版社，1984年。

〔註108〕洪邁：《夷堅支志》己卷三《劉師道醫》，中華書局，1981年，第1322頁。

條載：董國慶妾磨得麵後，「騎驢入城鬻之，至晚付錢以歸。率數日一出，如是三年。」〔註109〕釋慧南詩曰：「憶得首山曾漏泄，新婦騎驢阿家牽。」〔註110〕一些下級官吏的女眷也有騎驢的，王栐《燕翼詒謀錄》卷一載：「小官到罷，多芒屨策杖以行，婦女乘驢已爲過矣」。

（四）乘舟船。船是中國古代社會重要的運載工具。在《清明上河圖》上，河中一船的窗口即有一婦女探頭出望。《夷堅志》中《易村婦人》條載：「慶元元年五月，湖州南門外，一婦人顏色潔白，著皂弓鞋，踽踽獨行，呼賃小艇，欲從何山路往易村。」〔註111〕吳自牧《夢梁錄》中還記載了船舶租賃業的興盛，「若士庶欲往蘇、湖、常、秀、江、淮等州，多雇船、舫船、航船、飛篷等船」〔註112〕。

在宋代，一些富商大戶的婦女出行時，還要戴上「蓋頭」以障蔽面容，又可以遮陽光。周煇《清波雜誌》卷二載：「婦女步通衢，以方幅紫羅，障蔽半身，俗謂之『蓋頭』。蓋唐『帷帽』之制也。」《夷堅志》中《京師酒肆》條載：元夕觀燈，婦女戴「冪首巾」上街，入曲巷酒店飲酒，仍「以巾蒙首」。〔註113〕毛珝詩曰：「田家少婦最風流，白角冠兒皂蓋頭。笑問傍人披得稱，已遮日色又遮羞。」〔註114〕這一田家少婦應該不是貧苦乃至普通農家女。

第三節　日常交往

一、婦女稱謂

在宋代，民家婦女的姓氏亦有著其自身的特色。趙彥衛《雲麓漫鈔》卷十指出：「婦人無名，以姓加阿字。今之官府，婦人供狀，皆云阿王阿張，蓋是承襲之舊云。」葉夢得《石林燕語》亦指出：「婦人無名，以姓爲名。……

〔註109〕洪邁：《夷堅乙志》卷一《俠婦人》，中華書局，1981年，第190頁。
〔註110〕釋普濟：《五燈會元》卷十七《南嶽下十一世石霜圓禪師法嗣》，西南師範大學出版社，1997年，第1108頁。
〔註111〕洪邁：《夷堅支志》景卷二《易村婦人》，中華書局，1981年，第892頁。
〔註112〕吳自牧：《夢梁錄》卷十二《河舟》，中華書局，1985年，第109頁。
〔註113〕洪邁：《夷堅乙志》卷十五《京師酒肆》，中華書局，1981年，第313頁。
〔註114〕陳思：《兩宋名賢小集》卷三百十毛珝《吳門田家十詠》，線裝書局，2004年，第324頁。

政和間，帝女下嫁曰『帝姬』。（帝女）嘗白蔡魯公，欲改正之，不果。」〔註115〕可見宋代的一些公主都沒有正式名字，何況民間婦女。在宋代，平民婦女絕大多數都沒有正式名字，這與她們的社會地位有一定的關係。

總的說來，宋代民婦姓名稱謂情況大體如下。

（一）在宋代，民婦用名主要有以下兩種情況。

其一，姓氏＋數字＋娘（姐、姑、嫂），這種取名的方法較為簡單，較適用於識字率較低、社會地位不高的一般平民。此類名字中間的數字大致可以反映此人在家中或家族中的排行。如《名公書判清明集》中有周八娘、洪七娘、鄭三娘、劉一姐、胡五姐等。還有吳自牧《夢粱錄》中賣魚羹的宋五嫂，女相撲手囂三娘、黑四姐，周密《武林舊事》中「打彈」的林四九娘。施耐庵、羅貫中《水滸傳》中的孫二娘、扈三娘、段三娘等。

其二，阿＋本家姓氏。宋人趙彥衛對這個現象已有所指出。民婦用名的這個特點在《名公書判清明集》中也可看到，該書卷四載：「熊資身死，其妻阿甘已行改嫁。」〔註116〕卷六《爭田業》載：「照得閭丘輔之曾祖名紹，娶阿張為妻」〔註117〕。該書中還提到的類似婦女名還有阿王、阿陳、阿陸等。

（二）富商大戶的婦女，常常有正式的名字。其父母給子女取名字相對講究，喜用秀氣、端莊、智慧之詞，如「慧、惠、靜、順、德、端、秀、英、淑、文」等。《名公書判清明集》中「鄭孝純」、「鄭孝德」即為富戶之女，其「家有田三千畝，庫一十座」〔註118〕。包恢《敝帚稿略》卷六《汪氏墓誌銘》所載墓主為鄭國華之妻，「夫人姓汪名處正」。

（三）在宋代，社會下層婦女的名字較少記載於史籍。留下名字的婦女多是詞人、妓女、伎藝人、與佛道有關的女性。如女詞人即有吳淑姬、張淑芬、譚意哥等人。女伎藝人留下名字的情況較為多見。如宋代女相撲手留下的名字就不少，《東京夢華錄》記載：「女占賽關索、囂三娘、黑四姐女眾，俱瓦市諸郡爭勝，以為雄偉耳。」〔註119〕周密《武林舊事》所記女相撲手就有「韓春春、繡勒帛、錦勒帛、賽貌多、僥六娘、後輩僥、女急快」〔註120〕。

〔註115〕葉夢得：《石林燕語》卷四，中華書局，1984 年，第 56 頁。

〔註116〕佚名：《名公書判清明集》卷四《熊邦兄弟與阿甘互爭財產》，中華書局，1987 年，第 110 頁。

〔註117〕佚名：《名公書判清明集》卷六《爭田業》，中華書局，1987 年，第 177 頁。

〔註118〕佚名：《名公書判清明集》卷八《女合承分》，中華書局，1987 年，第 290 頁。

〔註119〕吳自牧：《夢粱錄》卷二十《角抵》，中華書局，1985 年，第 193 頁。

〔註120〕周密：《武林舊事》卷六《諸色伎藝》，中華書局，2007 年，第 188 頁。

周密《武林舊事》書中《諸色技藝人》還記載了演史、雜劇、影戲、角抵、散耍等五十五類、五百二十一位名藝人的姓名或藝名。其中包括了一些婦女，有「演史」的張小娘子、宋小娘子、陳小娘子；「說經諢經」的陸妙靜；講「小說」的史惠英；唱「雜劇」的王雙蓮；「打彈」的林四九娘。

（四）婦女自稱。宋代民婦往往自稱爲「妾」、「儂家」、「奴」、「奴奴」或「奴家」。如晏殊《菩薩蠻》詞曰：「人人盡道黃葵淡，儂家解說黃葵豔。可喜萬般宜，不勞朱粉施。」〔註121〕關於婦人自稱「奴」，朱翌即指出：「今則『奴』爲婦人之美稱。貴近之家，其女其婦，則又自稱曰『奴』。」〔註122〕曾豐《貞女篇》詩曰：「女生願有家，奴嫁理所宜。出自父母命，奴豈敢固違。」〔註123〕華嶽《新市雜詠》詩曰：「試問行云何處覓？畫橋東畔是奴家」〔註124〕朱弁《曲清舊聞》卷一載：「若果行，請以奴奴爲首」。

關於婦女在書信中的自我稱謂，司馬光《書儀》卷一《婦人與夫書》有詳細的記載。「婦人與諸親書，皆與男子同。於子孫之婦，稱『吾』。於夫家尊長，稱『新婦某氏』。於卑幼稱『婆』、稱『伯母』、『叔母』或稱『老婦』。於己家尊長稱『兒』，於卑幼稱『姑』、稱『姊』。於外人不當通書，若不得已通書，亦當稱『新婦』……古者婦人謂夫曰『君』，自稱曰『妾』。今夫與妻書，稱名。妻與夫書，稱『妾』」。

（五）婦女在不同年齡階段的稱呼亦有所不同。首先，在室女階段，宋人稱親生女兒爲「息女」，一般民戶稱別人的在室女爲「小娘子」。年齡較小的女兒稱年齡較大的女兒爲「姐」，吳曾《能改齋漫錄》中《婦女稱姐》條認爲，女兄稱「姐」開始於宋，「近世多以女兄爲姐」〔註125〕。

女子未婚與已婚稱謂有別。在宋代，平民家庭的女兒多有乳名。民婦婚前被父母家人稱乳名或名字，婚後大多會漸漸少用或不用。對其的稱謂中，多半含有丈夫家族姓氏的色彩，往往以「某（夫姓）某（本姓）氏」、「某（夫姓）氏婦」、「某某（夫名）妻」、「某某（子名）母」所代稱。如《宋史·列女傳》中即載有塗端友妻、趙淮妾、王氏婦、劉可當母等。可見，婚前婚後，

〔註121〕晏殊、晏幾道撰，張草紉箋注：《二晏詞箋注》，上海古籍出版社，2008年，第155頁。
〔註122〕朱翌：《猗覺僚雜記》卷下，北京出版社，2011，第398頁。
〔註123〕曾豐：《搏齋先生緣督集》卷三《貞女篇》，線裝書局，2004年，第43頁。
〔註124〕華嶽：《翠微南征錄》卷十《新市雜詠》，線裝書局，2004年，第180頁。
〔註125〕吳曾：《能改齋漫錄》卷二《婦女稱姐》，中華書局，1985年，第30頁。

宋代女子的名字及別人對女子的稱謂，前後多有差別。所以女子是否已經成婚，也在女子稱謂中顯現出來。另一方面，繼續保留娘家的姓的情況也有。如張家的女子嫁到王家，可以稱作王張氏，也可以稱作「阿張」。

其次，爲妻階段。宋時丈夫可稱妻子爲「老婆」、「渾家」、「老伴」、「內饋」、「齊體」、「齊體人」、「房下」、「內人」或「拙荊」。如吳自牧《夢粱錄》卷十三《夜市》曰：「更有叫『時運來時、買莊田、取老婆』賣卦者。」梅堯臣《秋夜感懷》詩曰：「獨宿不成寐，起坐心屏營。哀哉齊體人，魂氣今何徵？」〔註126〕蘇軾《西樓帖・致大哥書》曰：「軾房下四月四日添一男，頗易養。」陽枋《通夑守田都統箚子》曰：「未稔學生可乞假一會涪上否？蓋拙荊未祔先塋，欲議歸藏」。〔註127〕

宋人稱妾爲「小婦」、「小妻」、「次妻」或「少妻」，公婆稱兒子之妻爲「媳婦」、「息婦」或「新婦」。王得臣《麈史》卷中《辯誤》載：「今之尊者斥卑者之婦曰『新婦』，卑對尊稱其妻，其婦人凡自稱者亦然」。宋代的童養媳稱爲「養婦」，晁補之《雞肋集》載：「民間女幼，許嫁未行而養諸婿氏者，曰『養婦』。」〔註128〕

宋人對他人妻室稱爲夫人、尊嫂、貴眷、尊閣或尊閫等，如蘇軾《與鄭靖老》曰：「近舶人回，奉狀必達。比日起居佳勝，貴眷令子各安。」〔註129〕還有張師正《括異志》卷四《陳省副》曰：「明日，錢詣陳謝曰：『昨日以菲薄奉邀貴眷者，聊示區區之意，以託後事爾』。」何薳《春渚紀聞》卷二《謝石拆字》載：「石曰：『謂語助者焉哉乎也，固知是公內助所書。尊閣盛年三十一否？』曰：『是也』。」妻子的母親稱爲「岳母」。曾慥《高齋漫錄》曰：「毗陵有成郎中……貌不揚而多髭，再娶之夕，岳母陋之。」奴僕一般稱女主人爲「娘」。

在宋代，妻子的姊妹稱「阿姨」，樂史《楊太眞外傳》卷上載：「自旦至午，歡洽異常，時唯妃女弟秦國夫人端坐觀之。曲罷，上戲曰：『阿瞞樂籍今

〔註126〕梅堯臣：《宛陵集》卷二十五《秋夜感懷》，朱東潤校注《梅堯臣集編年校注》，上海古籍出版社，2006年，第363頁。

〔註127〕陽枋：《字溪集》卷五《通夑守田都統箚子》，商務印書館，2005年，第349頁。

〔註128〕晁補之：《雞肋集》卷六十七《刑部侍郎杜公墓誌銘》，商務印書館，2005年，第88頁。

〔註129〕蘇軾：《蘇軾文集》卷五十六《與鄭靖老》，中華書局，1986年，第1674頁。

日幸得供養夫人，請一纏頭。』秦國曰：『豈有大唐天子阿姨無錢用耶？』」。妻的姊妹夫稱「姨夫」，王拱辰與歐陽修都娶了參知政事薛奎的女兒爲妻，可以說是當時權貴名門婚姻的榜樣，一時引爲佳話美談。而在王拱辰之妻死了以後，薛奎又把小女兒嫁給了他。歐陽修就逗趣王拱辰說：「舊女婿爲新女婿，大姨夫作小姨夫。」〔註130〕宋人稱母之姊妹爲「阿姨」，稱其夫爲「姨夫」，這種稱謂流傳至今。

最後，爲母階段。宋代子女一般稱母親爲「媽」或「媽媽」，趙彥衛《雲麓漫鈔》卷三載：「韓退之《祭女挐文》自稱曰：『阿爹』、『阿八』，豈唐人又稱母爲『阿八』？今人則曰『媽』。」祖母稱爲「太母」，陸游《老學庵筆記》卷四載：「太母，祖母也，猶謂祖爲『大父』」。外祖母稱「外大母」，陸游《跋諸晁書帖》曰：「某之外大母清豐君，實巨茨先生女兒。」〔註131〕宋人稱父之妾爲「妾母」或「少母」。叔母稱「嬸」，王琳《前輩與叔手帖》曰：「僕家有富鄭公一帖，正與晏元獻一同，前後皆云：『弼再拜，幾叔幾嬸』」。〔註132〕張耒《明道雜錄》中指出：「經傳中無嬸、妗二字，『嬸』字乃世母字二合呼，『妗』乃『舅母』二字合呼也」。「妗子」即舅母，蔡絛《鐵圍山叢談》卷一也載：「今七夕節在近，錢三貫與娘娘充作劇錢，千五與皇后，七百與妗子充節料」。

二、日常禮儀

劉清之《戒子通錄》卷八中，對婦女的日常禮儀有詳細的規定，「女有四行：一曰婦德，二曰婦言，三曰婦容，四曰婦功。婦德不必才明絕異也。婦言不必辯口利辭也。婦容不必顏色美麗也。婦功不必工巧過人也。清閒貞靜，守節整齊，行己有恥，動靜有法，是謂『婦德』。擇辭而說，不道惡語，時然後言，不厭於人，是謂『婦言』。盥浣塵穢，服飾鮮潔，沐浴以時，身不垢辱，是謂『婦容』。專心紡績，不好戲笑，潔齋酒食，以奉賓客，是謂『婦功』」。總的說來，宋人觀念中的完美女性應該是貞靜賢淑、辛勤持家的。

宋時日常生活中，民婦和他人見面時，有一定的問安禮節。通常情況下，

〔註130〕邵伯溫：《邵氏聞見錄》卷八，中華書局，1983年，第81頁。

〔註131〕陸游：《渭南文集》卷三十《跋諸晁書帖》，錢仲聯主編《陸游全集校注》，浙江出版聯合集團，2012年，第10冊，第243頁。

〔註132〕王琳：《野客叢書》卷二十九《前輩與叔手帖》，北京出版社，2011年，第202頁。

婦女以雙手在衿前合拜，口稱「萬福」。洪邁《夷堅志》中《衢州少婦》條載：「衢州人李五七。……登階就望，乃一少婦，約年十八九，自攜小燈籠，倚柱獨立，姿態絕豔，含笑迎揖曰：『郎君萬福』，李巽謝應諾。」〔註133〕蘇洞《過金陵》詩曰：「高資店裏主人婆，萬福官人問訊和。」〔註134〕朱熹《家禮》曰：「凡卑幼於尊長，晨亦省問，夜亦安置，丈夫唱喏，婦人道『萬福』」〔註135〕。

宋代民婦較正式的見面答拜之禮，史籍中多有記載。呂希哲指出：「凡婦人相見，雖賤必答拜。」〔註136〕在唐以前，男女之拜相同。自武則天之後，將女子之拜改爲屈身而拜，直到宋代亦如此。項安世《項氏家說》曰：「今之婦人，亦以古婦人之拜爲揖，故其拜也，加之以拳曲作虛坐之勢」。〔註137〕宋代民婦拜見之禮不用下跪，羅大經《鶴林玉露》載：「余觀王建宮詞云：『射生宮女盡紅妝，請得新弓各自張。臨上馬時齊賜酒，男兒跪拜謝君王』。則唐時婦女拜不跪可證矣」〔註138〕。

在一些地方，民婦拜見之禮又有「俠拜」之說，趙與時《賓退錄》卷八載：「俠拜，『俠』者『夾』，謂男子一拜，婦人兩拜，夾男子拜。今婦人之拜不跪，則異於古。所謂『俠拜』，江浙衣冠之家尙通行之，閭巷則否。」江休復《嘉祐雜志》載：「夾拜，今陝府村野婦人皆如此，男子一拜婦人兩拜，城外則不然。」可見，「俠拜」取「夾男子拜」之意，但在宋代社會並不普遍。

宋人還對婦女的服飾提出了明確的要求，如袁采指出：「婦女衣飾，惟務潔淨，尤不可異眾，且如十數人同處，而一人之衣飾獨異，眾所指目，其行坐能自安否。」〔註139〕司馬光以歷代節儉的后妃爲榜樣，教育婦人應「固以儉約爲美，不以移麗爲美也」〔註140〕。

三、社會交往

宋代不同階層的婦女社會交往的自由度並不一致。可以說，越是處於上

〔註133〕洪邁：《夷堅支志》乙卷四《衢州少婦》，中華書局，1981年，第820頁。
〔註134〕蘇洞：《泠然齋詩集》卷六《過金陵》，商務印書館，2005年，第41頁。
〔註135〕朱熹：《家禮》卷一《通禮》，北京出版社，2011年，第461頁。
〔註136〕呂希哲：《呂氏雜記》卷上，商務印書館，2005年，第684頁。
〔註137〕項安世：《項氏家說》卷五《肅拜》，中華書局，1985年，第63頁。
〔註138〕羅大經：《鶴林玉露》卷四《男子婦人拜》，中華書局，1983年，第67頁。
〔註139〕袁采：《袁氏世範·處己·婦女衣飾務潔淨》，黃山書社，2007年，第114頁。
〔註140〕司馬光：《家範》卷九《妻下》，上海書店出版社，1994年，第424頁。

層社會的婦女，人身自由受到的限制越大。尤其是后妃群體，除在歲時節日期間及和皇帝出行時有機會外出外，其他離開宮闈的機會非常少。

對於官宦婦女而言，受到禮教束縛也較多。在一些士大夫眼中，女性有交遊便多有「暗昧奸盜」之事發生，最好將其完全禁錮在家中。陳襄《州縣提綱》卷一《嚴內外之禁》載：「閨門內外之禁，不可不嚴。若容侍妾令妓輩教以歌舞，縱百姓婦女出入，貿易機織，日往月來，或啓子弟姦淫，或致交通關節」。因此，宋代士大夫一直在爲規範女性的活動而努力。司馬光即提倡：「男治外事，女治內事，男子晝無故不處私室，婦人無故不窺中門。」〔註141〕朱熹《家禮》也指出：「男治外事，女治內事。男子晝無故不處私室，婦人無故不窺中門。男子夜行以燭，婦人有故出中門，必擁蔽其面，如蓋頭、頭面、帽之類。」〔註142〕宋代士大夫認爲，如果婦女要出門，還應戴上蓋頭。胡太初《晝簾緒論》中也指出：「婦女勿令其出入織紝貿易，或恐有交通關節之謗。」事實上，一些官宦之家即對女性交遊採取極爲嚴格的措施，趙善璙《自警編》卷三載：「胡安定（瑗）治家甚嚴，閨門整肅，尤謹內外之分。兒婦雖父母在，非節朔不許歸寧」。

相對而言，宋代平民婦女受到的禮教束縛較少，而且由於現實的生存壓力也更多地參與了各種職業生活，社會活動較爲廣泛。宋代民婦的社會交往，主要是基於以下幾個情況。

（一）對生產經營活動的參與。如宋代農婦參與農業耕作活動，如車水、餉田、採桑葉等等，這些勞作都是在戶外進行的。一些出外採集野生植物的婦女，更要出外活動。在城市，一些婦女出外爲人所傭工，如《東京夢華錄》卷二《飲食果子》載：「更有街坊婦人，腰繫青花布手巾，綰危髻，爲酒客換湯斟酒，俗謂之『焌糟』」。有的像媒婆、巫婆、牙婆這類職業，就更需要走門串戶了。袁采《袁氏世範》載：「尼姑、道婆、媒婆、牙婆及婦人以買賣針炙爲名者，皆不可令入人家。」〔註143〕宋代民婦爲了維持家庭的正常運行，在做完維持生存所需要的繁瑣家務外，大多不得不「出中門」，從事生產經營活動，參與社會經濟生活。

（二）對於交換貿易活動的參與。宋代經商的民婦也不可能像官宦人家的婦女那樣，長年「大門不出、二門不邁」，而必須到家外拋頭露面。如秦觀

〔註141〕司馬光：《書儀》卷四《婚儀下》，商務印書館，2005年，第699頁。

〔註142〕朱熹：《家禮》卷一《通禮》，北京出版社，2011年，第461頁。

〔註143〕袁采：《袁氏世範·治家·外人不宜入宅舍》，黃山書社，2007年，第169頁。

筆下的賣魚女，「粵女市無常，所至輒成區。一日三四遷，處處售蝦魚。」〔註144〕在四川，陸游見到了來賣茶、賣菜、賣酒的蜀地婦女。在歸隱江陰時，陸游也見到不少出外經商的賣茶婦、賣魚婦等。

另一方面，民婦亦要到市場中參與交易，購買日常所需。如范成大詩曰：「獠婦趁墟城裏來，十十五五市南街。」〔註145〕李若水詩曰：「村婦相將入城去，呵之不止問其故。」〔註146〕《夷堅志補》卷十一《黃鐵匠女》條載：「袁州城內鐵匠黃念四一女，以慶元三年春入市買鹽」。李嵩《貨郎圖》裏亦繪有匆匆忙忙趕來買日常用品的村婦。

可見，通過對商業活動的參與，婦女可自由出入各種場所，拓展了婦女尤其是下層婦女的活動空間，具有了廣泛的社會意義。

（三）禮節往來。這主要指親戚朋友間的社交活動。對於女性來說，其親人間的社交活動主要表現在與娘家人的來往中，包括歸寧、奔喪、探病等。女性婚後回娘家看望父母也是情理之中的事情，方回詩曰：「青荷葉傘茜裙紅，隨母歸寧省外翁。」〔註147〕在秋社這天，婦女即有回娘家的習俗。《東京夢華錄》卷八《秋社》載：「人家婦女皆歸外家。晚歸即外公姨舅皆以新葫蘆兒、棗兒爲遺，俗云宜良外甥」。

平時在村里巷中，也有婦女聚坐避暑聊天。洪邁《夷堅志》中《荊南猴鼠》條載：「是時正暑天，婦女露坐者多爲戲侮，不敢輒出」〔註148〕。

（四）觀看表演及節日出遊。在平時，婦女也可以到市鎮觀看瓦舍表演。如孟元老《東京夢華錄》卷三載：汴京「或軍營放停樂人，動鼓樂於空閒，就坊巷引小兒婦女觀看。」〔註149〕特定的節日更是宋代民婦出遊量大增的時機，這在史籍中多有記載。如陸游詩曰：「梁州陌上女成群，銅綠春衫罨畫裙。」〔註150〕劉克莊詩曰：「古來觀社見春秋，茜袂銀釵盡出遊。」〔註151〕還有「冶

〔註144〕秦觀：《淮海集》卷六《海康書事》，線裝書局，2004 年，第 259 頁。

〔註145〕范成大：《范石湖集》卷十六《虁州竹枝歌》，上海古籍出版社，2010 年，第220 頁。

〔註146〕李若水：《忠愍集》卷二《村婦謠》，商務印書館，2005 年，第 746 頁。

〔註147〕方回：《桐江續集》卷十《村女》，商務印書館，2005 年，第 577 頁。

〔註148〕洪邁：《夷堅支志》乙卷七《荊南猴鼠》，中華書局，1981 年，第 849 頁。

〔註149〕孟元老撰、伊永文箋注：《東京夢華錄箋注》卷三《諸色雜賣》，中華書局，2006 年，第 373 頁。

〔註150〕陸游：《劍南詩稿》卷七十四《新春感事八首終篇因以自解》，錢仲聯主編《陸游全集校注》，浙江出版聯合集團，2012 年，第 7 冊，第 414 頁。

容淇上多遊女，群飲街頭有醉人。」〔註152〕由於在節慶期間，政府和社會對女性的要求有所放鬆，使她們擁有了出遊的機會。

（五）參與宗教活動。宋代民婦參加宗教活動的情況並不罕見，如吳自牧《夢粱錄》載：「四月初八日，六和塔寺集童男童女、善信人建朝塔會。九月初一日，湖州市遇土神崇善王誕日，亦有童男童女迎獻茶果，以還心愫。……太平興國傳法寺向者建淨業會，每十七日集善男信人，十八日集善女信人，入寺誦經，設齋聽法」。〔註153〕金盈之《醉翁談錄》描繪了婦女參加浴佛節的盛況，「八日諸經說佛生日不同。其指言四月八日生者爲多……平明合都，士庶婦女，駢集四方」〔註154〕。周密《武林舊事》卷三《西湖遊幸》載：「六月六日，顯應觀崔府君誕辰，自東都時廟食已盛。是日都人士女，駢集炷香。」通過外出參加公共宗教活動，使婦女的活動範圍早已超出了家庭的限制。

（六）對於民事訴訟活動的參與。如章粢《廣州府移學記》載：廣州婦女「不恥爭鬥，婦代其夫訴訟，足躡公庭，如在其室，詭辭巧辯，喧嘖涎謾。被鞭笞而去者，無日無之。」〔註155〕《夷堅志》中《欄街虎》條載：「趙清憲公父元卿，爲東州某縣令。有婦人亡賴健訟。爲一邑之患。稱曰『欄街虎』」〔註156〕。

（七）對區域性公益活動的參與。在宋代，民婦參與社會慈善救濟活動的情況並不少見，後文將有論及。

由此可見，宋代民婦活躍在家庭之外的公共空間中，並沒有被限定在家庭的私人空間內。民婦以主動積極的姿態參與到各種社會活動中，這在無形中是對傳統禮教所規定的女性交往空間的突破，也是對不合理的禮教規範的挑戰。

〔註151〕劉克莊：《後村先生大全集》卷十《田舍即事》，線裝書局，2004年，第790頁。

〔註152〕劉克莊：《後村先生大全集》卷二十四《燈夕守舍》，線裝書局，2004年，第115頁。

〔註153〕吳自牧：《夢粱錄》卷十九《社會》，中華書局，1985年，第180頁。

〔註154〕金盈之：《醉翁談錄》卷四《京城風俗記》，上海古籍出版社，2002年，第203頁。

〔註155〕（明）解縉等：《永樂大典》卷二萬一千九百八十四粢《廣州府移學記》，楊家駱主編，臺北世界書局，1977年，第97冊。

〔註156〕洪邁：《夷堅乙志》卷九《欄街虎》，中華書局，1981年，第256頁。

　　儘管宋代民婦有著較其他階層更多的出遊自由，但受到諸多因素的影響，民婦外出交往也受到一定的制約。這主要表現在以下幾點。

　　（一）經濟因素。宋代民婦迫於生計，操勞家務，平日出遊的機會不多。岳珂《拙婦吟》詩曰：「十七十八事機織，暗瑣青閨人不識。」〔註157〕于石《路傍女》詩曰：「十五嫁良人，長年秉機杼。辛勤奉舅姑，足不越庭戶」〔註158〕。

　　尤其是農家婦女，日夜忙於田間勞作，照顧兒女，操持家中雜務，有的甚至到夜晚還不得休息，忙於紡織。所以她們出遊的機會較少，社會交往空間主要在同一村落中。于石詩曰：「嫁女必近鄰，生男不行商。死徙無出境，耕織各有常。」〔註159〕陸游《村女》詩曰：「白襦女兒繫青裙，東家西家世通婚。採桑餉飯無百步，至老何曾識別村。」〔註160〕孫應時詩曰：「青裙皀髻長兒女，城市繁華豈曾識」〔註161〕。

　　如果村中有陌生人來到，往往引起她們極大的好奇心。韓琦詩曰：「田舍罕逢車騎過，聚門村婦擁兒曹。」〔註162〕李新《山間女》詩曰：「輕聞騎馬客，相趁隔籬看。」〔註163〕在宋代詩作中，對村婦窺籬的描寫非常多。陸游《野步》詩曰：「村婦窺籬看，山翁拂席迎。」〔註164〕范成大《再次前韻》詩曰：「兒童擁岸迎舟入，婦女窺籬喜客來。」〔註165〕村婦常年生活在村裏，因此才會對外面的事物很容易感到新奇。

　　另外，遠遊需要一定的費用支出，因此，宋代民婦即使是出遊，也多在附近地區。

　　（二）社會安全因素。婦女出遊有可能會遇到一些無賴的糾纏。如田汝成《西湖遊覽志餘》卷二十五載：「高宗時，趙待制子繡尹臨安府，方留意元

〔註157〕岳珂：《玉楮集》卷一《拙婦吟》，線裝書局，2004年，第650頁。
〔註158〕于石：《紫岩詩選》卷一《路傍女》，商務印書館，2005年，第523頁。
〔註159〕于石：《紫岩詩選》卷一《小石塘源》，商務印書館，2005年，第524頁。
〔註160〕陸游：《劍南詩稿》卷七十八《村女》，錢仲聯主編《陸游全集校注》，浙江出版聯合集團，2012年，第8冊，第63頁。
〔註161〕孫應時：《燭湖集》卷十五《沌中即事》，商務印書館，2005年，第716頁。
〔註162〕方回：《瀛奎律髓》卷二十八韓琦《秋風赴先塋馬上》，商務印書館，2005年，第765頁。
〔註163〕李新：《跨鼇集》卷五《山間女》，商務印書館，2005年，第669頁。
〔註164〕陸游：《劍南詩稿》卷三十二《野步》，錢仲聯主編《陸游全集校注》，浙江出版聯合集團，2012年，第4冊，第294頁。
〔註165〕陸游：《劍南詩稿》卷六十六《再次前韻》，錢仲聯主編《陸游全集校注》，浙江出版聯合集團，2012年，第6冊，第144頁。

宵，張燈甚盛，遊人繁夥。有亡賴子，造五色印，於人叢中印婦人衣，印文云：『我惜你，你有我。』白衣用黑印，青衣者用黃印，鬧市中殊不覺也。次日視之，方駭。雖貴官良眷，無不含羞點污。」孟元老《東京夢華錄》卷七《駕回儀衛》載：「妓女舊日多乘驢，宣政間惟乘馬，披衫將蓋頭背繫襟子上，少年狎客往往隨後」。

另外，民婦出遊還可能會遇上拐賣人口的牙婆。如《夷堅志》中《王從事妻》條載：紹興初，王從事與妻子失散，多年團聚後才知道，是被女儈拐賣「貨於宰，得錢三十萬。」〔註166〕《耿愚侍婢》條載：「大觀中，……婢昏然不省憶，但云：『因行至一橋，迷失路，為牙媼引去。迫於饑餒，故自鬻』」〔註167〕。

由於社會安全因素，宋代民婦出遊方式上有著很強的依附性，她們出行的方式主要有以下幾種：一是隨女伴，如《夷堅志補》卷九《苦竹郎君》條載：「里中餘生妻唐氏，微有姿色，乾道二年，邀鄰婦郊行，至小溪茅店飲酒。」二是隨丈夫；三是隨子嗣；四是隨家庭。可見，宋代民婦外出有著很強的依附性，並不能如男子那樣自由出行，這在一定程度上局限了婦女的社會活動空間。

總體而言，相對其他階層婦女，平民婦女的社會交往空間較為廣闊，出遊自由。這不但能豐富民婦的生活，使民婦在娛樂身心、增長見識的同時，也在實際上獲得了門戶之內無法享受的自由。

四、遷徙行為

在宋代，從全國範圍來看，一個地域與另一個地域之間的人口流動受到許多因素的限制。尤其對於平民家庭來說，大多數人群都是長期居住在一個幅員不大的居民點中，自然經濟色彩非常濃厚，安土重遷，與外界的聯繫範圍狹小而有限，信息通道單一且信息量甚小，從而使社會結構成為封閉或半封閉的社會有機體。可以說，宋代是以男性為中心的社會，大部分婦女的生活空間多在家庭之內。鄉村婦女平時更是主要在村裏活動，出門的機會很少，更不要說離別鄉里了。

在宋代，女性遷徙的情況也是存在的，這主要有以下幾種情況。

〔註166〕洪邁：《夷堅丁志》卷十一《王從事妻》，中華書局，1981年，第632頁。
〔註167〕洪邁：《夷堅丙志》卷八《耿愚侍婢》，中華書局，1981年，第436頁。

　　（一）戰爭是導致女性遷徙的主要原因。有宋一代，由於在北方先後面對遼、金、蒙古政權，西北有西夏政權，在南方有占城等政權，宋朝與這些政權都曾發生過多次戰爭。宋朝境內還有時起彼伏的農民起義，少數民族造反，可謂是戰爭不斷。大批女性因戰亂被迫轉遷他鄉，如北宋末年的靖康之變中，大批婦女被金軍俘虜押往北方。另一方面，大批婦女隨家南渡，進入南方地區的數量也不少。另外，在戰爭或平時的軍事調動，軍中兵士的妻子也要隨軍遷徙。

　　（二）災害饑荒是造成民婦異地遷徙的又一重要原因。陸游《秋穫歌》詩曰：「數年斯民阨凶荒，轉徙溝壑殣相望。縣吏亭長如餓狼，婦女怖死兒童僵。」〔註168〕釋文珦詩曰：「姑年二十無嫁衣，官中催稅聲如虎。無衣衣姑猶可緩，無絹納官當破產。鄰家破產已流離，頹垣廢井行人悲。」〔註169〕因為災害、饑荒等原因，民眾到處流亡，災荒迫使他們拖家帶口離開故鄉，到他鄉謀生。

　　（三）隨同丈夫、父親、兒子到他處謀生，然後在他鄉落戶。在宋代，鄉村勞動力從農村向城市舉家遷徙，並定居於城市、市鎮的核心區或外圍地區，導致了宋代城市人口出現了迅速的增長。由於宋政府不抑兼併，鄉村土地兼併情況嚴重，一部分農業勞動者轉換為工商業者，農民轉化為市民。一些農民放棄土地經營，成為從事工商業和服務業的市民。一些破產農民，從農村流入城鎮，靠賣藝糊口，這種一家一戶上場演出的謀生方式在宋代已較為普遍。吳自牧《夢粱錄》卷二十《百姓伎藝》載：「村落百戲之人，拖兒帶女，就街坊橋巷呈百戲使藝，求覓鋪席宅捨錢酒之資」。在宋代，除了瓦舍、酒肆茶坊等固定的娛樂市場外，還有街頭巷尾那些非固定的流動的娛樂市場，在這些流動的娛樂市場演出的藝人有其特殊的稱謂——「路岐人」，這些藝人「不入勾欄，只在要鬧寬闊之處做場者，謂之『打野呵』」。〔註170〕

　　（四）宋代民婦遷移的原因還有被人販賣而易地為婢等特殊情況。如前述王從事妻子被歹人與女儈拐賣「貨於宰，得錢三十萬。」〔註171〕多年團聚後才得以和其夫團圓。

〔註168〕陸游：《劍南詩稿》卷三十七《秋穫歌》，錢仲聯主編《陸游全集校注》，浙江出版聯合集團，2012年，第5冊，第44頁。

〔註169〕釋文珦：《潛山集》卷五《蠶婦歎》，商務印書館，2005年，第406頁。

〔註170〕周密：《武林舊事》卷六《瓦子勾欄》，中華書局，2007年，第158頁。

〔註171〕洪邁：《夷堅丁志》卷十一《王從事妻》，中華書局，1981年，第632頁。

第四節　醫療狀況

一、宋代婦女醫療的發展

在宋代，臨床醫學得到發展，婦產科已發展成為一個獨立的醫學科目。宋代太醫局設有產科，並有產科教授專門培養婦產科醫生。宋時還湧現出一批精於婦產科的名醫，婦產科專著也空前豐富，這些著作都是在總結前人經驗的基礎上結合自己心得編撰而成，其中不少精闢的個人見解和驗方多為後世醫家所援用，至今仍具有較高的學術價值。

宋代最著名的婦產科醫家為陳自明，其所著《婦人大全良方》是我國第一部比較完善的綜合性婦產科專著。該書提出男女不可結婚過早，「合男女必當其年，男雖十六而精通，必三十而娶。女雖十四而天癸至，必二十而嫁」。適齡結婚，才能做到「孕而育，育而子堅壯強壽」〔註 172〕，這與現代醫學的主張亦是一致的。

在宋代，其他婦科專著還有李師聖《產論》、齊仲甫《女科百問》、朱端章《衛生家寶產科備要》、楊子建《十產論》、薛軒《坤元是保》等。宋朝政府組織人力編寫的三部綜合性醫學著作《太平聖惠方》、《太平惠民和劑局方》、《聖濟總錄》專列婦人門或妊娠門，收錄大量婦產科內容。其它如蘇軾、沈括《蘇沈良方》、許叔微《普濟本事方》、《雞峰普濟方》、嚴用和《濟生方》、陳言《三因極一病證方論》、張杲《醫說》等醫著中也論述了婦科方面的問題，並收錄大量治療方藥，這些醫學成就將宋代婦科學推進到了前所未有的發展高度。

面對婦女生育的問題，宋代醫療在此方面也做了一定的貢獻。楊子建的《十產論》在橫產、倒產、逆產等傳統病名的基礎上又增加了偏產、礙產、坐產等因胎位異常引起的各種名稱，並首次介紹了矯正胎位回覆正常的助產手法。在汴京開封，還有婦女出售「下胎藥」。張杲《醫說》卷十《下胎果報》中記載：「京師有一婦人姓白，有美容，京人皆稱為『白牡丹』，貨下胎藥為生」。

雖然婦產科到宋代已經得到較大發展，但因各種因素的制約，生育問題仍然困擾著宋代婦女。如醫學知識不足，甚至存在巫醫不分的治療方式。礙

〔註172〕陳自明：《婦人大全良方》卷九《求嗣門‧褚尚書求男論第二》，人民衛生出版社，1985 年，第 287 頁。

於婦產科診治對象的特殊和「男女授受不親」的禮教束縛，男醫生在爲婦女療病時，難以採用傳統的「望、聞、問、切」診法治療，妨礙了醫治的效果。這也導致了新而有效的助產手法難以得到實際推廣。在宋代，因爲胎產疾病而喪失生命的婦女仍然爲數不少。例如鄒氏姊妹先後嫁與姚勉爲妻，姐姐妙善「不幸近一年，己酉之五月，生女榮，至六月辛丑朔，才二十日而殞」，妹妹妙莊「三月望之前一日臨暮，果生子，但已死。復越七日丙午，夫人遂亡」。姚勉傷心哀歎兩人「且嫁某皆一年，又皆以薄至大故」。〔註173〕像姚勉這樣的中產之家尚且如此，貧窮而無法提供良好醫療條件的中下層平民家庭更不用講。

二、求醫問藥

在宋代，平民婦女患病後，常見的治療方法主要有以下幾種。

（一）自己或家人根據民間偏方抓藥治療。戴復古《訪友人家即事》詩曰：「妻病無錢供藥物，自尋野草試單方。」〔註174〕陳藻《貧婦行》詩曰：「故人身死妻貧病，買藥無錢留性命。」〔註175〕可見，宋代婦女得病後，家人或親戚根據民間偏方抓藥治療是相當普遍的。

宋以前醫籍多賴手抄流傳，以致訛誤、訛脫很多。在宋代，由於印刷術的發展及政府的重視，方書醫籍大量湧現，之前那種醫藥知識只是掌握在極少數人手中的情況已不復存在。宋朝官方曾多次公開印發藥典，普及醫藥知識。當時的民間類書如周守忠《養生類纂》等，也都有介紹各種醫學知識和治療方法，其中就有專門治療婦女各種疾病的藥方。在平民家庭，婦女大都懂得一些粗淺的醫學常識。如陳元靚《歲時廣記》卷十九《浴澤蘭》條：「草澤蘭，一名『虎蘭』，一名『龍棗』。……可作浴湯，人家多種之，今婦人方中最急用也。」劉克莊《歲除二首》詩曰：「兒童燒爆竹，婦女治椒花。」〔註176〕椒花即是治療婦科疾病的常見草藥。

〔註173〕姚勉：《雪坡舍人文集》卷五十《梅莊夫人墓誌銘》，北京出版社，2011 年，第 338 頁。

〔註174〕戴復古：《石屏詩集》卷七《訪友人家即事》，北京出版社，2011 年，第 464 頁。

〔註175〕陳藻：《樂軒集》卷一《貧婦行》，商務印書館，2005 年，第 96 頁。

〔註176〕劉克莊：《後村先生大全集》卷二十六《歲除二首》，線裝書局，2004 年，第 135 頁。

（二）請醫生看病。在家境尚好的家庭中，婦女有病多會請醫生診治。醫生診療確定病情，或開藥方服用，或用針灸。宋時專門的婦科醫生並不多，除嬰兒接生由穩婆擔任外，當時一般醫生都兼通各科。

由於傳統中醫婦科醫術的匱乏，以及傳統禮教中「男女授受不親」觀念對醫學實踐的影響。男醫生在為婦女療病時，往往遭到諸多不便。張杲《醫說》卷八《婦人以帛幪手臂》即指出：「治婦人雖有別科，然亦有不能盡聖人之法者。今豪足之家，居奧室之中，處帷幔之內，復以帛幪手臂。既不行望色之神。又不能彈切脈之巧，四者有二闕焉。……醫者不免盡理質問。病家見所問繁沓，為醫業不精，往往得藥不肯服，似此甚多。扁鵲見齊侯之色，尚不肯信，況其不得見者乎？嗚呼，可謂難也。」這無疑妨礙了醫治的效果。相對而言，貧民家庭的婦女受禮教束縛較小，但看得起病的卻不多。

（三）求助於神明。一些民婦患病後，家人請巫師或道士施行巫術、法術，驅除病魔，這在南方地區較多見。如范致明《岳陽風土記》載：「湖湘之民……疾病不事醫藥，惟灼龜打瓦或以雞子占卜，求祟所在，使俚巫治之。親族不相視病，而鄰里往往問勞之，謂親戚視之則傳染，鄰里則否。」在海南，當地有殺牛祭神以治病的陋俗。蘇軾指出當地民眾「病不飲藥，但殺牛以禱，富者至殺十數牛。死者不復云，幸而不死，即歸德於巫。以巫為醫，以牛為藥。間有飲藥者，巫輒云：『神怒，病不可復治。』親戚皆為卻藥，禁醫不得入門，人、牛皆死而後已。」〔註177〕可見，越是落後偏遠的地區，巫醫之風越興盛。

另外，一些婦女在家求神拜佛，祈禱上天、神祇憐憫，給予救治自己或家人的疾病。

三、民間女醫

在宋代，由於社會上對「女醫」的過分信任，行醫亦成為婦女的一種重要職業。如助產工作絕大多數就是由婦女來擔任的，被稱之為「乳醫」、「穩婆」。乳醫大多是兼職的，平時該幹什麼就做什麼，只有到了有人找她接生時才去幫忙。在《夷堅志》中，對於乳醫的記載並不少，如《屈老娘》條載：「武

〔註177〕蘇軾：《蘇軾文集》卷六十六《書柳子厚牛賦後》，中華書局，1986年，第2058頁。

陵城東宋氏婦女產蓐所用乳醫曰屈老娘，年已八十餘。」〔註178〕《夷堅志補》卷四《趙乳醫》條載：「乳醫趙十五嫂者，所居相距三十里。袁褧《楓窗小牘》卷下載：「宣和三年二月，新鄭門官夫淘溝，從助產朱婆婆牆外溝底，得一銅器如壺」，另外，一些賣藥婦女亦多有醫術。《夷堅志》中《趙清憲》條載：「趙清憲丞相挺之侍父官北京時。……又嘗病黃疸，勢已殆。有嫗負小盎至門，家人問：『所貨何物？』。曰：『善烙黃』，呼使視之，發盎取鐵匕燒熱，上下熨烙數處，黃色應手退。翌日脫然」〔註179〕。

　　在宋代，一些水平相當高的民間女醫也不罕見。如《夷堅志》中記載了一位善治癰疽的女外科醫生張小娘子，「秀州外科張生，本郡中虞候。其妻遇神人，自稱皮場大王，授以《癰疽異方》一冊，且誨以手法大概，遂用醫著名，俗呼爲『張小娘子』。」〔註180〕她醫術極爲高明。蘇州章縣丞的祖母年過七旬疽發於背，章縣丞邀請張小娘子來爲其醫治。因其醫治方法得當，病人得以痊癒。在周密的《齊東野語》中還記載了一位醫術高超的女醫邢氏，「紹熙間，有醫邢氏，精藝絕異。時韓平原知閤門事，將出使，俾之診脈，曰：『和平無可言，所可憂者，夫人耳。知閤回軺日，恐未必可相見也。』韓妻本無疾，怪其妄誕不倫，然私憂之。洎出疆甫數月，而其妻果殂。又朱丞相勝非子婦偶小疾，命視之，邢曰：『小疾耳，不藥亦愈。然自是不宜孕，孕必死。』其家以爲狂言。後一歲，朱婦得男，其家方有抱孫之喜，未彌月而婦疾作。急遣召之，堅不肯來，曰：『去歲已嘗言之，勢無可療之理。』越宿而婦果殂。余謂古今名醫多矣，未有察夫脈而知妻死，未孕而知產亡者。嗚呼！神矣哉！」〔註181〕邢氏醫術之精湛可見一斑。

第五節　喪葬行爲

一、喪葬習俗

　　宋代社會普遍盛行厚葬之風，這是與受到儒家孝道觀念的影響分不開

〔註178〕洪邁：《夷堅支志》辛卷四《屈老娘》，中華書局，1981年，第1416頁。
〔註179〕洪邁：《夷堅乙志》卷十四《趙清憲》，中華書局，1981年，第306頁。
〔註180〕洪邁：《夷堅支志》乙卷五《張小娘子》，中華書局，1981年，第828頁。
〔註181〕周密：《齊東野語》卷十八《近世名醫》，中華書局，1983年，第334頁。

的。正如學者所言:「在重禮俗、厚葬觀的支配下,宋代的婚喪嫁娶無論對哪種經濟條件的人家來說,都是一筆巨大的費用。其中尤以葬禮爲突出,在不良習俗左右下,甚至有破產的危險。」〔註 182〕在南方地區,尤其盛行厚葬之風,治喪費用頗大。如兩浙地區,「吳越之俗,葬送費廣,必積累而後辦。」〔註 183〕在福建地區,「閩俗重凶事,其奉浮屠,會賓客,以盡力豐侈爲孝,往往至數百千人,至有親亡不舉哭,必破產辦具,而後敢發喪者。有力者乘其急時,賤買其田宅,而貧者立券舉債,終身困不能償。」〔註 184〕在廣東地區,「粵人治喪,以豐侈爲孝。而游手無賴,貪慕飲食,坌集其門,意不滿,則怗眾群噪不可奈。中人之家,鬻田宅破資,聚而後辦」〔註 185〕。

有學者研究指出,宋時「普通百姓的喪葬費用一般爲數十貫,多不過 300 貫。」〔註 186〕這對貧窮家庭來說,也是一筆不小的開支。如文人李鷹,因「家素貧,三世未葬」。〔註 187〕在民間,有的貧民家庭因爲無力埋葬,甚至將親人的遺體投進水中。

宋時民婦病故後,都要舉行一定的儀式,接受親友的弔唁。死者入棺後,一般先找臨時停放之所,以僧寺居多,稱爲「殯」。從死者去世之日到下葬之日的時間差,即爲「喪期」。

在宋代,延喪不葬的情況相當普遍,這其中主要的原因有以下幾個。

其一、尋求風水適宜之地。在宋代,擇風水寶地而葬的風氣已經盛行。

在宋代,人們埋葬死者,在很大程度上要考慮自己和子孫的利益,認爲自己和子孫的禍福、賢愚皆與埋葬自己的先人有關,這種變化與道教堪輿風水理論興起無不相關。司馬光即指出:「今人葬不厚於古,而拘於陰陽禁忌則甚焉⋯⋯今之葬書,乃相山川岡畎之形勢,考歲月日時之支干,以爲子孫貴賤、貧富、壽夭、賢愚皆係焉,非此地非此時不可葬也。舉世惑而信之,於

〔註 182〕程民生:《宋代婚喪費用考察》,《文史哲》,2008 年第 5 期。

〔註 183〕(元)脫脫等:《宋史》卷一百二十五《禮志二十八》,中華書局,1985 年,第 2918 頁。

〔註 184〕歐陽修撰、李之亮箋注:《歐陽修集編年箋注》卷三十五《端明殿學士蔡公墓誌銘》,巴蜀書社,2007 年,第 2 冊,第 622 頁。

〔註 185〕孫覿:《鴻慶居士文集》卷四十《宋故太淑人劉氏墓誌銘》,北京出版社,2011 年,第 436 頁。

〔註 186〕程民生:《宋代婚喪費用考察》,《文史哲》,2008 年第 5 期。

〔註 187〕(元)脫脫等:《宋史》卷四百四十四《李鷹傳》,中華書局,1985 年,第 13117 頁。

是喪親者往往久而不葬。」〔註188〕無論官爵人家還是士庶平民,安葬過世之人,總要先請陰陽先生定奪吉日,選擇墳地,並適時遷葬。

其二、卑者營葬要避尊長之吉凶,即有尊者喪,卑者營喪要避開。

其三、客居它鄉不能及時歸葬,也是喪期延長的另一個原因,這以商人及其家屬為主。

二、喪葬方式

1、土葬

就喪葬方式而言,古代社會遵用的是土葬,宋代統治者對土葬亦是大力提倡的。

從考古發掘情況來看,宋代民間盛行夫婦合葬之風。通常情況是,墓葬採用雙室墓,兩室共用一堵隔牆,並有小窗或其他方式相通,稱為「夫婦分室合葬墓」。其目的是因為夫婦離世有先後,葬後亡之人時,如見先亡之人屍首腐敗,恐傷孝子之心。兩室之間留有通道,則可以滿足「夫婦死則同穴」的要求。

宋時夫婦合葬的情況較為普遍,這已被考古發現所證明。如1965年3月,在江西清江縣薛溪公社撓市大隊發現的南宋墓二座,男墓主人王宣義,女墓主人為其妻周氏。「兩墓係各自獨立的碑室墓,但以合墓的形式連在一起。周圍用互石疊起,外面用碎石疊砌,頂部蓋石板。」〔註189〕《湖北老河口王沖宋墓清理簡報》中指出,「從這些現象推測北宋尚有曲肢葬,並盛行夫妻同穴、并穴合葬」〔註190〕。《湖北英山三座宋墓的發掘》中指出,「這是一座男女合葬墓,東室墓主為男性,西室墓主為女性。這種男右女左的葬式在浙江等地也有發現。」〔註191〕《河南尉氏縣張氏鎮宋墓發掘簡報》中指出,「綜合以上情況,我們推測該墓為一座二次葬夫婦合葬墓,男性墓主先葬,女性墓主後葬。」〔註192〕《仁壽縣古佛鄉宋墓清理簡報》中指出,「從墓葬保存情況來看,

---

〔註188〕司馬光:《司馬溫公集編年箋注》卷七十一《葬論》,巴蜀書社,2009年,第346頁。

〔註189〕薛堯:《江西南城、清江和永修的宋墓》,《考古》,1965年第11期。

〔註190〕老河口市博物館:《湖北老河口王沖宋墓清理簡報》,《江漢考古》,1995年第3期。

〔註191〕洪剛等:《湖北英山三座宋墓的發掘》,《考古》,1993年第1期。

〔註192〕劉春迎等:《河南尉氏縣張氏鎮宋墓發掘簡報》,《華夏考古》,2006年第3期。

女室兩壁橫砌石頭已裂開破壞，說明先埋女主人，後葬男主人時破壞了女墓。兩墓後壁均有男女主人像，據此可推知為夫婦分室合葬墓，但兩墓時間不會相距太遠」〔註 193〕。

宋時經濟條件較好的人家，多用磚室墓或石室墓。而貧下民戶，則多用土坑墓。

從考古發現來看，宋代墓葬主體可分成地上和地下兩個部分。作為地上部分的祭祀建築，經濟條件較好的人家會在墓上建造廟堂。作為地下部分的墓室，墓葬在墓前修建較長的墓道，並將墓室建成死者生前家居的建築，室內有磚雕的斗栱和傢具，墓壁上繪有人物、侍從、家居生活等精美的壁畫題材。這種墓室是商品經濟發展和葬俗世俗化的表現，彰顯的是家族地位和經濟實力。如河南省禹州市發現的白沙宋墓，墓主是北宋末年富商趙大翁及其家屬，即在墓壁上繪有人物、侍從、家居生活等壁畫題材。

在宋代，無論是北方還是南方地區，隨葬品的數量和質量都無法與唐代、五代十國以及遼代墓葬相比。唐墓的隨葬品有唐三彩、陶俑、瓷器以及中亞風格的金銀器等，且數量龐大，分佈範圍較廣。宋代墓葬中尤少見唐墓中的這些隨葬器類，而且隨葬俑的範圍也縮小了。宋人隨葬品投入相對較少，原因主要有二：其一，宋代厚葬之風，主要體現在治喪活動方面，即集中在喪事的操辦上。其二，隨葬品投入少，可以盡量避免被盜的厄運。1984 年 4 月，在福州南平市西芹鎮發現的宋墓，其「隨葬品是一批體積很小，製作精細而準確的微型明器，種類豐富，十分逼真地摹仿了當時人們的日用器具，很有時代和地方色彩。」〔註 194〕這些隨葬品以陶製品為主，而且絕大部分製成一式兩份，按照「男左女右」的習慣分別放置在夫妻兩室之中。宋代平民家庭墓葬的陪葬品以陶製、鐵製、銅製的為多，金銀之物並不多見。

2、火葬

在宋代，與土葬受到提倡相反，火葬之舉引起了政府和士大夫的強烈反對。北宋初，宋太祖即有敕令：「京城外及諸處，近日多有焚燒屍柩者，宜令今後止絕。……燒棺槨者，流三千里；燒屍者，絞」〔註 195〕。此後朝廷不斷申嚴此禁，但卻始終屢禁不止。南宋紹興年間，監登聞鼓院范同上奏：「今民

〔註 193〕莫洪貴：《仁壽縣古佛鄉宋墓清理簡報》，《四川文物》，1992 年第 5 期。
〔註 194〕林蔚起、張文鎣：《福建南平市西芹鎮宋墓》，《考古》，1991 年第 8 期。
〔註 195〕竇儀：《宋刑統》卷十八《殘害死屍》，中華書局，1984 年，第 286 頁。

俗有所謂火化者，……甚者焚而置之水中。……方今火葬之慘，日益熾盛，事關風化，理宜禁止。」次年，戶部侍郎榮薿又上言稱：民間「從來率以火化爲便，相習成風，勢難遽革。……而行火化之禁，恐非人情所安。欲乞除豪富士族中嚴禁止外，貧下之民並客旅遠方之人，若有死亡，姑從其便。」〔註196〕這一建議得到了批准。可見，火葬風氣的盛行，使這些禁令未能眞正實行。嘉祐八年（1063）九月，年僅四歲的皇侄趙士弇卒，「火而寓骨於都城之西大慈佛祠」〔註197〕，連宋朝皇室也曾實行過火葬，火葬在宋朝難以禁止也就不難理解了。

宋時，火葬已經成爲當時社會的一種流行習俗，尤其在平民階層中盛行。如《夷堅志》中《李氏乳媼》條載：「火化，將以其骨歸」〔註198〕。《朱氏乳媼》條載：「出柩而焚之，裹遺燼付一僕」〔註199〕。《崔婆偈》條載：「紹興十八年，年七十有二，得疾，洞瀉不下床，然持念愈篤，……用僧法焚之，至盡，舌獨不化，如蓮華然」〔註200〕。

在宋代，火葬在平民階層中的盛行，是受到多種因素綜合影響的。

其一，土葬較火葬佔用土地資源爲多。在宋代，城市日趨規模化，大量外來人口湧入城市，導致城市人口急劇膨脹，土葬這種浪費土地的做法並不適用於城市居民。有官員就明確提出：「今京城內外物故者日以百計，若非火化，何所葬埋？」〔註201〕極力主張實行火葬。河東路地區，就因爲「地狹人眾，雖至親之喪，悉皆焚棄」〔註202〕。宋代話本中共對十四人的喪葬形式進行了記錄，其中四人次土葬，十人次火葬。顯然，火葬這種形式在市井中是一種很普及的喪葬方法。

其二、對於中下層貧民而言，土葬需要一筆巨大的費用，這包括擇風水、墓地、土木建築、棺槨、操辦葬禮等。所以，還是火葬比較省錢、省力。南

〔註196〕（元）脫脫等：《宋史》卷一百二十五《禮志二十八》，中華書局，1985年，第2918頁。

〔註197〕王珪：《華陽集》卷六十《宗室右監門率府率墓記》，中華書局，1985年，第550頁。

〔註198〕洪邁：《夷堅支志》景卷七《李氏乳媼》，中華書局，1981年，第936頁。

〔註199〕洪邁：《夷堅丙志》卷十一《朱氏乳媼》，中華書局，1981年，第456頁。

〔註200〕洪邁：《夷堅乙志》卷九《崔婆偈》，中華書局，1981年，第262頁。

〔註201〕俞文豹：《吹劍錄外集》，商務印書館，2005年，第591頁。

〔註202〕（元）脫脫：《宋史》卷一百二十五《禮志二十八》，中華書局，1985年，第2918頁。

宋官員榮薿指出：「臣聞吳越之俗，葬送費廣，必積累而後辦。至於貧下之家，送終之具，唯務從簡，是以從來率以火化為便，相習為風，勢難遽革。」〔註203〕周煇《清波雜誌》卷一二《火葬》亦指出：「浙右水鄉風俗，人死，雖富有力者，不辦蕞爾之土以安厝，亦致焚如」。

其三、火葬的盛行與佛教、少數民族葬俗有一定關係。洪邁指出：「自釋氏火化之說起，於是死而焚其屍者，所在皆然。」〔註204〕明確指出火葬的源頭來自佛教。宋代盛行火葬還與受到少數民族葬俗的影響有關，王稱《東都事略》卷三載：「近代以來，遵用夷法，率多火葬」。

其四、對於遠地行商的人來說，將屍體火化後安置骨灰要遠比土葬或是運送棺柩回鄉省力得多。如南宋初，榮薿即提出：「貧下之民並客旅遠方之人，若有死亡，姑從其便」〔註205〕。

在宋代，火葬時亦要舉行宗教儀式，親戚、友人都來弔唁。宋代話本中就屢屢提到人死後，家人要「做些功果追薦亡靈」。「做功果」亦叫「做功德」，也稱「水陸道場」，就是設齋供奉以超度亡靈。宋人除了請僧人做佛事外，也有請道士設齋、打醮、追薦亡靈的。

在火化儀式進行後，對骨灰的處理常常有以下幾種：一是將骨灰放入木盒或陶罐，然後埋入墓中。這種方式一般屬於經濟條件較好的人家。二是將骨灰存放於寺院或漏澤院中，或存放於家中，逢年過節祭奠。這種形式多是貧困人家所為。三是焚化後將骨灰棄於野外或水中。如將骨灰撒在寺院的撒骨池中，撒骨池是寺院專門開闢的讓人撒骨灰的池塘。這是貧困人家的最普遍的方式。

〔註203〕（元）脫脫：《宋史》卷一百二十五《禮志二十八》，中華書局，1985年，第2919頁。

〔註204〕洪邁：《容齋隨筆》續筆卷十三《民俗火葬》，中華書局，2005年，第381頁。

〔註205〕（元）脫脫：《宋史》卷一百二十五《禮志二十八》，中華書局，1985年，第2919頁。

第三章　宋代平民婦女的經濟行爲

第一節　農、牧、漁、採集業

一、農業

在宋代，城鎮和鄉村在經濟上已經有明顯的分工。城鎮居民的經濟活動以商業經營爲主，而鄉村居民的經濟活動則以農業生產爲主。劉學箕詩曰：「好衣好食街市女，汗珠滴滴田婦苦」〔註1〕。在鄉間，民婦參與田間勞作是極其普遍的現象。戴復古詩曰：「有時蓑笠過田間，農婦農夫相往還。」〔註2〕在農忙期間，民婦的田間勞作顯得極爲繁忙，早出晚歸。劉宰詩曰：「荊簪田家婦，群居勇奔躍。……暮歸已戴星，晨出雞咿喔」。〔註3〕她們參與了農業生產的全部過程，從播種、田間管理、收穫到糧食加工，無不活躍著平民婦女的身影。

1、穀物種植

在農忙時節，農家必須對農業生產投入大量勞力，勞作十分緊張。和農夫一樣，農婦同樣承擔著田間耕耘、車水、收割等勞作。張舜民《打麥》詩

〔註1〕 劉學箕：《方是閒居士小稿》卷上《貫錢石八豆》，商務印書館，2005年，第152頁。

〔註2〕 戴復古：《石屏詩集》卷一《儒衣陳其姓工於畫牛馬魚一日持六簇爲贈以換詩》，北京出版社，2011年，第381頁。

〔註3〕 劉宰：《漫塘文集》卷三《東禪百韻・荊簪田家婦》，線裝書局，2004年，第115頁。

曰：「大婦腰鐮出，小婦具筐逐。上壟先挦青，下壟已成束。田家以苦乃為樂，敢憚頭枯面焦黑。」〔註 4〕洪芻《田家謠》詩曰：「大婦碓舂頭鬢疏，小婦拾穗行餉姑。四時作苦無袴襦，門前叫嗔官索租。」〔註 5〕蔡伸《長相思》詞曰：「村姑兒，紅袖衣，初發黃梅插稻時，雙雙女伴隨」。〔註 6〕農忙的時節，家中女眷都要傾巢而出，從少女、婦女到老嫗都有。戴栩詩曰：「陌翁語嫗切莫遲，梅風溫雲晴不久。……炊煙幕幕暗楊柳，大婦壺飧仍楪酒。」〔註 7〕詩歌中把握住割麥的細節，以老嫗及大婦的加入，來暗示收割的緊迫。可見，民婦所從事的農業生產勞動領域相當廣泛。

在中國傳統社會中，雖有「男耕女織」之說，但婦女在農業耕作中也起到不可缺少的重要作用。在農事方面，自犁田、拔插秧、田間管理到收成，宋代農婦所擔負的角色無異於男子。

第一、犁田。耕作前的犁田是為種植穀物做好準備，屬於重體力活，絕大多數情況下由男子來承擔。在宋代，婦女參與鋤犁的現象亦存在。如陸游曾自嘲：「事刀筆不如小吏，把鋤犁不如健婦。」〔註 8〕趙希逢《和田家》詩曰：「驀然踴躍聞聲喜，翁嫗犁鋤戴月歸。」〔註 9〕吳泳詩曰：「慚愧青裙南畝婦，犁頭能得幾多春」〔註 10〕。

兵災過後，家中缺少男勞力，婦女更不得不參與耕犁。孫岩《兵後績溪道中》詩曰：「稀疏鴉種麥，羞澀女耕田。」〔註 11〕釋善珍《山溪謠》詩曰：「君不見先年春旱牛遇疫，妻兒挽犁代牛力。」〔註 12〕因為去年時耕牛遇疫，無奈之下，妻子只好「挽犁代牛力」。

〔註 4〕張舜民：《畫墁集》卷一《打麥》，中華書局，1985 年，第 17 頁。

〔註 5〕陳景沂：《全芳備祖》後集卷二十洪芻《田家謠》，商務印書館，2005 年，第 582 頁。

〔註 6〕蔡伸：《友古詞》，北京出版社，2011 年，第 178 頁。

〔註 7〕戴栩：《浣川集》卷二《刈麥行自靈巖歸示趙丞》，商務印書館，2005 年，第 189 頁。

〔註 8〕陸游：《渭南文集》卷二十二《放翁自贊》，錢仲聯主編《陸游全集校注》，浙江出版聯合集團，2012 年，第 10 冊，第 46 頁。

〔註 9〕（明）佚名：《詩淵》，書目文獻出版社，1984 年，第 5 冊，第 3087 頁。

〔註 10〕吳泳：《鶴林集》卷四《果山春郊即事七首》，線裝書局，2004 年，第 310 頁。

〔註 11〕（明）程敏政輯：《新安文獻志》卷五十三孫岩《兵後績溪道中》，黃山書社，2004 年，第 197 頁。

〔註 12〕傅璇琮等主編：《全宋詩》卷三千一百五十釋善珍《山溪謠》，北京大學出版社，1998 年，第 60 冊，第 37778 頁。

第二、拔秧及插秧。在鄉間，農忙時婦女移秧的情景並不罕見。如蘇軾《秧馬歌並引》詩曰：「嗟我婦子行水泥，朝分一壟暮千畦。腰如箜篌首啄雞，筋煩骨殆聲酸嘶。」〔註13〕楊萬里《插秧歌》詩曰：「田夫拋秧田婦接，小兒拔秧大兒插。笠是兜鍪蓑是甲，雨從頭上濕到胛。」〔註14〕描繪了農婦帶著斗笠在田間拔秧、插秧的情形。陳普《古田女》詩曰：「一日來古田，拔秧適初夏。青裙半絞紮，水泥和撥迓。」〔註15〕徐獻可《南塘》詩曰：「竹棚人賣酒，花笠婦移秧。」〔註16〕舒岳祥筆下的種麥婦，「種麥誰家婦，青裙皂角冠」〔註17〕。

在洪邁《夷堅志》中，對婦女參與拔秧、插秧的情況亦多有記載。如《東塔寺莊風災》條載：「慶元三年五月一日，農人男女盡詣田插稻。」〔註18〕《黃陂紅衣婦》條載：「初夏之日，其家男婦女子皆出蒔稻，惟一二少女守舍供餉」〔註19〕。

第三、田間管理。穀物種植後，還要有田間管理的諸多事項，民婦亦參與其中。在穀物下種後，需要時時關注田中水量，適時放水，以保證穀物用水的需要。如李新詩曰：「豆飯餉田薅鼓住，田塍收水婦翁忙。」〔註20〕《夷堅志》中《城子塘水獸》條載：「萬春鄉農民朱七，乾道辛卯旱歲，同妻往近村城子塘引水灌田」〔註21〕。

遇到旱情，村婦還要參與車水，宋代史籍中對此亦多有記載。舒岳祥筆下的車水婦，「田頭車水婦，挽水要流通。烏帽掀炎日，青裙鼓晚風。翻翻循故步，踏踏似虛空。」〔註22〕陸游《入蜀記》卷一載：「婦人足踏水車，手猶

〔註13〕　蘇軾：《蘇軾詩集》卷三十八《秧馬歌（並引）》，中華書局，1982 年，第 2051 頁。
〔註14〕　楊萬里：《誠齋集》卷十三《插秧歌》，線裝書局，2004 年，第 123 頁。
〔註15〕　陳普：《石堂先生遺集》卷十六《古田女》，書目文獻出版社，1998 年，第 771 頁。
〔註16〕　（清）張寶琳：《（光緒）永嘉縣志》卷三十四徐獻可《南塘》，臺北成文出版社，1983 年，第 3446 頁。
〔註17〕　舒岳祥：《閬風集》卷三《自歸耕篆畦見村婦有摘茶車水賣魚汲水行餉寄衣舂米種麥泣布賣菜者作十婦詞》，北京出版社，2011 年，第 601 頁。
〔註18〕　洪邁：《夷堅支癸》卷九《東塔寺莊風災》，中華書局，1981 年，第 1289 頁。
〔註19〕　洪邁：《夷堅支壬》卷六《黃陂紅衣婦》，中華書局，1981，第 1509 頁。
〔註20〕　李新：《跨鼇集》卷七《銅鼓道中所見詩》，商務印書館，2005 年，第 672 頁。
〔註21〕　洪邁：《夷堅支辛》卷七《城子塘水獸》，中華書局，1981 年，第 1436 頁。
〔註22〕　舒岳祥：《閬風集》卷三《自歸耕篆畦見村婦有摘茶車水賣魚汲水行餉寄衣舂米種麥泣布賣菜者作十婦詞》，北京出版社，2011 年，第 601 頁。

績麻不置。」〔註23〕劉一止《水車一首》詩曰:「嗟我婦子腳不停,日走百里不離家。」〔註24〕葉茵《田父吟》詩曰:「未曉催車水滿溝,男兒鬼面婦蓬頭。」〔註25〕可見車水的勞動強度之大。

　　在平時,村婦還要到田間拔稗草。陳傑詩曰:「翁分區種粒,婦進圃抽芽。」〔註26〕遇到蝗蟲災害等,婦女還要參與捕殺蝗蟲。鄭獬《捕蝗》詩曰:「翁嫗婦子相催行,官遣捕蝗赤日裏。蝗滿田中不見田,穗頭櫛櫛如排指。鑿坑籌火齊聲驅,腹飽翅短飛不起。囊提蕢負輸入官,換官倉粟能得幾。」〔註27〕宋時遇到蝗害,政府募民撲捕,易以錢粟,蝗卵一升可以換豆粟三升或五升。這在當時亦是一種治表的辦法,而且含有救濟意義。劉學箕還有詩曰:「夫耘婦餉日卓午,朝夕南山捕蟲鼠」〔註28〕。

　　李伯重在分析明清江南農家婦女勞動問題時指出:在明代後期以前,以『夫婦並作』為代表的男女同工仍然佔有重要的地位。一直到了清代中期,以『男耕女織』為典型形式的男女勞動分工,才真正得到充分的發展。〔註29〕在宋代,田間勞作即是多以「夫婦並作」為主要形式。在宋代史籍中,描寫夫婦在田間協作的記載並不少見。陳藻《田家婦》詩曰:「笑說福唐風俗惡,一田夫婦兩身泥。」〔註30〕韓維《仲夏田家》詩曰:「晨興腰鎌出,子婦向田頭。」〔註31〕陳造《田家謠》詩曰:「半月天晴一夜雨,前日麥地皆青秧。陰晴隨意古難得,婦後夫先各努力」〔註32〕。

　　如遇丈夫出外參軍,農婦更要承擔起田間的大部分勞作。張耒《農婦》詩曰:「耕田衣食苦不足,悠悠送子長河曲。同行不可別未忍,日暮河邊仰天

〔註23〕陸游:《入蜀記》卷一,錢仲聯主編《陸游全集校注》,浙江出版聯合集團,2012年,第11冊,第14頁。

〔註24〕劉一止:《苕溪集》卷三《水車》,線裝書局,2004年,第140頁。

〔註25〕陳起:《江湖小集》卷四十一葉茵《田父吟》,商務印書館,2005年,第668頁。

〔註26〕陳傑:《自堂存稿》卷二《過衢阻潦宿民家》,商務印書館,2005年,第554頁。

〔註27〕鄭獬:《鄖溪集》卷二十六《捕蝗》,線裝書局,2004年,第233頁。

〔註28〕劉學箕:《方是閒居士小稿》卷上《貫錢石八豆》,商務印書館,2005年,第152頁。

〔註29〕李伯重:《從「夫婦並作」到「男耕女織」——明清江南農家婦女勞動問題探討之一》,《中國經濟史研究》,1996年第3期。

〔註30〕陳藻:《樂軒集》卷一《田家婦》,商務印書館,2005年,第98頁。

〔註31〕韓維:《南陽集》卷二《仲夏田家》,商務印書館,2005年,第171頁。

〔註32〕陳造:《江湖長翁集》卷九《田家謠》,商務印書館,2005年,第516頁。

哭。男兒從軍薄妻子，婦人隨夫誓生死。」〔註33〕還有丈夫出外經商的情況，如紹興三年（1033），岳州知州范寅上奏言：「本州農民，自來兼作商旅，太半在外」。〔註34〕因此，多是農婦主管照料家中田地營生。

第四、餉田。農業勞作不單指下田參加實際田間勞動，還包括對農耕相關工作的參與。為田間耕作的家人送水送飯是農婦最常見的勞作，韓維詩曰：「餉婦散田陌，桑間人語稀。」〔註35〕曾幾詩曰：「山行野渡時時雨，婦餉夫耕處處田。」〔註36〕李覯《獲稻》詩曰：「餉婦念兒啼，逢人不敢立。」〔註37〕描繪了農婦既要為田間勞作的丈夫送飯食，又要急著回家照顧家中的幼兒，因此不敢與路人打招呼的情形。

在宋代史籍中，對農婦餉田的描寫非常豐富。詩人把農婦為田間丈夫送飯的情形描繪成一幅農家美滿生活的圖景，司馬光詩曰：「餉婦陌頭歸，田夫桑蔭飯。」〔註38〕描繪了農婦送飯，丈夫在桑樹底下吃飯的情形。陳造詩曰：「小兒能耕婦能餉，老子卒歲良優游。」〔註39〕方一夔詩曰：「婦子挈午餉，勞苦寬我情。」〔註40〕朱熹詩曰：「農談剩喜鄉鄰近，餉具仍教婦子攜」〔註41〕。

農婦餉田的時間以中午為主。如劉塤詩曰：「田婦共攜中飯去，樵童相喚上山聲。」〔註42〕晚上餉田的情況亦有，蔡襄《和王學士水車》詩曰：「婦姑晚餉猶德色，童稚伺餘窺餚籠。」〔註43〕村婦餉田的物品主要以飯食為主，

〔註33〕張耒：《宛丘先生文集》卷二一《農婦》，線裝書局，2004年，第325頁。

〔註34〕（清）徐松輯：《宋會要輯稿》食貨六九之五〇，中華書局，1957年，第6354頁。

〔註35〕韓維：《南陽集》卷一《次韻和三兄弟田家》，商務印書館，2005年，第167頁。

〔註36〕曾幾：《茶山集》卷五《次勸農韻》，中華書局，1985年，第56頁。

〔註37〕李覯：《直講李先生文集》卷三十五《獲稻》，線裝書局，2004年，第238頁。

〔註38〕司馬光：《司馬溫公集編年箋注》卷三《和轟之美雞澤官舍七首·縣樓》，巴蜀書社，2009年，第133頁。

〔註39〕陳造：《江湖長翁集》卷十《再次韻呈林子長郎中龔養正寺簿》，商務印書館，2005年，第518頁。

〔註40〕方夔：《富山遺稿》卷一《田家四事》，商務印書館，2005年，第424頁。

〔註41〕朱熹：《晦庵集》卷三《次秀野躬耕桑陌舊園之韻》，商務印書館，2005年，第18頁。

〔註42〕劉塤：《隱居通議》卷九《蠟社歌餘》，中華書局，1985年，第105頁。

〔註43〕蔡襄：《莆陽居士蔡公文集》卷三《和王學士水車》，書目文獻出版社，1999年，第28頁。

李復詩曰：「婦姑具餉出，飯豆菜葉肥。」〔註44〕熊克詩曰：「赤飯黃虀須婦
餉，往來莫憚走東阡。」餉婦送解渴的茶水、酒的情況亦有。如韓淲詩曰：「健
婦行茶椀，癡兒守飯籮。」〔註45〕樓璹詩曰：「壺漿與簞食，亭午來餉婦。」
〔註46〕戴栩詩曰：「炊煙幕幕暗楊柳，大婦壺飧仍檑酒」〔註47〕。

餉田並不是一個輕鬆的工作，農婦送的東西除食物還有杯碗之類，要用
到扁擔來挑。蔡正孫《冷田村》詩曰：「田家午餉行廚薄，盡在青裙兩擔肩。」
〔註48〕田間的路並不好走，常常是泥濘難行。如虞儔詩曰：「畦丁露宿腰鐮健，
餉婦泥行腳板輕。」〔註49〕有的家庭因為沒人照料幼兒，農婦還要抱著幼兒
來餉田。葉紹翁詩曰：「抱兒更送田頭飯，畫鬢濃調竈額煙」〔註50〕。

農婦餉田為家人順利進行農業勞作提供了重要的後勤保障。華岳《田家
十絕·其九》詩曰：「麥飯瓜虀及早催，田夫雙眼望儂來。」〔註51〕在農忙時
節，有了農婦所提供的飲食服務，家人才能專力於勞作。可見，農婦提供的
飲食對農業生產活動有著積極的促進作用。

第五、收割。到了收成時節，在糧食的收割勞作中也不乏婦女的參與。
如范成大詩曰：「青裙女子翻茜袖，抽鐮穫稻腰如束。」〔註52〕司馬光《道傍
田家》詩曰：「翁攜鐮索嫗攜箕，自向薄田收黍稷。」〔註53〕晁補之《豆葉黃》
詩曰：「腰鐮獨健婦，大男往何許」〔註54〕。

〔註44〕 李復：《潏水集》卷十《郊居》，商務印書館，2005 年，第 578 頁。
〔註45〕 韓淲：《澗泉集》卷七《揚糠》，線裝書局，2004 年，第 397 頁。
〔註46〕 （清）鮑廷博輯：《知不足齋叢書》第九集樓璹《耕織圖詩》，中華書局，1999
     年，第 724 頁。
〔註47〕 戴栩：《浣川集》卷二《刈麥行自靈巖歸示趙丞》，商務印書館，2005 年，第
     189 頁。
〔註48〕 （明）解縉等：《永樂大典》卷三五七九蔡正孫《冷田村》，楊家駱主編，臺
     北世界書局，1977 年，第 28 冊。
〔註49〕 虞儔：《尊白堂集》卷二《烏程宰十三日往龍洞禱晴歸言見田家兩岸車水其聲
     如雷兼刈獲甚忙若得旬日晴則農事濟矣因作田家歎一首》，線裝書局，2004
     年，第 425 頁。
〔註50〕 陳思：《兩宋名賢小集》卷二百六十葉紹翁《田家三詠》，線裝書局，2004 年，
     第 759 頁。
〔註51〕 華嶽：《翠微南征錄》卷十《田家十絕》，線裝書局，2004 年，第 179 頁。
〔註52〕 蒲積中：《歲時雜詠》卷三十八范成大《初冬近飲酒作》，商務印書館，2005
     年，第 581 頁。
〔註53〕 司馬光：《司馬溫公集編年箋注》卷二《道傍田家》，巴蜀書社，2009 年，第
     67 頁。
〔註54〕 晁補之：《雞肋集》卷八《豆葉黃》，商務印書館，2005 年，第 772 頁。

　　麥穀收割後，為了不至於浪費，還需要在田裏收撿殘剩，而這類工作往往由婦女來做。鄭獬《收麥》詩曰：「婦姑趁天色，撲捒喧鄰里。貧者攜其餘，翁媼攜稚子。」〔註55〕邱葵《田舍》詩曰：「促婦收餘穀，呼童拾爨柴」〔註56〕。

　　麥穀收割回家後，還要放到穀場上曬乾，使穀物中的水份蒸發。如李鷹《田舍女》詩曰：「日午擔禾上場曬，也喜年豐欲還債。」〔註57〕周去非《嶺外代答》卷七《蛇珠》條載：「乾道初，欽州村落婦人黃氏，曬禾棚屋上」。

　　宋代農戶收穫的糧食大部分要用於繳納租稅，呂本中詩曰：「田家得米輸官倉，一粒不得囊中藏。」〔註58〕婦女也參與繳納租稅的勞作，黃庭堅詩曰：「田夫田婦肩頹擔，江北江南稼滌場。少忍飛糠眯君眼，要令私廩上公倉。」〔註59〕蘇軾《吳中田婦歎》詩曰：「茅苫一月隴上宿，天晴獲稻隨車歸。汗流肩頹載入市，價賤乞與如糠粃」〔註60〕。

　　第六、糧食加工。收割曬乾的糧食還需經過舂米、揚糠等工序。舂米即把收割後的麥穀，將其去掉殼的過程。舂米後的殼為米糠，而去掉殼的穀子即是大米。舒岳祥筆下的舂米婦，「田家舂米婦，隔宿辦朝糧。舉臼紅顏汗，投舂玉腕揚。」〔註61〕于石《田家婦》詩曰：「茅簷笑語寒燈孤，夜舂曉織奉舅姑。」〔註62〕《夷堅志》中《淳安潘翁》條載：刁端禮「入一村舍，見主家夫婦舂穀」〔註63〕。

　　在宋代，並不是家家戶戶都有舂米工具的。一般情況下，都是向大戶人家租賃來用的。租舂的工作有時是由婦女來承擔的，陸游詩曰：「園丁藝蔬去，鄰婦賃舂還」〔註64〕。

〔註55〕鄭獬：《鄖溪集》卷二十四《收麥》，線裝書局，2004年，第219頁。

〔註56〕邱葵：《釣磯詩集》卷二《田家》，線裝書局，2004年，第683頁。

〔註57〕李鷹：《濟南集》卷三《田舍女》，線裝書局，2004年，第666頁。

〔註58〕呂本中：《東萊詩集》卷十一《送一書記杲公作天寧化士》，商務印書館，2005年，第829頁。

〔註59〕黃庭堅：《山谷外集》卷七《吉老受秋租輒成長句》，商務印書館，2005年，第299頁。

〔註60〕蘇軾：《蘇軾詩集》卷八《吳中田婦歎》，中華書局，1982年，第404頁。

〔註61〕舒岳祥：《閬風集》卷三《自歸耕篆畦見村婦有摘茶車水賣魚汲水行鹽寄衣舂米種麥泣布賣菜者作十婦詞》，北京出版社，2011年，第601頁。

〔註62〕于石：《紫岩詩選》卷二《田家婦》，商務印書館，2005年，第527頁。

〔註63〕洪邁：《夷堅支志》景卷五《淳安潘翁》，中華書局，1981年，第917頁。

〔註64〕陸游：《劍南詩稿》卷十五《晚齋》，錢仲聯主編《陸游全集校注》，浙江出版聯合集團，2012年，第3冊，第13頁。

　　春穀後，還要將米糠和大米分開，這就需要揚糠的過程。如樓璹《簸揚》
詩曰：「臨風細揚簸，糠粃零風前。傾瀉雨聲碎，把翫玉粒圓。短裙箕帚婦，
收拾亦已專。」〔註65〕陸游《小憩村舍》詩曰：「小婦簁新麥，群童摘晚茶。」
〔註66〕韓淲《颺糠》詩曰：「颺糠新出米，打穀旋推禾」〔註67〕。

　　第七、傭耕。司馬光曾這樣概括宋代農戶的生活，「竊謂四民之中，惟農
最苦，農夫寒耕熱耘，沾體塗足，戴星而作，戴星而息。蠶婦治蠶、績麻、
紡緯，縷縷而積之。寸寸而成之，其勤極矣。而又水旱霜雹、蝗蜮間爲之災。
幸而收成，則公私之債交爭互奪。穀未離場，帛未下機，已非已有矣。農夫蠶
婦所食者，糠粃而不足；所衣者，綈褐而不完。直以世服田畝，不知捨此之
外，有何可生之路耳？」〔註68〕在宋代，一個五口農戶一年最少需要消費二
十石糧食，大致相當於二十畝旱地或七畝南方水田在正常年份的糧食產量，
因此農戶家庭所擁有的田地可能無法提供一家的衣食。如張耒《秋風三首》
詩曰：「石田收薄婦子饑，歲晚苦寒安可度。」〔註69〕錢時詩曰：「山鄉山多
田種稀，年豐健婦猶啼饑」〔註70〕。

　　在宋代，由於生計所迫，農婦出外替人傭耕以補貼家用的情況並不罕見。
范公偁《過庭錄》載：「祖宗時，有陝民，值凶荒，母妻之別地受傭，民居家
自給。」李廌筆下的田舍女，「傭工出力當一男，長大過笄不會拜。」〔註71〕
農家女爲了生活，不得不和男子一樣傭工出力。

　　可見，宋代鄉村婦女參加田間勞作的情況是極其普遍的，她們也是家庭
財富的主要創造者。在一些特殊情況下，婦女甚至還要獨自承擔起全家的生
計。如李覯寡母即是白天從事田間勞作，晚上紡織勞作，獨自撐起家庭的重
擔。李覯《先夫人墓誌》載：他十四歲時父親去世，「是時家破貧甚，屛居山

〔註65〕（清）吳邦慶：《澤農要錄》卷一樓璹《簸揚》，北京出版社，2000年，第393
　　　　頁。
〔註66〕陸游：《劍南詩稿》卷十七《小憩村舍》，錢仲聯主編《陸游全集校注》，浙江
　　　　出版聯合集團，2012年，第3冊，第156頁。
〔註67〕韓淲：《澗泉集》卷七《揚糠》，線裝書局，2004年，第397頁。
〔註68〕司馬光：《司馬溫公集編年箋注》卷四十八《乞省覽農民封事箚子》，巴蜀書
　　　　社，2009年，第4冊，第203頁。
〔註69〕張耒：《張右史文集》卷十九《秋風三首》，上海商務印書館，1936年，第159
　　　　頁。
〔註70〕錢時：《蜀阜存稿》卷二《篤師歎》，線裝書局，2004年，第692頁。
〔註71〕李廌：《濟南集》卷三《田舍女》，線裝書局，2004年，第666頁。

中，去城百里。水田才二三畝，其餘高陸，故常不食者」有時候連飯也吃不上。寡母「剛正有計算，募僮客燒薙耕耨，與同其利。晝閱農事，夜治女功。斥賣所作，以佐財用」〔註72〕。

雖然宋代農婦對農業生產投入了大量的勞力，工作十分辛苦。但是，農戶的大部分收成都會被拿去繳納租稅及償還債務，農民的生活較為困苦。如趙汝鐩《耕織歎》詩曰：「一年苦辛今幸熟，壯兒健婦爭掃倉。官輸私負索交至，勺合不留但糠秕。我腹不飽飽他人，終日茅簷愁餓死。」〔註73〕官課私債交逼而至，結果剛入倉的糧食，又顆粒不剩地留給了他人，所餘下的只是一點點稻糠穀秕而已。蔡襄詩曰：「婦姑晚餉猶德色，童稚伺餘窺醯籠。……傷哉作勞無早夜，歲終贏饒凡幾桶。豐年遺秉尚或歉，一有不登皆散冗。賦田無利從來遠，索息嚴於公上奉。富者不耕耕者饑，役民橫枋雄豪總。」〔註74〕陸游《秋穫歌》詩曰：「數年斯民阨凶荒，轉徙溝壑殣相望。縣吏亭長如餓狼，婦女怖死兒童僵。」〔註75〕即使農戶糧食豐收，絕大部分收成都被地主村豪奪去揮霍掉，如梅堯臣《村豪》詩曰：「日擊收田鼓，時稱大有年。爛傾新釀酒，包載下江船。女髻銀釵滿，童袍毳氎鮮。里胥休借問，不信有官權。」〔註76〕占宋代人口絕大多數的鄉村下戶和客戶辛勤勞作，卻過著艱苦的生活。

在飢寒交迫時，貧民人家的婦女甚至避免不了被出賣的命運。陳棣《鬻婦歎》詩曰：「就令相視飢餓死，何當持汝歸富人。朝歸富人夕得粟，數口尚堪同食粥。愁容斂袂哽不言，稚子牽衣驚且哭。答云至此奈若何，離別孰與性命多。」〔註77〕幼兒哭喊抓住將要被迫離去的母親的衣服，因為貧窮導致了至親骨肉的分離，此情此景令詩人為之心酸。

由此可見，宋代的鄉村民婦廣泛參與了田間勞動，自犁田到收成，其所擔負的角色絲毫不亞於男子。就連犁田這種重體力勞動亦不乏婦女參與，像

〔註72〕 李覯：《直講李先生文集》卷三十一《先夫人墓誌》，線裝書局，2004年，第225頁。

〔註73〕 趙汝鐩：《野谷詩稿》卷一《耕織歎》，北京出版社，2011年，第372頁。

〔註74〕 蔡襄：《莆陽居士蔡公文集》卷三《和王學士水車》，書目文獻出版社，1998年，第28頁。

〔註75〕 陸游：《劍南詩稿》卷三十七《秋穫歌》，錢仲聯主編《陸游全集校注》，浙江出版聯合集團，2012年，第5冊，第44頁。

〔註76〕 梅堯臣：《宛陵集》卷三十三《村豪》，朱東潤校注《梅堯臣集編年校注》，上海古籍出版社，2006年，第384頁。

〔註77〕 陳棣：《蒙隱集》卷一《鬻婦歎》，線裝書局，2004年，第488頁。

拔秧、插秧、車水、收割、拾穗、舂米、揚糠這類農事勞作，男女之間的體力差異基本是可以忽略不計的。在農忙時節，有了餉婦所提供的茶水飯食，丈夫才能專力於勞作，提高了他們的勞動效率。可以說，婦女的勞作為家庭成員的生產提供了可靠的後勤保障。

在宋代農業耕作方面，農婦發揮著非常重要的作用。她們的辛勤勞作，不僅為社會創造了物質財富，對於家庭經濟方面也是貢獻良多。農婦補充了勞動力環節因為男性的脫離而造成的空缺，保證了農耕生產的順利進行，因此，在社會經濟領域中所扮演的角色顯得越來越來重要。

2、其它作物種植

在宋代，農家除種稻外，也有種植其他雜作以補助家用的，如苧麻、桑、茶、甘蔗等。這些作物的生長季節多在三月至九月間，其中民婦也參與了其他作物的種植和管理。如陳藻詩曰：「種麻賣布皆貧婦，伐蔗炊糖無末遊。」〔註78〕在宋代，還有在湖泊上的葑田上種植菰米的情況，如穆修詩曰：「溪婦收菰米，村娃貨竹薪」〔註79〕。

宋時，蔬菜是人們較常食用的食材，鄉村中多有種植。如李復詩曰：「婦姑具餉出，飯豆菜葉肥。」〔註80〕晁補之詩曰：「豆葉黃，葉黃不獨豆。白黍堪作酒，瓠大棗紅皺。」〔註81〕還有洪邁《夷堅志》中《麻姑洞婦人》條載：「丈人觀道士寇子隆，獨往瞻謁。至中途，遇村婦數輩自山中擔蘿蔔而出，弛擔牽裳，就道上清泉跣足洗菜」〔註82〕。

種桑的情況在宋代鄉間亦很常見。李若川《蠶婦詞》詩曰：「舍前舍後桑成林，鋤墾不放青草侵。東風滿條新葉大，村家愛此輕黃金。」〔註83〕有的人家還將桑葉出售獲利，如釋文珦《蠶婦歎》詩曰：「吳儂三月春盡時，蠶已三眠蠶正饑。家貧無錢買桑喂，奈何饑蠶不生絲」〔註84〕。

在宋代，植茶既可以折稅，也可以出售獲利，這在南方地區較為常見。

〔註78〕陳藻：《樂軒集》卷一《漁溪西軒》，商務印書館，2005年，第96頁。
〔註79〕穆修：《穆參軍集》卷一《秋浦會遇並序》，商務印書館，2005年，第209頁。
〔註80〕李復：《潏水集》卷十《郊居》，商務印書館，2005年，第578頁。
〔註81〕晁補之：《雞肋集》卷八《豆葉黃》，商務印書館，2005年，第772頁。
〔註82〕洪邁：《夷堅丙志》卷四《麻姑洞婦人》，中華書局，1981年，第391頁。
〔註83〕陳思：《兩宋名賢小集》卷二百三十七李若川《蠶婦詞》，線裝書局，2004年，第600頁。
〔註84〕釋文珦：《潛山集》卷五《蠶婦歎》，商務印書館，2005年，第406頁。

一些地方還出現了茶樹排擠水稻的現象，這以四川地區最為嚴重，「蜀之茶園，皆民兩稅地，不殖五穀，唯宜種茶……民賣茶資衣食，與農夫業田無異。」〔註85〕宋代植茶既可折稅也能出售獲利，因而南方農戶爭相仿傚。鄂州崇陽縣「民不務耕，唯以植茶為業」〔註86〕。陸游在四川時，就曾遇上賣菜、茶的婦女，陸游《入蜀記》卷六載：「晚次黃牛廟，山復高峻。村人來賣茶、菜者甚眾。其中有婦人，皆以青斑布帕首，然頗白皙，語音亦頗正。茶則皆如柴枝草葉，苦不可入口。」〔註87〕這裡的村茶質量較為粗糙，不可入口，應是民戶自種茶樹，採摘茶葉曬乾來售賣的。方回也有詩曰：「大婦銀釵小綠裙，採茶洗菜踏溪雲」〔註88〕。

在宋代，花卉的種植成為農業生產中相對獨立的一支，如趙蕃《見負梅趨都城者甚夥作賣花行》詩曰：「昔人種田不種花，有花只數西湖家。只今西湖屬官去，賣花乃亦遍戶戶。種田年年水旱傷，種花歲歲天時禳。安得家家棄糴米，塵甑炊香勝旃旎。」〔註89〕詩人見都城中賣梅花者甚多，故有感而發。在揚州，「種花之家園舍相望。……四方之人齎攜金幣來市以歸者多矣」。〔註90〕城市中多賣花女，孫惟信即提到：「禪寂之所，有賣花聲，出廊廡間，清婉動耳」〔註91〕。

可見，宋代出現了一些經濟作物種植專業戶，如茶戶、花戶等。這些種植戶的婦女也參與到經濟作物的種植中，為家庭經濟作出了一定的貢獻。

〔註85〕（元）脫脫等：《宋史》卷一百八十四《食貨下六》，中華書局，1985年，第4498頁。

〔註86〕（清）吳襄：《子史精華》卷一百四十《動植部六》，北京古籍出版社，1991年，第1609頁。

〔註87〕陸游：《入蜀記》卷六，錢仲聯主編《陸游全集校注》，浙江出版聯合集團，2012年，第11冊，第134頁。

〔註88〕方回：《桐江續集》卷三《雖然吟五首並序》，商務印書館，2005年，第551頁。

〔註89〕趙蕃：《淳熙稿》卷六《見負梅趨都城者甚夥作賣花行》，北京出版社，2011年，第182頁。

〔註90〕孔武仲：《三孔先生清江文集》卷十八《揚州芍藥譜（並序）》，線裝書局，2004年，第218頁。

〔註91〕（清）厲鶚：《宋詩紀事》卷五十八孫惟信《禪寂之所有賣花聲出廊廡間清婉動耳》，上海古籍出版社，1983年，第1467頁。

二、畜牧業

1、家禽飼養

畜牧業是一門古老的產業，在我國起源很早，原始社會氏族公社時期的人們已經開始了對豬、狗、牛、羊、雞等動物的馴養，劉敞《養雞》詩曰：「雞豚自古昔，豢養隨世俗」〔註 92〕。

宋代是我國古代畜牧業發展的一個重要階段，民間不論是大牲畜馬、牛、驢、駝，還是小牲畜豬、羊、犬，乃至家禽雞、鴨、鵝的飼養，都呈現出繁榮景象。由於氣候和地理環境的影響，諸如馬、驢、駱駝、羊的飼養，北方遠比南方發達。而牛、豬、雞、鴨、鵝等，南方又比北方興盛。

在農家糧食收成之後，有米糠、稻穀及遺留在田中的穗粒可作牲畜飼料。而且飼養家禽不僅可提供肉源，還可爲祭祀提供了大量祭品。李彭《農家三首·其三》詩曰：「牛羊腯以肥，鴨雞大且碩。里正少經過，誰能事烹擊。年豐大作社，婦姑得紡績。」〔註 93〕呂本中在江西白沙縣（今江西峽江南）時，看到「江上往來祀神者殺豬、羊、鵝、鴨，日夕相屬」〔註 94〕。豢養家畜、家禽還可爲農家增加經濟收入，這在宋代鄉村農家中非常普遍。除了耕牛爲農作所必需外，豬、羊、雞、鴨、鵝也多有飼養。

在宋代鄉間，家禽的飼養已較爲常見，其中婦女在家禽飼養中扮演重要角色。在家禽飼養中，雞的飼養是最常見的。釋文珦詩曰：「老婦自安雞柵，小兒解守魚罾。」〔註 95〕韓淲詩曰：「雞飛田婦呼，牛走牧兒逐」〔註 96〕。

鴨、鵝的飼養在宋代也很常見。在一些地區，農戶還可利用當地的湖泊、陂塘飼養鵝、鴨。如福建南安縣，不少家庭主婦就在其家後面，設「污池廣尋丈，以散鵝、鴨。」〔註 97〕楊萬里《插秧歌》詩曰：「喚渠朝餐歇半霎，低頭折腰只不答。秧根未牢蒔未匝，照管鵝兒與雛鴨。」〔註 98〕農夫囑咐妻子照管好家中飼養的鵝、鴨，不讓它們到田裏來搗亂。

〔註 92〕劉敞：《公是集》卷十《養雞》，線裝書局，2004 年，第 425 頁。

〔註 93〕李彭：《日涉園集》卷一《農家三首》，線裝書局，2004 年，第 10 頁。

〔註 94〕呂本中：《東萊詩集》卷五《往歲在白沙見江上往來祠神者殺豬羊鵝鴨日夕相屬也有感於心後至濟陰因成長韻》，商務印書館，2005 年，第 814 頁。

〔註 95〕（明）解縉等：《永樂大典》卷三五七九釋文珦《水村即事》，楊家駱主編，臺北世界書局，1977 年，第 28 冊。

〔註 96〕韓淲：《澗泉集》卷二《雨乍霽散步村野山谷間》，線裝書局，2004 年，第 316 頁。

〔註 97〕佚名：《東南紀聞》卷三，河北教育出版社，1994 年，第 267 頁。

〔註 98〕楊萬里：《誠齋集》卷十三《插秧歌》，線裝書局，2004 年，第 123 頁。

2、牲畜飼養

像牛、馬這類大牲畜，由於力大難制，多由男子飼養。而像羊、驢、豬等牲畜的飼養，即有婦女的參與。陸游詩曰：「原上老翁眠犢背，籬根小婦牧羊群。」〔註99〕蔡絛《鐵圍山叢談》卷六載：「嶺右頃俗淳物賤，吾以靖康歲丙午遷博白時，虎未始傷人，村落間獨竊人家羊豕，雖婦人小兒見則呼而逐之，必委置而走。」可見，婦女參與了羊、豬等動物的飼養和管理。

豬的飼養在宋代很普遍。如談鑰嘉泰《吳興志》卷二十《物產志》引舊編：「田家多豢豕，皆置欄圈，未嘗放牧，樂歲尤多。搗米有杜糠因為食，歲時烹用，供祭祀、賓客，糞又宜桑。」可見，農家養豬的好處極多，在鄉間養豬的情況極為常見。豬大多是圈養，易於管理，其食物也易於得到。豬肉既可以食用，又可以作為祭祀的主要供品，豬糞還可以作肥料之用。可見，養豬的益處非常多。宋人養豬的情況，在史籍中多有記載。韓淲《喜雨》詩曰：「農家起舞田有年，競養雞豚作秋社。」〔註100〕在《夷堅志》中，對民婦養豬之事多有記載。如常州無錫縣村民陳承信「其母平生尤好養豕。」〔註101〕還有姜七之祖婆，「專養母豬，多育豚子，貿易與人」〔註102〕。

三、漁業

在宋代，漁業勞作中也是不乏民婦的身影，在江南魚水之鄉更是如此。在漁業捕撈中，多是夫妻互相協助。如《夷堅志》中《嘉州江中鏡》條載：「嘉州漁人黃甲者，世世以捕魚為業，家於江上。每日與其妻子棹小舟，往來數里間，網罟所得，僅足以給食」〔註103〕。

在宋代詩作中，對漁婦的描寫也較為豐富。李新《辛苦行》詩曰：「君採北山薪，妾捕西溪魚。」〔註104〕陸游詩曰：「傍籬鄰婦收魚筍，叩戶村醫送藥方。」〔註105〕趙鼎詩曰：「收罾漁浦青裙女，出米商船白紵郎。」〔註106〕范

〔註99〕陸游：《劍南詩稿》卷二十三《以事至城南書觸目》，錢仲聯主編《陸游全集校注》，浙江出版聯合集團，2012年，第3冊，第417頁。

〔註100〕韓淲：《澗泉集》卷十六《喜雨》，線裝書局，2004年，第513頁。

〔註101〕洪邁：《夷堅甲志》卷七《陳承信母》，中華書局，1981年，第56頁。

〔註102〕洪邁：《夷堅三志》己卷二《姜七家豬》，中華書局，1981年，第1313頁。

〔註103〕洪邁：《夷堅支志》戊卷九《嘉州江中鏡》，中華書局，1981年，第1124頁。

〔註104〕李新：《跨鼇集》卷二《辛苦行》，商務印書館，2005年，第663頁。

〔註105〕陸游：《劍南詩稿》卷六十六《初夏幽居》，錢仲聯主編《陸游全集校注》，浙江出版聯合集團，2012，第6冊，第143頁。

成大《（紹定）吳郡志》卷四十四載：「咸平元年夏四月，崑山縣有漁婦李氏張，河上得一白龜」。

宋代民婦主要參與的是內陸捕撈，捕撈地點以溪流、江河、池塘、湖泊等為主。在出海捕撈中，極少見到有民婦參與的情況。

四、採集業

採集業是以採集自然野生植物資源為經濟來源的生產活動，是副業的重要內容。在宋代採集業中，參與者以民婦為主。

在宋代，民婦採集的物品主要有以下幾類。

第一、食物類，如野菜、橡實、葛、筍等為主。野菜為民婦採集最常見的物品，程公許詩曰：「穉女春間繞舍嬉，手挑野菜滿籃歸。」〔註107〕趙蕃《淳熙稿》卷八《安福界上，遠山之巔，樵者頗眾，而山色如墨，蓋燒餘也。路逢村婦攜籃者數輩，問之。云，採野菜去》詩曰：「有婦能供餉，攜籃更採芹。」歐陽修就曾指出：農民「一歲之耕，供公僅足，而民食不過數月。甚者場功甫畢，簸糠麩而食秕稗，或採橡實，蓄菜根以延冬春。」〔註108〕如遇收成不好的年份，農民採野菜而食的情況並不少見。

第二、日用消費類，如薪柴、水等。在宋代，居民生火煮食主要用的是薪柴。另外，冬天取暖也主要靠燃薪。張耒詩曰：「山頭九月雪一尺，山民燃薪當襦袴。」〔註109〕可見，薪柴在宋人生活中的重要地位，消費量極大。

上山伐柴賣薪，還是宋代農戶取得額外收入的一種途徑。早在唐代，杜甫就曾專門寫詩作《負薪行》，慨歎峽江女子「十猶八九負薪歸，賣薪得錢應供給」。〔註110〕民婦賣薪的情況在宋代史籍中亦多有記載。陸游《書驛壁》詩曰：「女兒薄命天不借，青燈獨宿江邊舍。黎明賣薪勿悲吒，女生豈有終不嫁？」〔註111〕陸游的另一首詩也提到了民婦賣薪：「沙上人爭渡，街頭婦賣薪」〔註112〕。

〔註106〕趙鼎：《忠正德文集》卷六《宿宣化鎮僧寺》，商務印書館，2005年，第237頁。
〔註107〕程公許：《滄洲塵缶編》卷八《崇女擷菜煮羹》，商務印書館，2005年，第284頁。
〔註108〕歐陽修撰、李之亮箋注：《歐陽修集編年箋注》卷五十九《原弊》，巴蜀書社，2007年，第4冊，第62頁。
〔註109〕張耒：《張右史文集》卷十九《秋風》，上海商務印書館，1936年，第159頁。
〔註110〕（唐）杜甫：《杜詩鏡銓》卷十二《負薪行》，中華書局，1962年，第601頁。
〔註111〕陸游：《劍南詩稿》卷二《書驛壁》，錢仲聯主編《陸游全集校注》，浙江出版聯合集團，2012年，第1冊，第160頁。
〔註112〕陸游：《劍南詩稿》卷六十《野人舍小飲》，錢仲聯主編《陸游全集校注》，浙江出版聯合集團，2012年，第6冊，第400頁。

　　宋代民婦上山採薪負薪的情況並不罕見。如宋代一姓彭的農家女兒，「從父泰入山伐薪」〔註113〕。眞山民《山人家》詩曰：「拾薪澗底青裙婦，倚杖簷間白髮翁。」〔註114〕劉克莊《田家》詩曰：「穉子呼牛女拾薪，萊妻自膾小溪鱗。」〔註115〕江西婦人因採薪負重，爲便於操作，「衣服之上，以帛爲帶，交結胸前後」〔註116〕。

　　在四川地區，婦女伐薪、負薪、賣薪的情況最爲普遍。蘇轍即有詩作對四川民婦負薪汲水的情況有所描述，嘉祐四年（1019）冬，蘇轍南行途中，路過忠州（今四川忠縣）時，目睹民婦汲水採薪的艱辛勞作，感慨萬分，賦有詩作《竹枝歌》曰：「俚人風俗非中原，處子不嫁如等閒。雙鬟垂頂髮已白，負水採薪長苦艱。上山採薪多荊棘，負水入溪波浪黑。天寒斫木手如龜，水重還家足無力。」〔註117〕即使是天寒地凍的冬天，她們還承擔著繁重的勞動，或上山採薪，雙手龜裂，或入溪負水，兩足無力，但卻過著飢寒交迫的生活。有的婦女還汲水去賣，以補貼家用。如劉黻詩曰：「貧婦守蓬藋，顑頷無顏姿。挈瓶養公姑，肯涉山徑蹊。」〔註118〕徐積詩曰：「汲水賣來樵舍婦，採芝攜去竹溪僧」〔註119〕。陸游《入蜀記》卷一載：「大抵峽中負物率著背，又多婦人。不獨水，也有婦人負酒賣，亦如負水狀」。

　　宋代民婦的採薪、採水行爲不僅爲家庭提供了必需品，還可以爲家庭補貼家用。而上山伐薪、負薪歸家或到市場售賣的過程，都屬於繁重的體力活。而這些重體力勞作也多有民婦的付出。

　　宋代民婦還參與到採香、採蓮、採菱的活動中。如賀鑄詩曰：「芳洲採香女，薄暮漾歸舟。」〔註120〕陸游《採蓮曲》詩曰：「採蓮吳姝巧笑倩，小舟點破煙波面。」〔註121〕晏殊《漁家傲》詞曰：「越女採蓮江北岸，輕橈短棹隨風

〔註113〕（元）脫脫等：《宋史》卷四百六十《列女傳》，中華書局，1985年，第13478頁。

〔註114〕眞山民：《眞山民詩集》卷三《山人家》，北京出版社，2011年，第226頁。

〔註115〕劉克莊：《後村先生大全集》卷一《田舍》，線裝書局，2004年，第696頁。

〔註116〕范致明：《岳陽風土記》，中華書局，1991年，第30頁。

〔註117〕蘇轍：《欒城集》卷一《竹枝歌》，上海古籍出版社，1987年，第6頁。

〔註118〕劉黻：《蒙川遺稿》卷一《古興和饒雲峰韻》，商務印書館，2005年，第217頁。

〔註119〕徐積：《節孝集》卷二十二《宿山館十首》，商務印書館，2005年，第298頁。

〔註120〕賀鑄：《慶湖遺老詩集》卷四《和潘豳老漢上屬目》，線裝書局，2004年，第40頁。

〔註121〕陸游：《劍南詩稿》卷二十九《採蓮曲》，錢仲聯主編《陸游全集校注》，浙江出版聯合集團，2012年，第4冊，第161頁。

便。」〔註122〕范成大詩曰：「採菱辛苦廢犁鋤，血指流丹鬼質枯。」〔註123〕描寫的是採菱的場景，採菱的農民手指頭留著丹紅的血，非常辛苦。李流謙詩曰：「販鹽賈客夜吹笛，賣菱女兒朝刺船」〔註124〕，描寫了賣菱女子的情形。

民婦在採集過程中常常是冒著極大的危險，她們為家庭生計付出了貢獻。趙文《越婦采葛苦》詩曰：「采采山上葛，攀藤步岩幽。上山逢虎狼，下山逢獼猴。」〔註125〕描繪了吳越地區民婦上山攀岩采葛的艱辛，同時還要面臨遭遇虎狼的危險。可見，采葛的過程還常常伴隨著不可預知的巨大危險。《夷堅志》中《師姑山虎》條載：「紹熙四年春，古田縣師姑山有村婦採筍，為虎搏去。」〔註126〕在嶺南地區，還有蜑民冒著生命危險潛入深海採集水產。如趙汝回詩曰：「山嫗採蕉蜑採蠔，羽檄不警徭賦蠲。」〔註127〕可見，民婦在採集過程中常常是冒著極大的危險，她們為家庭生計付出了一定的貢獻。

第二節　手工業

一、紡織業

在古代社會，「耕織結合」是傳統農村家庭的基本組織形式，陳旉《農書》指出：「農事傷，則饑之本也。女工害，則寒之原也。一夫不耕，天下有受其饑者。一婦不蠶，天下有受其寒者」〔註128〕。「男耕女織」是古代人們日常生活的衣食之本，也是國家財政收入的主要來源。宋代租稅分為「穀、帛、金鐵、物產」四類，其中「布帛絲綿之品十：一曰羅，二曰綾，三曰絹，四曰紗，五曰絁，六曰紬，七曰雜折，八曰絲線，九曰綿，十曰布」。太宗至道末，

〔註122〕晏殊、晏幾道撰，張草紉箋注：《二晏詞箋注》，上海古籍出版社，2008年，第123頁。

〔註123〕范成大：《范石湖集》卷二十七《四時田園雜興》，上海古籍出版社，2010年，第372頁。

〔註124〕李流謙：《澹齋集》卷八《舟中》，線裝書局，2004年，第367頁。

〔註125〕趙文：《青山集》卷七《越婦采葛苦》，上海商務印書館，1934～1935年。

〔註126〕洪邁：《夷堅支志》戊卷一《師姑山虎》，中華書局，1981年，第1056頁。

〔註127〕陳起：《江湖後集》卷七趙汝回《送盧五方春分教端州》，商務印書館，2005年，第29頁。

〔註128〕陳旉：《陳旉農書》卷上《稽功之宜篇第十》，廣陵書社，2007年，第179頁。

官府歲收「絹一百六十二萬餘匹，紬、絁二十七萬三千餘匹，絲線一百四十一萬餘兩，綿五百一十七萬餘兩」〔註129〕。

　　宋代上層社會對布帛需求量非常巨大，據《宋史·食貨志》記載：「東京榷貨務歲入中平羅、小綾各萬匹，以供服用及歲時賜與。諸州折科、和市，皆無常數，唯內庫所須，則有司下其數供足。」〔註130〕其實宋代上層社會對於布匹的需求還遠不止此一端，除了皇室、貴族大量用於生活、宴樂和賞賜外，宋廷每年還要供給軍隊所需，並向遼、西夏輸入大量的歲幣，這其中就包含了數量甚巨的絹帛。王安石《河北民》詩曰：「家家養子學耕織，輸與官家事夷狄。」〔註131〕這些布帛之征的承擔者無疑是廣大的民間婦女。宋代有「蠶女勤苦，罔畏饑渴，急採疾食，如避盜賊，繭簿山立，繰車之聲，連甍相聞」的記載〔註132〕，可見，農家婦女在紡織業方面的勞動力投入是很大的。

　　除了向官府交納布、帛、絹、綾等，承擔家庭向國家繳納的部分賦稅外，民婦的紡織成果還可以為自己及家人提供衣物。更重要的是，一些產品還可以進入商品流通領域，為家庭增加收入。由於農家在農忙時節所付出的大量勞力，有相當多的部分實際上是沒有報酬的，而在償還債務、繳納租課或賦稅之後，已經所剩無幾，甚至透支，「農家不是不勤，入多便無飯吃。」〔註133〕因此，兼營副業便成為增加收入的重要途徑，農家最普遍從事的副業便是紡織業，許多民婦都捲入到以紡織助耕作不足的社會大流中。

　　在田地稀少的地區，紡織業的重要性更是突出顯現。從閩浙到江南、四川，人口分佈愈來愈稠密，當時生產力條件下可開發利用的土地資源呈現出日漸匱乏之勢。在福建地區，「所居之地，家戶聯密，有欲耕而無尺土之地。」〔註134〕南宋末年，浙人黃震稱「浙間無寸土不耕」。〔註135〕臺灣學者梁庚堯

〔註129〕李燾：《續資治通鑑長編》卷四十二，太宗至道三年十二月戊午條，中華書局，2004年，第902頁。

〔註130〕（元）脫脫等：《宋史》卷一百七十五《食貨上三》，中華書局，1985年，第4231頁。

〔註131〕王安石：《王荊公詩注》卷二十一《河北民》，上海古籍出版社，2010年，第239頁。

〔註132〕李覯：《直講李先生文集》卷十六《富國策第三》，線裝書局，2004年，第105頁。

〔註133〕陳著：《本堂集》卷五二《嵊縣勸農文》，商務印書館，2005年，第90頁。

〔註134〕蔡襄：《莆陽居士蔡公文集》卷十九《上王殿院書》，書目文獻出版社，1998年，第162頁。

〔註135〕黃震：《黃氏日鈔》卷七十九《公移》，商務印書館，2005年，第556頁。

先生亦認爲：「到南宋中期，閩、浙地區耕地的增加已達到極限」。〔註136〕自耕農的家庭經濟構成中，土地佔有量越少，意味著家庭紡織業在所有經濟收入中所佔的比例越大。因此，「女織」對於家庭生活的意義就越重要。吳可詩曰：「鑿井耕田僅萬家，農夫農婦畢絲麻。」〔註137〕林焞《題太嶽院壁》詩曰：「他時蠶麥倍豐成，羅列甕盎鳴機杼。」〔註138〕可見，宋人已經將蠶桑紡織與糧食收成看得同等重要。因此，宋時的幾乎所有農書都教授種桑養蠶之法。陳旉曾經爲湖州安吉（今浙江湖州）的桑蠶專業戶算了一筆賬，他指出：「湖中安吉人皆能之，彼中人唯藉蠶辦生事，十口之家，養蠶十箔，每箔得繭一十二斤，每一斤取絲一兩三分。每五兩絲織小絹一匹。每一匹絹易米一碩四斗，絹與米價常相侔也，以此歲計衣食之給，極有準的也」。顯而易見，桑田的經濟收益是糧田的數倍。種植桑田進行家庭紡織還可「以一月之勞，賢於終歲勤動，且無旱乾水溢之苦，豈不優裕也哉？」〔註139〕因此，缺少男勞力或是土地佔有量少的家庭更要依靠紡織業。

因爲家庭紡織工具簡便，勞動強度相對較低，且生產過程可零碎化，特別適合婦女邊照顧孩子邊從事生產。因此「織」就成爲農婦的專門化工作。秦觀《蠶書》序中提到：「予遊濟、河之間，見蠶者豫事時作，一婦不蠶，比屋詈之」。可見，不會紡絲織絹，不會績麻織布，就被人認爲是懶惰無能之婦。

婦女紡織勞作與其生活還有著極爲密切的關係。可以說，紡織收入是宋代民婦的重要經濟來源。南宋初，「金壇市（今屬江蘇）東南隅無井，夏多道喝者，市人薛氏之母閔焉。病且死，屬成曰：『自汝先人在時，吾業紡織以禦寒暑，斥其餘以補朝晡之闕。逮汝成立，克供厥事，吾紡織不廢，而無所用其餘，積於今盈若干，吾欲經始井事，而病日侵，且計所用甫什之一，用弗慊於心。汝卒成之，吾死猶不死也』。」〔註140〕薛母捐資爲本鄉打井，費用出自平生紡織所蓄，可見這是一筆屬於她個人的私財。南宋中期，有王氏「懼身沒之後，墳墓不保。乃傾平生蠶縹紡織之贏，建庵以居守者，又買田六十

〔註136〕梁庚堯：《南宋的農村經濟》，新星出版社，2006 年，第 73 頁。

〔註137〕吳可：《藏海居士集》卷下《村居》，商務印書館，2005 年，第 510 頁。

〔註138〕（清）陸心源：《宋詩紀事補遺》卷六十二林焞《題太嶽院壁》，上海古籍出版社，2002 年，第 268 頁。

〔註139〕陳旉：《陳旉農書》卷下《種桑之法篇第一》，廣陵書社，2007 年，第 187 頁。

〔註140〕劉宰：《漫塘文集》卷二十《果泉亭記》，線裝書局，2004 年，第 348 頁。

畝以贍之。」〔註141〕從以上兩例可見，婦女紡織所得除補貼家用外，還可以成爲私財，由本人支配。

作爲準備出嫁的少女，紡紗織布還可以準備嫁妝之用。宋伯仁《村姑二首・其二》詩曰：「底事蹉跎二八年，嫁時裝著未周旋。年年織得新絲絹，又被家翁作稅錢。」〔註142〕釋文珦詩曰：「姑年二十無嫁衣，官中催稅聲如虎。」〔註143〕陳普《蠶婦辭》詩曰：「今年養蠶嫁小姑，催妝要作紅羅襦」〔註144〕。

在丈夫離家謀生時，紡織更成爲婦女謀生的重要手段。文瑩《玉壺清話》卷五載：一個叫周渭的人外出近三十年未回家，也沒有音訊，家裏很窮。他的妻子莫荃苦苦支撐家庭生計，「歲事蠶績，得絲則機而杼軸，勤儉自營，生計漸盛。」莫氏以紡織爲業，不僅使原來貧窮的家計漸盛，還爲夫家創下了豐裕的家業。再如兗州民家一位叫賀織女的民婦，丈夫常年外出謀生，「不以一錢濟家」，全靠賀織女的雙手織作來養活一家老小〔註145〕。

夫死子幼、無依無靠的寡婦更是以紡織爲生。如畢從古妻陳氏，在夫死後，「躬自紡績以自給，又教其子以經史文章法書，及近代名臣善言懿行，以資其學。」〔註146〕陳耆卿曾回憶母親姚氏說：「吾家世儒，薄生理。母歸，田無三十畝，老屋數間，不任風雨，吾母一力經紀之。左手嬰孩，右手續織，下至米鹽麤密之事，亦牽頓忘食。蓋吾先人性耽書，口不道家有無，其所以至今僅給，則實惟母力，姻黨盡能言之也。」〔註147〕由此可見，紡織收入對民婦生活有著極爲密切的關係。

在宋代，紡織業在鄉村、城鎮都很興盛。鄉村家庭的主要經濟來源於農耕，婦女所從事的紡織只是副業之一，爲家庭生活消費的一種補充手段。鄉村婦女的紡織勞作多是個體單戶進行，紡織設備比較簡陋。而城鎮婦女的紡

〔註141〕劉宰：《漫塘文集》卷二十三《莊氏贍墳田記》，線裝書局，2004 年，第 393 頁。

〔註142〕陳思：《江湖小集》卷七十二宋伯仁《雪岩吟草》，商務印書館，2005 年，第 740 頁。

〔註143〕釋文珦：《潛山集》卷五《蠶婦歎》，商務印書館，2005 年，第 406 頁。

〔註144〕陳普：《石堂先生遺集》卷十五《蠶婦辭》，書目文獻出版社，1998 年，第 758 頁。

〔註145〕李昉：《太平廣記》卷二百七十一《婦女二・賀氏》，中華書局，1981 年，第 2131 頁。

〔註146〕蘇頌：《蘇魏公文集》卷六十二《壽昌太君陳氏墓誌銘》，線裝書局，2004 年，第 714 頁。

〔註147〕陳耆卿：《篔窗集》卷八《祭先姚文》，商務印書館，2005 年，第 626 頁。

織直接與市場緊密聯繫，她們的紡織成品主要都是爲了投放市場，通過市場交易而成爲家庭經濟的主要來源。城鎮婦女的紡織大多具有一定的組織形式，是一種專業性很強的商品生產，因而有條件使用各類先進的紡織工具和技術，質量也不斷提高。

在宋代，紡織業主要分爲絲織業、麻織業和棉織業。

1、絲織業

在宋代紡織業中，絲織業佔有舉足輕重的地位。絲織業的原料以蠶絲爲主，陳旉《農書》用了大幅篇章詳述種桑之法。先是選枝培苗，然後移植栽種。其後要多次施肥澆水，用心管理。接下來就是養蠶，在養蠶過程中，使用人力最多的莫過於蠶生長階段喂食桑葉的過程。既需要每天到桑地去採摘新鮮桑葉，晾乾露水方能喂食，又要細心觀察蠶的生長期和生長狀態，根據其不同的生長期和生長狀態來決定投喂桑葉的時間和數量。蠶婦一直悉心照料蠶蟲到其結繭成絲，完成一個農事周期。

宋代詩作中，對婦女採桑的情況有相當豐富的記載。如李正民詩曰：「正是春晴蠶月好，家家織婦採柔桑。」〔註148〕陸游詩曰：「老農愛犢行泥緩，幼婦憂蠶採葉忙。」〔註149〕民婦多是背著小筐去採桑。陸游詩曰：「採桑蠶婦念蠶饑，陌上匆匆負籠歸。」〔註150〕汪元量《蠶市》詩曰：「成都美女白如霜，結伴攜筐去採桑。」〔註151〕有時候桑樹下的桑葉被採完，還要用到梯子採更高的桑葉。何應龍《吳蠶》詩曰：「溪西有葉高難採，遙見青裙上竹梯。」〔註152〕陳普《蠶婦辭》詩曰：「踏踏登竹梯，山煙鎖春樹」〔註153〕。

桑葉採回來後，還要陰乾才能喂食蠶蟲。如果遇上雨季，則不利於陰乾桑葉。張耒詩曰：「雨多蕭蕭蠶簇寒，蠶婦低眉憂繭單」。〔註154〕滕岑詩

〔註148〕李正民：《大隱集》卷十《餘杭泛舟》，線裝書局，2004年，第185頁。
〔註149〕陸游：《劍南詩稿》卷七十《春晚即事》，錢仲聯主編《陸游全集校注》，浙江出版聯合集團，2012年，第7冊，第281頁。
〔註150〕陸游：《劍南詩稿》卷六十六《農桑四首》，錢仲聯主編《陸游全集校注》，浙江出版聯合集團，2012年，第6冊，第115頁。
〔註151〕（明）佚名：《詩淵》，書目文獻出版社，1984年，第3冊，第2268頁。
〔註152〕陳起：《江湖小集》卷二十五何應龍《吳蠶》，商務印書館，2005年，第628頁。
〔註153〕陳普：《石堂先生遺集》卷十五《蠶婦辭》，書目文獻出版社，1998年，第758頁。
〔註154〕張耒：《張右史文集》卷十二《有感三首》，上海商務印書館，1936年，第103頁。

曰：「蠶婦正望晴，耕夫又須雨。蠶既惡濕葉，牛惟便潤土」〔註155〕。

　　育蠶的過程亦絲毫不輕鬆，當蠶蟲尚幼時，還要把桑葉切成條縷來餵養，這部分工作多由蠶婦來完成。孫銳詩曰：「掃下烏兒毛樣細，滿箱桑葉窨青柔。」〔註156〕汪藻《蠶婦行》詩曰：「平明採葉晞露痕，隨刀翠縷如絲勻。」〔註157〕舒邦佐《蠶婦歎》詩曰：「曉切葉縷細且長，夜夢繭簇白間黃。」〔註158〕錢時《蠶婦歎》詩曰：「蠶婦拂蠶葉如縷，愛之何啻珠玉比」〔註159〕。

　　養蠶時節勞作十分緊張，人們一般是不在此時相互串門的，即「蠶忌」習俗。葉紹翁詩曰：「田因水壞秧重插，家為蠶忙戶緊關。」〔註160〕趙汝鐩《耕織歎》詩曰：「晝飼夜喂時分盤，扃門謝客謹俗忌。」〔註161〕項安世《建平縣道中》詩曰：「村村煮酒開官坊，家家禁忌障蠶房」〔註162〕。

　　照顧桑蠶的工作細緻繁瑣，要及時更換新鮮桑葉和清理蠶沙，以保證幼蠶的健康成長，蠶婦連夜間也得不到休息。李若川《蠶婦詞》詩曰：「看蠶新婦夜不眠，蠶老登山滿家喜。」〔註163〕錢時《蠶婦歎》詩曰：「呼奴勤向帳前看，夜臥靡寧三四起。」〔註164〕《夷堅志》中《餘干譚家蠶》條載：「餘干潤陂民譚曾二家，每歲育蠶百箔，紹熙元年四月，其妻夜起喂葉」〔註165〕。

　　蠶繭結成後，蠶婦要將蠶繭從簇上摘下來，楊備《蠶室》詩曰：「摘繭抽絲女在機，茅簷葦箔舊堂扉。」〔註166〕接下來便是煮繭繰絲等工序，從蠶繭

〔註155〕（明）解縉等：《永樂大典》卷八百九十九滕岑《三月十二日晚雨因取淵明詩微雨洗高林清飈矯雲翮之句定韻賦十詩翌日雨未已任坦師來相招時方賦六首暮雨暗還舍遂足十韻》，楊家駱主編，臺北世界書局，1977年，第8冊。
〔註156〕陳起：《江湖小集》卷四十二孫銳《蠶婦吟》，商務印書館，2005年，第670頁。
〔註157〕傅璇琮等主編：《全宋詩》卷一千四百三十七汪藻《蠶婦行》，北京大學出版社，1998年，第25冊，第16560頁。
〔註158〕舒邦佐：《雙峰先生存稿》卷六《蠶婦歎》，線裝書局，2004年，第759頁。
〔註159〕錢時：《蜀阜存稿》卷二《蠶婦歎》，線裝書局，2004年，第692頁。
〔註160〕陳思：《兩宋名賢小集》卷二百六十葉紹翁《田家三詠》，線裝書局，2004年，第759頁。
〔註161〕趙汝鐩：《野谷詩稿》卷一《耕織歎》，北京出版社，2011年，第372頁。
〔註162〕項安世：《平庵悔稿·建平縣道中》，線裝書局，2004年，第9頁。
〔註163〕陳思：《兩宋名賢小集》卷二百三十七李若川《蠶婦詞》，線裝書局，2004年，第600頁。
〔註164〕錢時：《蜀阜存稿》卷二《蠶婦歎》，線裝書局，2004年，第692頁。
〔註165〕洪邁：《夷堅支志》丁卷七《餘干譚家蠶》，中華書局，1981年，第1023頁。
〔註166〕陳思：《兩宋名賢小集》卷三百六十一楊備《蠶室》，線裝書局，2004年，第640頁。

中抽取蠶絲的過程稱爲「繰絲」。范成大《繰絲行》詩曰：「姑婦相呼有忙事，舍後煮繭門前香。」〔註167〕當時繰絲通常採用水煮的方式，隨著水汽的蒸發，會散發出特殊的氣味。釋文珦《村行即事》詩曰：「少婦乘時方煮繭，老翁擇日又移秧。」〔註168〕徐集孫詩曰：「小婦跣雨採桑歸，大姑煮雪抽絲繹。」〔註169〕邱葵詩曰：「溪童釣艇分魚鬧，蠶婦山爐煮繭香」〔註170〕。

若干根繭絲從蠶繭中抽出成爲生絲後，接下來便是絡絲。所謂絡絲，即繞在繰絲車絲軖上的絲呈絞狀，在加工前首先要把它轉繞到絲筒上，才便於加工成經線和緯線。陸游詩曰：「丁壯趁晴收早粟，比鄰結伴絡新絲」。〔註171〕蘇軾《浣溪沙·徐門石潭謝雨道上作》詞曰：「麻葉層層檾葉光，誰家煮繭一村香。隔籬嬌語絡絲娘，垂白杖藜擡醉眼，捋青搗麨軟饑腸。」〔註172〕薛季宣詩曰：「蠶姑力作，繰絲一百箔。五月罷蠶繅，炎天勤織絡」〔註173〕。

絡絲完畢後，接下來就可以紡織了。司馬光指出：「蠶婦治蠶、績麻、紡緯，縷縷而積之，寸寸而成之，其勤極矣。」〔註174〕在宋代史籍中，對紡織婦女辛勤勞作的情況多有記載。文同《織婦怨》詩曰：「擲梭兩肘倦，踏蔍雙足跰。三日不住織，一匹才可剸。織處畏風日，剪時謹刀尺。皆言邊幅好，自愛經緯密。」〔註175〕比較詳細地描述了婦女紡織過程的艱辛勞作。陳允平用詢問一位熟練女織工的勞動做一首詩的結尾，女子答道：「七日收得繭百斤，十日繰成絲兩束。一絲一線工，織成羅與縠。百人共辛勤，一人衣不足。」〔註176〕孔武仲詩曰：「少婦織新絲，人來不下機。」〔註177〕梅堯臣《織婦》

〔註167〕范成大：《范石湖集》卷三《繰絲行》，上海古籍出版社，2010年，第30頁。
〔註168〕釋文珦：《潛山集》卷十《村行即事》，商務印書館，2005年，第421頁。
〔註169〕陳起：《江湖小集》卷十六徐集孫《促刺詞》，商務印書館，2005年，第601頁。
〔註170〕邱葵：《釣磯詩集》卷三《江鄉》，線裝書局，2004年，第696頁。
〔註171〕陸游：《劍南詩稿》卷七十二《閒遊所至少留得長句》，錢仲聯主編《陸游全集校注》，浙江出版聯合集團，2012年，第7冊，第319頁。
〔註172〕蘇軾：《東坡詞·徐門石潭謝雨道上作》，曾棗莊，舒大剛主編《三蘇全集》，語文出版社，2001年，第10冊，第465頁。
〔註173〕薛季宣：《浪語集》卷十四《九禽言》，商務印書館，2005年，第361頁。
〔註174〕司馬光：《司馬溫公集編年箋注》卷四十八《乞省覽農民封事劄子》，巴蜀書社，2009年，第4冊，第203頁。
〔註175〕文同：《陳眉公先生訂正丹淵集》卷三《織婦怨》，北京圖書館，2011年，第68頁。
〔註176〕陳思：《兩宋名賢小集》卷三百十五陳允平《採桑行》，線裝書局，2004年，第367頁。

詩曰：「織婦手不停，心與日月速。……誰知公侯家，賜帛堆滿屋。」〔註178〕
袁燮《織婦》詩曰：「那知紅女經營苦，軋軋寒機幾萬梭」〔註179〕。

宋代紡織業婦女不但白天要織，更多時候晚上因紡織也得不到休息。宋代史籍中，描寫織婦白天紡織的記載極爲豐富。如陸游詩曰：「白水滿陂秧馬躍，綠陰繞舍緯車鳴。」〔註180〕趙蕃詩曰：「田夫荷笠趨田去，織婦連機競織聲。」〔註181〕劉一止詩曰：「白日繰車急，中宵織婦悲。」〔註182〕因爲白天要從事農耕，照顧老幼，還要日常家務勞作，所以宋代民婦紡織常常是在夜晚，有的甚至要通宵達旦地紡織。梅堯臣《依韻吳沖卿秋蟲》詩曰：「苒苒機上絲，入夜爲鼠傷。織婦中夕起，投梭重徊徨」〔註183〕葉茵《機女歎》詩曰：「機聲咿軋到天明，萬縷千絲織得成」〔註184〕。

宋代紡織婦女辛苦勞作，其絕大部分成果卻爲官府、地主所攫取，自己卻無體面的衣裳可穿。陳普《蠶婦辭》詩曰：「前年養蠶不熟葉，私債未償眉暗蹙。去年養蠶絲已空，打門又被官稅促。今年養蠶嫁小姑，催妝要作紅羅襦。妾身依舊只裙布，寒燈補破聊庇軀。」〔註185〕張九成詩曰：「蕭騷老蠶婦，窈窕深閨女。閨女曳羅裳，老婦勤機杼。夜深燈火微，那復淒寒雨。辛勤貢王宮，棄擲乃如許。一縷不著身，含愁誰敢語。」〔註186〕陳文蔚《窮冬積雪閔織紡婦》詩曰：「衣單寒不禦，鶉結百千縷。輕裘那得知，淒其良自苦。窮冬歲將往，雪片大如掌。憐他昨日織，安知今日紡。嬌癡貴安女，未始識機杼。紈綺厭不華，繒帛何曾數。」〔註187〕陸游詩曰：「蠶女採桑至

〔註177〕孔武仲：《三孔先生清江文集》卷七《關山五首》，線裝書局，2004 年，第 83 頁。
〔註178〕梅堯臣：《宛陵集》卷五十一《織婦》，朱東潤校注《梅堯臣集編年校注》，上海古籍出版社，2006 年，第 423 頁。
〔註179〕袁燮：《絜齋集》卷二十四《織婦》，中華書局，1985 年，第 399 頁。
〔註180〕陸游：《劍南詩稿》卷六十六《出遊》，錢仲聯主編《陸游全集校注》，浙江出版聯合集團，2012 年，第 6 冊，第 119 頁。
〔註181〕趙蕃：《淳熙稿》卷十四《晨雨》，北京出版社，2011 年，第 304 頁。
〔註182〕劉一止：《苕溪集》卷六《綠暗山前路》，線裝書局，2004 年，第 156 頁。
〔註183〕梅堯臣：《宛陵集》卷三十九《依韻吳沖卿秋蟲》，朱東潤校注《梅堯臣集編年校注》，上海古籍出版社，2006 年，第 397 頁。
〔註184〕陳起：《江湖小集》卷四十葉茵《機女歎》，商務印書館，2005 年，第 666 頁。
〔註185〕陳普：《石堂先生遺集》卷十五《蠶婦辭》，書目文獻出版社，1998 年，第 758 頁。
〔註186〕張九成：《橫浦集》卷二《擬古》，商務印書館，2005 年，第 421 頁。
〔註187〕陳文蔚：《克齋集》卷五《窮冬積雪閔織紡婦》，中華書局，1985 年，第 78 頁。

煮繭，何暇膏沐梳髻鬟。繰成蜀錦與楚縠，舞妹纏頭不論束」〔註 188〕。

2、麻織業

在宋代，傳統的紡織業以絲、麻爲主要原料。隨著麻織業的發展，宋代全國形成成都府路、河北東西路、廣南西路、京東路、河東路、荊湖南路等麻織業中心，尤其以成都府路、廣南西路爲麻織業最爲集中的產區。

宋代不少民婦既從事絲織業，又從事麻織業。吳可《村居》詩曰：「鑿井耕田僅萬家，農夫農婦畢絲麻。」〔註 189〕如均州（今湖北丹江口市）「桑麻蔽山，衣食自足」。〔註 190〕陸游詩曰：「兒童牧鵝鴨，婦女治桑麻。」〔註 191〕于石《田家婦》詩曰：「村南村北麥欲枯，桑麻陰陰滿路隅。」〔註 192〕徐元傑《村家》詩曰：「場圃畢工梁月出，傍簷紅女績絲麻。」〔註 193〕南宋慶元年間，江西饒州安仁縣崇德鄉民曹三妻黃氏，「辛苦看蠶緝麻苧，三年艱辛，織得紬絹三十匹，布十五匹」〔註 194〕。

宋時，麻布也是官府租稅的物品之一。官府每年的麻布消費需求量是非常巨大的，《續資治通鑒長編》記載：「天禧末，上供惟錢帛增多，餘以移用頗減舊數。而天下總獲錢二千六百五十三萬餘貫，……布三百五萬七千餘匹。」〔註 195〕政府每年徵收三百多萬匹布，消費需求主要包括皇室享用、賞賜之用。政府對麻布還用於軍隊開支以及官員俸祿等。霍洞《宿田舍》詩曰：「閨中幼婦饑欲泣，忍饑取麻燈下緝。一身勿暇私自憐，鳴機軋軋明窗前。織成五丈如霜布，翁作旋襴兒作袴。明朝官中租賦急，依然赤體當風立」〔註 196〕。可見，織婦的一部分勞動成果是要用於繳納租稅的。

〔註 188〕陸游：《劍南詩稿》卷七十六《禽言》，錢仲聯主編《陸游全集校注》，浙江出版聯合集團，2012 年，第 7 冊，第 465 頁。

〔註 189〕吳可：《藏海居士集》卷下《村居》，商務印書館，2005 年，第 510 頁。

〔註 190〕王象之：《輿地紀勝》卷八十五《鄖鄉縣》，中華書局，1992 年，第 2954 頁。

〔註 191〕陸游：《劍南詩稿》卷二十二《泛湖至東涇》，錢仲聯主編《陸游全集校注》，浙江出版聯合集團，2012 年，第 3 冊，第 388 頁。

〔註 192〕于石：《紫岩詩選》卷二《田家婦》，商務印書館，2005 年，第 527 頁。

〔註 193〕劉克莊撰，李更、陳新校正：《分門纂類唐宋時賢千家詩選校證》卷第十四徐元傑《村家》，人民文學出版社，2002 年，第 335 頁。第 332 頁。

〔註 194〕洪邁：《夷堅支志》己卷九《曹三妻》，中華書局，1981 年，第 1374 頁。

〔註 195〕李燾：《續資治通鑒長編》卷九十七，眞宗天禧五年正月戊子條，中華書局，2004 年，第 2259 頁。

〔註 196〕史能之：《（咸淳）重修毗陵志》卷十九霍洞《宿田舍》，臺北成文出版社，1983 年，第 3126 頁。

　　在宋代，紡織婦女織成的絲織產品主要用於繳納租賦，麻織產品卻有相當一部分是民眾自用爲主。戴復古《織婦歎》詩曰：「春蠶成絲復成絹，養得夏蠶重剝繭。絹未脫軸擬輸官，絲未落車圖贖典。一春一夏爲蠶忙，織婦布衣仍布裳。有布得著猶自可，今年無麻愁殺我。」〔註197〕農民如果繳納的絲織品不夠，還得出售麻布以補充。徐集孫《促刺詞》曰：「織成門外迫催租，不料輸租仍賣綌。婦姑對泣兒號寒，更無可補兒衣隙。帛暖本擬帶綌寒，賣綌寒來愈無策」〔註198〕。

　　從解決人口更爲眾多的農民穿衣問題來看，麻織業所佔比重遠遠比絲織業重要得多。早在先秦時代，麻織品就是普通民眾衣料原料的主要來源，所以百姓們都被稱之爲「布衣」。麻織品有原料便宜、織就方便、耐穿等優點，是絲織物非常合適的替代品。房州（今湖北房縣）一帶，「男子燒畬爲田，婦人績麻爲布，己給衣食」〔註199〕，「衣裙盡是麻」〔註200〕。南宋後期方大琮描寫福州永清一帶，「農家力耕以足食，婦女績麻以衣被其家」，〔註201〕可見農家必須大力發展麻織業，才不至於赤身露體，受寒傷凍。

　　因爲麻布光潔透汗氣，特別適宜於做衣著、蚊帳之類，所以得到很多人的青睞。在夏季，麻布產品透氣性能好，吸汗能力強，大部分居民都把麻布作爲夏衣選料。在冬季，麻布的禦寒能力也大大超越絲織品。

　　麻織品價格低，是其成爲宋代絕大多數平民階層的衣著來源的重要原因。由於絲織品和麻織品的價格相差懸殊，農家不得不考慮衣物支出時的選擇，選擇了麻布衣物，則有更多的資金可以投入再生產。而如果消費絲織品，那麼投入再生產的資金勢必要大打折扣，則其家庭的再生產會受到很大影響。雖然絲織品美觀舒適，但對於再生產不利，民眾一般傾向於更爲節約的麻布消費。戴復古詩曰：「絹未脫軸擬輸官，絲未落車圖贖典。一春一夏爲蠶忙，織婦布衣仍布裳。」〔註202〕葉茵《蠶婦歎》詩曰：「辛苦得絲了租稅，終

〔註197〕戴復古：《石屏詩集》卷一《織婦歎》，北京出版社，2011年，第382頁。
〔註198〕陳起：《江湖小集》卷十六徐集孫《促刺詞》，商務印書館，2005年，第601頁。
〔註199〕王象之：《輿地紀勝》卷八十六《竹山縣》，中華書局，1992年，第2982頁。
〔註200〕祝穆：《方輿勝覽》卷三十三《房州》，中華書局，2003年，第598頁。
〔註201〕方大琮：《宋寶章閣直學士忠惠鐵庵方公文集》卷三十三《永福辛卯丙午勸農》，北京出版社，2011年，第472頁。
〔註202〕戴復古：《石屏詩集》卷一《織婦歎》，北京出版社，2011年，第382頁。

年祗著布衣裳。」〔註203〕陳舜俞《貧女曲》詩曰：「零落床頭舊機杼，池水漚麻還織布。布成不賣市中兒，金刀剪雪自裁衣。」〔註204〕城鎮居民的衣物也選擇麻布為多，王質《紹陶錄》載：「衣，宜用四垂衫、旋襴裙、磕膝袴、漫襠袴、腿袴、腳襪，皆用布，以簡潔為良。」〔註205〕可見，城鎮居民在衣物和被褥的選擇上多偏重於麻布。佛、道主旨要人節儉，絲織品是不允許穿著的，除了一些地位高級的僧道衣物為絲帛外，眾多僧道弟子的衣物都為麻布所作。由此可見，麻布消費面廣，消費量巨大，對麻織業的發展起了推動作用。

除了繳納租稅及自用外，一些麻織品還可進入商品流通領域成為商品，以補貼家庭收入。從陳藻詩「種麻賣布皆布婦」可知，有些農婦是身兼種麻、織布、賣布三職的，把農業、手工業和商業都聯繫起來，通過出售麻織品獲得經濟收入。

宋人吳攢指出：「漚剝緝績以為布，此婦功之能事也。」〔註206〕可見，婦女參與了製麻織布的整個過程。在宋代，製麻織布工序也不少。亞麻收穫後，先要將其在水裏漚數日，將樹皮泡軟，這個過程稱為「漚麻」。漚麻的工作多由婦女來完成，周南《蠶婦怨》詩曰：「去年蹉卻漚麻時，寒女卒歲號無衣。」〔註207〕陳舜俞《貧女曲》詩曰：「貧女四十無人問，不傅鉛華水梳鬟。非關顏色不如人，不肯出門羞失身。零落床頭舊機杼，池水漚麻還織布」〔註208〕。

待樹皮泡軟後，取出搗碎，然後漂洗和抽絲得到一根根麻線，此過程稱為「剝麻」。趙蕃《田家即事》詩曰：「不辭傴僂翁栽稻，能作紛耘婦剝麻」〔註209〕。

剝麻完成後，就進入緝麻階段。在宋代，緝麻的方法有「手搓法」和「機績法」。所謂手搓法，就是先用手指把脫膠（漚好的）後的麻纖維黏片分劈成細長的麻縷，然後逐根拈接，由於麻絲上有黏性，加上手指加之接頭部位的

〔註203〕陳起：《江湖小集》卷四十葉茵《蠶婦歎》，商務印書館，2005年，第666頁。
〔註204〕陳舜俞：《都官集》卷十二《貧女曲》，線裝書局，2004年，第174頁。
〔註205〕王質：《紹陶錄》卷上《栗裏衣》，北京出版社，2011年，第69頁。
〔註206〕吳懌：《種藝必用》，農業出版社，1963年。
〔註207〕周南：《山房集·蠶婦怨》，北京出版社，2011年，第680頁。
〔註208〕陳舜俞：《都官集》卷二《貧女曲》，線裝書局，2004年，第174頁。
〔註209〕趙蕃：《淳熙稿》卷十四《田家即事》，北京出版社，2011年，第304頁。

拈合力就使得接頭牢固，從而將麻絲續接成細長的麻紗，這樣緝成的麻紗就可以直接去紡織麻布了。手搓法在宋代並不少見，如陸游《入蜀記》卷一載「八日……婦人足踏水車，手猶續麻不止。」〔註210〕范成大《吳船錄》卷上載：「村婦聚觀於道，皆行而績麻，無索手者」。還有其《峨眉縣》詩曰：「村媼聚觀行績布，野翁迎拜跽然蒿」〔註211〕。

緝麻技術的提高主要還是要靠機器的參與，以更進一步地解放人力。紡車的出現，可代替人的手工拈合麻縷成麻線，這樣不但效率飛速提高，而且拈合質量亦比人工拈合要強得多。如王居正《紡車圖》就是描繪農村家庭婦女紡織的一幅圖畫，圖中即有一紡車。

麻縷拈合成麻線後，就可以直接拿去紡織麻布了。在宋代詩作中，對婦女織麻的情況多有記載。和絲織業一樣，婦女麻織的過程往往也在晚上。陸游《野步至近村》詩曰：「婦女相呼同夜績，比鄰竭作事春耕。」〔註212〕還有《村舍書事》詩曰：「男丁共結春耕耦，婦女相呼夜績同」〔註213〕。

有的民婦，只以織麻為生計。周密《癸辛雜識》載：「有村落小民家一婦人，以織麻為業。」〔註214〕還有，賈易「母彭，以紡績自給，日與易十錢，使從學」〔註215〕。

3、棉織業

在宋代，境內已經有棉花（又稱「吉貝」）的種植了。《資治通鑒》卷二八二後晉高祖天福八年胡三省注指出：「木棉，今南方多有焉。於春中作畦種之，至夏秋之交結實，至秋半，其實之外皮四裂，中湧出，白如綿。土人取而紡之，織以為布，細密厚暖，宜以禦冬。」胡三省所說的木棉的形態、種植到織成為布，與今天所說的棉花完全一樣，可以確定宋代的木棉即是今天

〔註210〕陸游：《入蜀記》卷一，錢仲聯主編《陸游全集校注》，浙江出版聯合集團，2012年，第11冊，第14頁。
〔註211〕范成大：《范石湖，集》卷十八《峨眉縣》，上海古籍出版社，2010年，第256頁。
〔註212〕陸游：《劍南詩稿》卷五十七《野步至近村》，錢仲聯主編《陸游全集校注》，浙江出版聯合集團，2012年，第6冊，第273頁。
〔註213〕陸游：《劍南詩稿》卷六十《村舍書事》，錢仲聯主編《陸游全集校注》，浙江出版聯合集團，2012年，第6冊，第384頁。
〔註214〕周密：《癸辛雜識》續集卷下《蜘蛛珠》，中華書局，1988年，第192頁。
〔註215〕（元）脫脫等：《宋史》卷三百五十五《賈易傳》，中華書局，1985年，第11173頁。

所說的棉花。當時棉花種植主要在南方地區，尤其是嶺南、福建一帶。

宋時海南島的棉織業最爲發達，民眾多以棉布爲衣料。周去非《嶺外代答》卷二《海外黎蠻》載：「海南有黎母山……婦人高髻繡面，耳帶銅環，垂墜至肩。衣裙皆吉貝，五色爛然。」王象之《輿地紀勝》載：「吉陽（今海南三亞）地狹民稀……與黎獠錯雜，出入必持弓矢。婦女不事蠶桑，止織吉貝。」〔註216〕吉貝布是當時海南島上的名產，當地政府拼命壓榨紡織婦女，「瓊人以吉貝織爲衣衾，工作皆婦女，役之有至期年者，棄稚違老，民尤苦之。」〔註217〕趙希逢《和鄰女搔綿吟》詩曰：「襪塵微動繅車索，三尺龍孫橫左握。初方一縷漸如綸，袞袞不斷巧綿絡。……嶺南彌望無處著，堪與梨雲同寞寞。收來比屋機杼鳴，誰復號寒歎落魄。」〔註218〕描繪了嶺南地區棉織婦女的辛勤勞作。

福建地區也是植棉的重要地區。彭乘《續墨客揮犀》載：「閩嶺以南多木棉，土人多植之，有至數千株者，采其花爲布，號『吉貝布』」。〔註219〕南宋謝枋得《謝劉純父惠木棉布》詩曰：「嘉樹種木棉，天何厚八閩？……兒童皆衣帛，豈但奉老親。婦女賤羅綺，賣絲買金銀」。〔註220〕

南宋時，棉花的種植進一步擴大，已從閩廣向北延伸，發展到江南東西路和兩浙路。艾性夫《木棉布歌》詩曰：「吳姬織綾雙鳳花，越女製綺五色霞」〔註221〕。

棉織業亦是婦女養家糊口的重要手段之一。鄭太和《鄭氏規範》卷二載：「諸婦每歲公堂於九月俵散木棉，使成布匹，限以次年八月交收，通賣錢物，以給一歲衣資之用。」從有關浦陽縣這家地主經濟生活的記錄中可以看到，婦女們所織成的布匹是到進入到市場流通領域的。

可見，宋代婦女的紡織勞動都帶有明顯的社會性質。其勞動產品已不再僅限於滿足家庭自身的需要，而是作爲租賦和商品進行生產，這就擴大了婦女勞動的價值，從而提高了婦女在勞動中的作用和地位。

〔註216〕王象之：《輿地紀勝》卷一百二十七《寧遠縣》，中華書局，1992年，第3999頁。

〔註217〕（元）脫脫等：《宋史》卷四百六《崔與之傳》，中華書局，1985年，第12258頁。

〔註218〕（明）佚名：《詩淵》，書目文獻出版社，1984年，第1冊，第61頁。

〔註219〕彭乘：《續墨客揮犀》卷一《吉貝布》，上海古籍出版社，2002年，第155頁。

〔註220〕謝枋得：《疊山集》卷三《謝劉純父惠木棉布》，北京出版社，2011年，第431頁。

〔註221〕艾性夫：《剩語》卷上《木棉布歌》，北京出版社，2011年，第616頁。

二、針織刺繡

對於宋代民婦而言，做女紅是一種獲得經濟收入的手段，是其貼補家用的重要方式。「女紅」同「女工」，主要指女子所做的紡織、縫紉、刺繡等工作和這些工作的成品。在民婦從事的女紅中，刺繡即為一種可以補貼家用的方式。

刺繡是用繡針引彩線，按事先設計的花紋和色彩，在絲綢、棉布等面料上刺綴運針，以繡跡構成花紋圖案的一種工藝。刺繡是我國古老的一種傳統工藝，它伴隨著絲織業的發展，在秦漢以前就已經產生。刺繡人不僅要有心靈手巧的高度技能，而且還要有志專神定的耐心和意志。刺繡的這種特點，使婦女在這一行業中創造了光輝的成績。

宋代是我國刺繡發展日臻完善的時期，刺繡水平達到相當高的水平，這在宋代史籍中多有記載。薛田詩曰：「靚女各攻翻樣繡，袪商兼製研綾箋。」〔註222〕呂大防《錦官樓記》指出：「織紋錦繡，窮工極巧。」〔註223〕還有「蜀土富饒，絲帛所產，民織作冰紈、綺繡等物，號為冠天下。」〔註224〕宋代刺繡作品還受到後人的重視，如明代著名畫家董其昌指出：「宋人之繡，針線細密，用絨止一二絲，用針如髮細者，為之設色精妙光采射目。山水分遠近之趣，樓閣得深邃之體，人物具瞻眺生動之情，花鳥極綽約嚱喋之狀。佳者較畫更勝，望之三趣悉備，十指春風，蓋至此乎。」〔註225〕明人屠隆在《考桑餘事》中盛讚宋代女紅之巧，「宋之閨秀畫，山水人物，樓臺花鳥，針線細密，不露邊縫。其用絨止一、二絲，用針如髮細者為之，故眉目畢具，絨彩奪目，而豐神宛然，設色開染，較畫更佳。女紅之巧，十指春風，迥不可及。」〔註226〕可見，宋代的刺繡水平達到較高水平。

宋代刺繡非常發達，往往刺繡於各種衣服、荷包、佩綬之上。在宋政府中，上自天子，下至百官，都要按照官階穿用繡衣，衣服裝飾品上的繡衣主

〔註222〕程遇孫：《成都文類》卷二薛田《成都書事百韻詩並序》，中華書局，2011年，第33頁。

〔註223〕程遇孫：《成都文類》卷二十六，呂大防《錦官樓記》，中華書局，2011年，第528頁。

〔註224〕楊仲良：《皇宋通鑒長編紀事本末》卷十三《太宗皇帝》，上海古籍出版社，2002年，第82頁。

〔註225〕（民國）朱啓鈐：《絲繡筆記》卷上《宋繡書畫》，浙江人民美術出版社，2013年，第245頁。

〔註226〕（明）屠隆：《考盤餘事》卷二《宋繡畫》，齊魯書社，1995年，第199頁。

要由婦女來完成，這使得不少市鎮民婦亦以刺繡爲業。宋徽宗崇寧三年三月八日，試殿中少監張康伯上書朝廷，「今朝廷乘輿服御，至於賓客、祭祀用繡，皆有定式，而有司獨無纂繡之工，每遇造作，皆委之閭巷市井婦人之手，或付之尼寺，而使取直焉。」〔註227〕由此可見，官方所用的刺繡品幾乎都不是出自官府手工工場，而是由朝廷相關部門制定需要的式樣，交給市井民婦或者尼姑製作，官府支付給她們一定數量的手工費。從這一記載來看，宋代城市也有不少從事紡織、刺繡的婦女，甚至還出現了專門以刺繡爲業的人，稱爲「百姓繡戶」〔註228〕。

宋代民婦很小就要學習紡紗、織布、裁衣縫紉、描花刺繡等女紅活計，尤其是刺繡，由於工具簡便，沒有場地、設備等條件的限制，隨時隨地可以操作。上官融《友會談叢》載：「一婦人，無雙臂，但用兩足刺繡鞋片。纖致與巧手相若」哪怕是傷殘之人也能以此技藝爲生，因此刺繡具有廣泛的群眾基礎。

與貴族婦女把描花刺繡當做寄託情思、修身養性的一種方式不同，宋代民婦把刺繡當做謀生養家的技術。《夷堅志》中《程喜眞非人》條記載：新淦王生妻「素善針指，自繡領茵之屬出售。」〔註229〕湖陰詹氏女母早亡，「父老而貧，以六經教授小兒自業。……（詹氏女）間售女工以給之」。〔註230〕這些婦女都是通過出售自己的刺繡作品來養家糊口。對於那些夫死子幼、生活無著的寡居婦女，更是以女紅來補貼家用。

三、手工編織

在宋代，一些生活用品如帽、扇、席、鞋等都是由手工編織而成，這其中婦女的貢獻非常大。宋時編織可分爲草編、線編、竹編和柳編，最常見的是草編，如用稻草編草鞋。草鞋是鄉村民眾最常見的鞋子，如鄒浩詩曰：「赤腳蠻中新出來，湖南逢著盡銀釵。雖然未得凌波樣，已會人人著草鞋。」〔註231〕董嗣杲《次趙屯》詩曰：「小兒索午飯，病婦織芒屨」〔註232〕。

〔註227〕（清）徐松輯：《宋會要輯稿》職官二九之八，中華書局，1957年，第2991頁。
〔註228〕（清）徐松輯：《宋會要輯稿》職官二九之八，中華書局，1957年，第2991頁。
〔註229〕洪邁：《夷堅支志》已卷二《程喜眞非人》，中華書局，1981年，第1315頁。
〔註230〕洪邁：《夷堅志補》卷一《蕪湖孝女》，中華書局，1981年，第1553頁。
〔註231〕鄒浩：《道鄉先生鄒忠公文集》卷十四《入湖南界》，線裝書局，2004年，第104頁。
〔註232〕董嗣杲：《廬山集》卷一《次趙屯》，北京出版社，2011年，第126頁。

宋代民婦編草鞋除了自用，還可以出售以作謀生之計。黃休復《茅亭客話》卷七《鬻屨嫗》載：其「今九十歲，既老且病，凍餓切骨，織草屨自給。」施妳婆湖州烏墩鎮人，原是沈氏婢，後因瘟疫沈氏亡，施妳婆隻身撫養沈氏的兩個女兒，「施即傭舂旁舍，或織草屨與縫紉之事，得錢以給二女」〔註233〕。

在宋代，民婦亦有織草席為生的。如劉斧《青瑣高議》前集卷二《慈雲記》載：某「家甚窘，母織蓆為業，少供鹽米酖醢之給，皆自專之。」宋代民婦還參與了蓑衣、草笠、扇子的編織。梅堯臣詩曰：「河上緯蕭人，女歸又織葦。」〔註234〕高竹鶴詩曰：「溪童趁日烘漁網，山婦迎寒織雨衣。」〔註235〕徐積《貧女扇》詩曰：「自織青溪蒲，團團手中持。朝攜麥攏去，莫汲井泉歸」〔註236〕。可見，在手工編織方面，婦女亦多有參與其中。

四、酒、茶、鹽、糖等的加工

在宋代一些食品加工業中，也活躍著婦女的身影，主要有以下幾個方面。

第一、釀酒。在宋代民間，釀酒的材料多為黍（即高粱），民婦亦參與到釀酒的活動中。如曾幾詩曰：「呼兒趣秧稻，喚婦催釀黍。」〔註237〕舒岳祥筆下的汲水婦，「溪頭汲水婦，力小憩中途。……釀黍修時祀，家篘不用沽。」〔註238〕王炎《喜雨歌》詩曰：「炊粳釀黍作秋社，翁媼醉飽兒孫嬉」〔註239〕。

第二、製茶。宋代民婦廣泛參與到種茶、採茶、揀茶、製茶等活動中。關於民婦採茶之事，宋代史籍多有記載。如舒岳祥筆下的採茶婦，「前壟摘茶婦，頃筐帶露收。」〔註240〕范成大詩曰：「背上兒眠上山去，採桑已閒當採茶。」

〔註233〕何薳：《春渚紀聞》卷四《施妳婆》，中華書局，1983年，第67頁。
〔註234〕梅堯臣：《宛陵集》卷五十一《鬻薄》，朱東潤校注《梅堯臣集編年校注》，上海古籍出版社，2006年，第423頁。
〔註235〕（明）佚名：《詩淵》，書目文獻出版社，1984年，第5冊，第3152頁。
〔註236〕胡仔：《苕溪漁隱叢話》前集卷五十二《徐仲車》，人民文學出版社，1962年，第351頁。
〔註237〕曾幾：《茶山集》卷二《七月一日復大雨用前韻》，中華書局，1985年，第18頁。
〔註238〕舒岳祥：《閬風集》卷三《自歸耕篆畦見村婦有摘茶車水賣魚汲水行鹽寄衣舂米種麥泣布賣菜者作十婦詞》，北京出版社，2011年，第601頁。
〔註239〕王炎：《雙溪類稿》卷三《喜雨歌》，商務印書館，2005年，第147頁。
〔註240〕舒岳祥：《閬風集》卷三《自歸耕篆畦見村婦有摘茶車水賣魚汲水行鹽寄衣舂米種麥泣布賣菜者作十婦詞》，北京出版社，2011年，第601頁。

〔註241〕陸游《初夏喜事》詩曰：「採茶歌裏春光老，煮繭香中夏景長」。〔註242〕
仙村人詩曰：「青篛閒耕雨，紅裙鬭採茶。」〔註243〕採茶後，還需揀去粗梗，
分成等級，並經過烘製等工序，方可食用或出售。陸游在四川遇到村婦買茶，
其「茶則皆如柴枝草葉，苦不可入口」〔註244〕，應該是村婦自己種植並採摘
加工的粗製茶葉。

第三、製鹽。在宋代食鹽加工業中，亦活躍著婦女的身影。北宋著名詞
人柳永擔任過定海曉峰鹽場的鹽督官，對鹽民生活有所瞭解。其詩《鬻海歌》
曰：「鬻海之民何所營，婦無蠶織夫無耕。……周而復始無休息，官租未了私
租逼。驅妻逐子課工程，雖作人形俱菜色。鬻海之民何苦辛，安得母富子不
貧」〔註245〕。

關於宋代海鹽的生產，根據樂史《太平寰宇記》卷一百三十記載，海鹽
生產的第一步為犁取鹽土，第二步對取來的鹽土集中起來加以初步處理。第
三步是「鍬作鹵井於溜側，多以婦人小子執蘆箕，名之『黃頭』，欲水灌澆，
蓋從其輕便，食頃，則鹵流入井」〔註246〕，向鹽土澆水，使鹽分溶入水中，
然後使鹽分很重的水流入井中，再用蓮子測試鹽水的濃度，如果濃度不足，
則要另行處理。從樂史的記載來看，海鹽生產中亦有民婦的參與。許景衡描
繪了江邊煮鹽婦女的生活，其詩《江邊行》曰：「江邊煮鹽女，日墾沙中土。
聞道潮乾土有花，肩負爭先汗如雨。經年鬻鹽赴官市，屋裏藜羹淡如水。誰
家滋味盡八珍，貓狗食餘隨帚塵。」〔註247〕雖然煮鹽婦女辛勤勞作，但所有
的勞動成果都要交納政府，自己卻「屋裏藜羹淡如水」。

在製糖業、刻印業等行業中，也活躍著民婦的身影，如陳藻：「種麻賣布

〔註241〕范成大：《范石湖，集》卷十六《夔州竹枝歌》，上海古籍出版社，2010年，
　　　　第220頁。
〔註242〕陸游：《劍南詩稿》卷七十六《初夏喜事》，錢仲聯主編《陸游全集校注》，浙
　　　　江出版聯合集團，2012年，第7冊，第467頁。
〔註243〕吳渭：《月泉吟社》仙村人《春日田園雜興》，線裝書局，2004年，第538頁。
〔註244〕陸游：《入蜀記》卷六，錢仲聯主編《陸游全集校注》，浙江出版聯合集團，
　　　　2012年，第11冊，第129頁。
〔註245〕（元）馮福京：《（大德）昌國州圖志》卷六柳永《鬻海歌》，中華書局，1990
　　　　年，第6096頁。
〔註246〕樂史：《太平寰宇記》卷一百三十《淮南道八》，中華書局，2007年，第2569
　　　　頁。
〔註247〕許景衡：《橫塘集》卷二《江邊行》，線裝書局，2004年，第190頁。

皆貧婦，伐蔗炊糖無末遊」〔註248〕。洪邁《容齋續筆》卷一稱：其書「乃婺女所刻，賈人販鬻於書坊中」〔註249〕。

第三節　商業

一、經商原因

在宋代，民婦並不局限於門戶之內的狹小空間中，而對於社會商品經濟領域有著廣泛的參與。「九市官街新築成，青裙販婦步盈盈」〔註250〕，正是民婦從事商業活動的眞實寫照。經商婦女在宋代被稱爲「販婦」，她們是國家賦稅、商品流通的承擔者，同樣促進著商業的發展。

宋代民婦被捲入商業活動浪潮的原因是多種多樣的，這主要有以下幾個。

第一、宋時社會上的重商觀念漸成風氣，對民婦有所影響。在宋代，農業和工商業得到了高度的發展，尤其是商品經濟的活躍，使長期以來所實行的那種「重農抑商」的傳統政策遭到了強有力的衝擊。商人的社會作用日益爲宋人所認識，開始出現了「工商亦爲本業」的思潮，社會上崇商棄農、士商滲透和官商融合漸成風氣。一些宋人衝破了傳統「農本位」價值觀念的束縛，表現出對商業和商賈的認同，重商觀念有所擡頭。葉夢得即指出：「治生不同：出作入息，農之治生也；居肆成事，工之治生也；貿遷有無，商之治生也；膏油繼晷，士之治生也。」〔註251〕把士農工商作爲家庭經營的四種正當職業。一些激進的思想家則公開提出「抑末厚本，非正論也」，〔註252〕進而對商人的社會價值和地位進行了重新定位，明確地指出：士農工商「皆百姓之本業」。〔註253〕在如此濃厚的商業氛圍下，身處社會之中的民婦不能不有所觸動。

第二，宋代社會經濟的發展，爲民婦廣泛參與商業活動發揮作用提供了

〔註248〕陳藻：《樂軒集》卷一《漁溪西軒》，商務印書館，2005年，第96頁。

〔註249〕洪邁：《容齋隨筆》續筆卷一《序》，中華書局，2005年，第219頁。

〔註250〕（清）沈嘉轍等編：《南宋雜事詩》卷一，臺灣文海出版社，1981年，第25頁。

〔註251〕葉夢得：《石林家訓》，上海書店出版社，1994年，第445頁。

〔註252〕葉適：《習學記言》序目卷十九《平準書》，北京出版社，2011年，第152頁。

〔註253〕應俊：《琴堂諭俗編》卷上《重本業》，上海商務印書館，1934～1935年。

契機。有宋一代，以北宋都城爲代表的各級城鎮規模不斷擴大。商業交易中「坊市」制度被打破，城市經濟職能得到增強，如小鎮市的興旺，大城市的繁華，區域市場的形成，沿邊貿易和海外貿易的發達，貨幣關係的空前發展，這些都令世人震驚。

宋時，在城市中，龐大的人口構成了巨大的消費群體。大量人口不事農業，「通都大邑，不耕而食者十居七、八」〔註254〕，在城鎮中形成大批從事工商服務活動的職業人口，湧現出爲數眾多的手工業戶、專業戶和商人，他們構成了坊郭戶的主體。淳熙七年（1180），朱熹在南康軍賑濟時，根據當地城鎮市民的經濟狀況，將城市居民按貧富分爲上、中、下三等，「上等有店業，日逐買賣，營運興盛，及自有稅產贍給，不合請給歷頭人戶」；「中等得過之家並公人等，合赴縣倉糴米人」；「下等貧乏小經紀人，及雖有些小店業、買賣不多，並極貧乏秀才，合請歷頭人戶。」〔註255〕實際上就是把市民分爲三等。城市中從事商業的居民占絕大多數，其中即有不少是婦女。

由於土地兼併嚴重等因素，一些無地或少地的農民在商品貨幣經濟的刺激下，湧入城市棄農經商。蘇轍即認爲：導致失去田地繼而以事工商的販婦生活狀態脆弱，土地兼併是主要因素之一，「故夫今之農者，舉非天子之農，而富人之農也。至於天下之游民、販夫販婦、工商技巧之族，此雖無事乎田，然日食其力，而無以爲朝夕之用，則此亦將待人而生者也。」〔註256〕蘇軾亦指出：「今民無以爲生，去爲商賈，事勢當爾」〔註257〕，還有「耕織之民，以力不足，或入於工商」〔註258〕。像《東京夢華錄》中所記載的那些沿街叫賣的小商小販多是農民。

由於環城草市的發展，城外居民數量隨之迅速增加。劉宰即指出：「今夫十家之聚，必有米鹽之市」〔註259〕。如南宋時江西廬陵，「城外居民，三倍於

〔註254〕張商英：《護法論》，北京圖書館出版社，2004年，第372頁。
〔註255〕朱熹：《晦庵別集》卷七《審實糴濟約束》，商務印書館，2005年，第185頁。
〔註256〕蘇轍：《欒城集》卷十《民政下（第二道）》，上海古籍出版社，1987年，第1687頁。
〔註257〕蘇軾：《蘇軾文集》卷二十五《上神宗皇帝書》，中華書局，1986年，第734頁。
〔註258〕呂祖謙：《宋文鑒》卷一百二十五高弁《望歲》，中華書局，1983年，第1752頁。
〔註259〕劉宰：《漫塘文集》卷二十三《丁橋太霄觀記》，線裝書局，2004年，第393頁。

城中」〔註260〕。都城臨安郊外，更是「人煙繁盛，各比一邑。」〔註261〕商品
經濟不斷地滲透發展，在廣大的鄉村市場的數量也不斷增多。

在宋代，鄉村與城市也有互通有無的需要。李燾《續資治通鑒長編》載，
孫陞指出：「城郭、鄉村之民，交相生養，城郭財有餘則百貨有所售，鄉村力
有餘則百貨無所乏」。又言：「城郭之人，日夜經營不息，流通財貨，以售百
物，以養鄉村。」〔註262〕市場上，「布縷菽粟，雞豚狗彘，百物皆售。」〔註
263〕農民日常生活中的很多物品均需要通過市場獲得，多餘的糧食也通過市場
流通。可見，農民也無法脫離市場。

農業經濟結構的豐富，花卉、水果、蔬菜等的種植；漁業、家畜等的養
殖；桑市、蠶市的發展，都使傳統自給自足的「男耕女織」的農業家庭模式
發生了變化。這種向多種經營型的轉變，勢必加強了從地主到小農與市場的
聯繫。從他們選擇種植經濟作物，到出售產品如茶葉、花卉、水果等，都需
要考慮市場的供需，也需要投入一部分勞動力從事商業活動。而農業家庭中
的女性有能力也有可能承擔這一部分的活動。而城市的生活供給多靠商販維
持，其中就有不少女商販在內。

第三、宋政府承認社會中婦女從商的情況，並且在政策中對底層婦女細
碎交易活動有所傾斜。如太宗淳化元年（990）二月，詔：「邕州、瓊州僞命
日，每遇市集，居人婦女貨賣柴米者，邕州人收一錢以爲地鋪之直，瓊州粳
米計稅四錢，粳米五錢。並除之。」〔註264〕《宋史》載，淳化二年，詔：「凡
販夫販婦細碎交易，嶺南商賈齎生藥及民間所織縑帛，非鬻於市者皆勿算」
〔註265〕。

士大夫階層亦對販婦生活較爲關注。如李昭玘曾指出：「販婦販夫，陸拾

〔註260〕（清）定祥等修：《（光緒）吉安府志》卷六《建置志》引歐陽守道《籌安堂
　　　　記》，成文出版社，1975年，第257頁。
〔註261〕潛說友：《（咸淳）臨安志》卷十九《疆域四》，中華書局，1990年，第3542
　　　　頁。
〔註262〕李燾：《續資治通鑒長編》卷三百九十四，哲宗元祐二年正月辛巳條，中華書
　　　　局，2004年，第9612頁。
〔註263〕蘇轍：《欒城集》後集卷十五《民賦敘》，上海古籍出版社，1987年，第1333
　　　　頁。
〔註264〕（清）徐松輯：《宋會要輯稿》食貨一七之一二，中華書局，1957年，第5089
　　　　頁。
〔註265〕（元）脫脫等：《宋史》卷一百八十六《食貨下八》，中華書局，1985年，第
　　　　4541頁。

棗栗，水捉螺廳，足皲指禿，暴露風雨，罄其力，不過一鈞之舉；計其價，僅足一日之食。」〔註266〕一些士人指出，販婦與販夫同為苛稅所苦，「而吾邑獨秉急令出暴政，頭會箕，斂家至戶，到販夫販婦不能免焉。」〔註267〕有士大夫指出這樣過度征稅是有損於個人和國家的，「蓋販夫販婦，園夫紅女所資以為命者苟操幹之無遺」〔註268〕。

因應婦女經商人數不斷增加的情況，在一些稅場有人負責專門檢查商旅婦女，以防止她們偷稅漏稅。謝深甫《慶元條法事類》卷三十六《廄庫勒》曰：「諸商稅不實時……其婦女在舟車兜簷內，輒入檢視，及於緣身搜索」。

可見，民婦經商是宋廷、地方各級官吏普遍認同的現象，女性並沒有消失於市場。

第四、具體到民婦自身，促使其從商的原因也有不少。其一、丈夫要治學或出外征戍等諸種原因無暇操持生業，民婦要承擔起養家糊口的擔子。如蘇洵之妻程夫人經商的故事為世人所知，「府君（蘇洵）年二十七猶不學，一旦慨然謂夫人曰：『吾自視今猶可學，然家待我而生，學且廢生，奈何？』夫人曰：『我欲言之久矣，惡使子為因我而學者。子苟有志，以生累我可也。』即罄出服玩，鬻之以治生，不數年，遂為富家。府君由是得專志於學，卒成大儒」〔註269〕。三蘇之所以能專心學業終有所成，是與程夫人獨立操持家業是分不開的。

其二、遇到丈夫無能或不肖的情況，民婦即要承擔起家庭重擔。袁采《袁氏世範》指出：「若夫與子不肖，掩蔽婦人之耳目，何所不至？今人多有游蕩賭博，至於鬻田園，甚至於鬻其所居。」〔註270〕袁采還指出：「婦人有以其夫蠢儒，而能自理家務計算錢穀出入不能欺者；有夫不肖，而能與其子同理家務不致破蕩家產者」〔註271〕。

〔註266〕李昭玘：《樂靜集》卷十一《代四兄求舉書》，商務印書館，2005年，第106頁。
〔註267〕馬廷鸞：《碧梧玩芳集》卷十七《益國趙公生祠記》，線裝書局，2004年，第219頁。
〔註268〕（明）王圻：《續文獻通考》卷二十二《征榷考》，上海古籍出版社，2002年，第192頁。
〔註269〕司馬光撰、李之亮箋注：《司馬溫公集編年箋注》卷七十六《蘇主簿程夫人墓誌銘》，巴蜀書社，2009年，第4冊，第534頁。
〔註270〕袁采：《袁氏世範·睦親·婦人不必預外事》，黃山書社，2007年，第68頁。
〔註271〕袁采：《袁氏世範·睦親·寡婦治生難託人》，黃山書社，2007年，第69頁。

其三、對於夫死子幼的守節婦女，獨立操持家業而經商更是常見。袁采《寡婦治生難託人》說道：「而夫死子幼，居家營生最爲難事。託之宗族，宗族未必賢。託之親戚，親戚未必賢。賢者又不肯預人家事。惟婦人自識書算，而所託之人衣食自給，稍識公義，則庶幾焉。不然鮮不破家」。

其四、受商業利潤驅動，亦是婦女經商的原因之一。有的民婦經商成功，成爲一方富戶，這不能不對其它婦女有所觸動。如南宋臨安城內賣魚羹的宋五嫂，「宋五嫂者，汴酒家婦，善作魚羹，至是僑寓蘇堤。光堯召見，詢舊淒然，令進魚羹，人競市之，遂成富媼。」〔註272〕還有王八郎的妻子離婚後，「買餅餌之屬列門首，若販鬻者」，等到她女兒及笄時，「所蓄積已盈十萬緡」〔註273〕。

在宋代，爲了賺取高額利潤，一些販婦甚至還鋌而走險，私販茶、鹽、香藥等以追逐厚利。李燾《續資治通鑒長編》卷十八載：太平興國二年正月，太宗下詔：「凡出茶州縣民輒留及賣鬻計直千貫以上，黥面送闕下，婦人配爲鐵工。」〔註274〕婦女販茶交易竟有數額達千貫以上的，可見私販茶葉交易數量極大。蘇轍詩曰：「丈夫強健四方走，婦女齷齪將安歸。……海邊唯有鹽不旱，賣鹽連坐收嬰兒。傳聞四方同此苦，不關東海誅孝婦。」〔註275〕就描述了因爲連年自然災害，生活無以爲繼時，一些民婦借地理優勢販私鹽遭連坐的情況。太宗太平興國二年（977），詔：「自今禁買廣南、占城、三佛齋、大食國、交州、泉州、兩浙及諸藩國所出香藥、犀牙。……應犯私香藥、犀牙，據所犯物處時估價，紐足陌錢依定罪斷遣，所犯私香藥、犀牙，並沒官。……婦人與免刺面，配本處針工充役，依所配年限滿日放。」〔註276〕從婦女參與走私香藥、犀牛等商品來看，海外貿易中亦可能也出現了婦女的身影。

二、經商特點

宋代平民婦女的商業活動極爲普遍，其參與商業的行爲有著自身的特點。

〔註272〕（明）田汝成：《西湖遊覽志餘》卷三，中華書局，1960年。
〔註273〕洪邁：《夷堅丙志》卷十四《王八郎》，中華書局，1981年，第484頁。
〔註274〕李燾：《續資治通鑒長編》卷十八，太宗太平興國二年正月丁未條，中華書局，2004年，第398頁。
〔註275〕蘇轍：《欒城集》卷五《次韻子瞻吳中田婦歎》，上海古籍出版社，1987年，第101頁。
〔註276〕（清）徐松輯：《宋會要輯稿》食貨三六之一，中華書局，1957年，第5432頁。

　　第一、宋代民婦從事商業，既有以個人身份獨立經營的，如程夫人、宋五嫂、王八郎之妻即是如此。又有家庭參與經營的，如紹興年間，宗立本「與妻販縑帛抵濰州」。〔註277〕還有京師石氏夫婦經營茶肆，《夷堅志》中《石氏女》條載：「京師民石氏開茶肆，令幼女行茶。」〔註278〕有的是夫妻經營，丈夫殘疾或離世後，其妻繼承夫業，獨立承擔起家業的。《夷堅志》中《陳磨鏡》條載：「衡州陳道人，以磨鏡爲業。中年忽盲，但日憑妻肩行於市。……自是陳不復出，獨令妻自行磨鏡以取給。」〔註279〕還有「鄂渚王氏，三世以賣飯爲業，王翁死，嫗獨居，不改其故」〔註280〕。

　　第二、宋代民婦經商以小商小販居多，獲利微薄，大規模經商活動的事例較爲少見。宋代婦女經商多以養家糊口爲目的，女子的靈巧、細心、體貼等性別特徵，再加上生育、家務等因素，使她們更多地從事人力、資本要求較低的服務性職業，如飲食業、日用品流動貨賣等等。

　　因爲民婦一般不具有支配大量資金的資格，經營本錢有限，故以自產自銷的方式爲多，純粹經商貿易的方式偏少。如《夷堅志》中《姜七家豬》條載：姜七之祖婆「專養母豬，多育豚子，貿易與人，一歲之間，動以百數，用此成立家計。」〔註281〕舒岳祥筆下的賣菜婦，「賣菜深村婦，休嗟所獲微。蕪菁勝乳滑，萊菔似羔肥。橐裏腰錢去，街頭買肉歸。種蔬勝種稻，得米不憂饑。」〔註282〕黃休復《茅亭客話》卷七《鬻屨嫗》記載：鬻屨嫗「今九十歲，既老且病，凍餓切骨，織草屨自給。」像這樣民婦自產自銷的例子還有很多。農村婦女耕織並舉，更多的是將生產的農副產品、紡織品及採集所得，帶到市場上銷售，以獲得微薄的收入補貼家用。城鎮婦女則以從事服務業爲主，如餐飲業、流動商販，都是服務性質的。

　　因爲民婦經商大多是經營成本微薄、盈利較多之類的小本生意，如擺攤設鋪或走街串巷提籃小買賣之類。其經營市場範圍較窄、商品種類受限。宋代社會中，較少見到婦女獨立跨地域長途販運或異地經商的記載。即便是活

〔註277〕洪邁：《夷堅甲志》卷二《宗立本小兒》，中華書局，1981年，第12頁。

〔註278〕洪邁：《夷堅甲志》卷一《石氏女》，中華書局，1981年，第7頁。

〔註279〕洪邁：《夷堅丁志》卷二十《陳磨鏡》，中華書局，1981年，第707頁。

〔註280〕洪邁：《夷堅支志》甲卷八《鄂渚王媼》，中華書局，1981年，第775頁。

〔註281〕洪邁：《夷堅支志》己卷二《姜七家豬》，中華書局，1981年，第1313頁。

〔註282〕舒岳祥：《閬風集》卷三《自歸耕篆畦見村婦有摘茶車水賣魚汲水行鹺寄衣舂米種麥泣布賣菜者作十婦詞》，北京出版社，2011年，第601頁。

動比較頻繁的行業，如巫、醫和賣藝等行業，也都是在地域較近的範圍內活動。這主要原因有三點：一、受到當時交通信息水平的限制。二、受到自身條件的限制，遠距離的經營活動需要雄厚的資金來支持。三、生命財產安全，因爲婦女出行較易成爲無賴、盜賊騷擾對象，更不要說帶著金錢貨物翻山涉水到遠地經營。

宋時民婦經商多是小本經營，獲利有限，大多情況下經營不易。同時，還要承擔國家稅收，甚至爲苛稅所苦。嘉熙三年（1239），臣僚言：「今官司以官價買物，行鋪以時直計之，什不得二三。重以遷延歲月而不償，胥卒並緣之無藝，積日既久，類成白著，至有遷居以避其擾、改業以逃其害者。甚而蔬菜魚肉，日用所需瑣瑣之物，販夫販婦所資錐刀以營斗升者，亦皆以官價強取之。」〔註283〕販婦販夫被苛稅所苦的情況已被宋人所關注，有士大夫指出：「蓋販夫販婦，園夫紅女所資以爲命者，苟操幹之無遺，則歎愁之寧免。……今囊括殆盡，弓張未施，倅失利源。邑困繭絲之取，邑無生意，民受池魚之殃。治世氣象不宜如此」〔註284〕。

可見，大部分經商民婦的生活狀態並不是很好。「販夫販婦舉貸經生以糊其口，貿易如意得利僅如牛毛」，收入本來就十分有限，「而折閱者率大半，萬一計較少利瞞稅而入一，或見邏。縱不到官，錢物已罄。倘吏不厭，所求械繫送府受刑追償。不惟舉室飢餓，又且逋債督迫，實可憐憫」〔註285〕。

第三、從地域上看，南方地區婦女經商較爲普遍，這也與兩宋時期南方商品經濟較爲發達有著密切的聯繫。四川婦女經商之風早已有之，如劉攽詩曰：「巴婦能專利丹穴，始皇稱作女懷清。」〔註286〕蘇轍詩歌描述了負薪賣薪的蜀地女子，陸游在四川亦見到來賣茶、菜、酒的婦女。在潭州（今湖南長沙），「楚女越商相雜沓，淮鹽浙楮自低昂。」〔註287〕湖南「女子皆服力役，駔儈價賣，力奪男夫，否則恥之」〔註288〕。湖南婦女不但像男子一樣從事體

〔註283〕（元）脫脫等：《宋史》卷一百八十六《食貨下八》，中華書局，1985年，第4555頁。
〔註284〕劉克莊：《後村先生大全集》卷八十六《進故事》，線裝書局，2004年，第597頁。
〔註285〕舒璘：《文靖集》卷三《上新安張守箚子》，商務印書館，2005年，第804頁。
〔註286〕劉攽：《彭城集》卷十八《女貞花》，中華書局，1985年，第248頁。
〔註287〕陳思：《兩宋名賢小集》卷三百六十七樂雷發《下攝市》，線裝書局，2004年，第670頁。
〔註288〕祝穆：《方輿勝覽》卷二十九《岳州巴陵》，中華書局，第510頁。

力勞作和商業活動，而且勝過男子。否則，就會為社會風俗所不容忍，被人恥笑。在江西，「江西婦人皆習男事」﹝註289﹞。

福建的女子更是精明能幹，陳普《古田女》詩曰：「插花作牙儈，城市稱雄霸。梳頭半列肆，笑語皆機詐。新奇弄濃妝，會合持物價。愚夫與庸奴，低頭受淩跨。」﹝註290﹞惟妙惟肖地描寫她們的形貌及機敏性格，「新奇弄濃妝，會合持物價。」凸顯出她們壓倒鬚眉的才能。

在嶺南地區，民婦經商也較為普遍。《太平寰宇記》記粵東風俗：「婦市男子坐家」﹝註291﹞，當地多是女性從事商業活動，而男性在家照顧生活。在廣東粵西雷州地區，秦觀對四處販賣魚蝦的粵女作了描述，她們「一日三四遷，處處售蝦魚」﹝註292﹞。在廣西欽州，民婦經商較為普遍。周去非《嶺外代答》載：「深廣之女，何其多且盛也。……城郭墟市，負販逐利，率婦人也。」﹝註293﹞可見，在南方許多地區，民婦經商頗成風氣，在廣西欽州更是勝過男子，成為市場上的主力軍。

由此可見，宋代民婦經商絕不是個別現象，也不是偶然現象，而是宋代商品經濟繁榮的必然結果。正如臺灣學者游惠遠所指出的：「宋代女子於職業的從事上是相當多樣化的。……其意義有三：一、她們能獨立謀生，不必仰賴他人而活。二、她們能協助家庭生計。三、她們在整個經濟大環境中，也是推動生產和刺激消費的一員」﹝註294﹞。民婦參與商業經濟活動，直接對當時經濟、貿易和城市的發展做出很大的貢獻，同時對提高自身的家庭地位亦有著重要的意義。

二、經商的相關領域

在宋代，民婦經商的相關領域主要有以下幾方面。

﹝註289﹞范致明：《岳陽風土記》，中華書局，1991年，第30頁。

﹝註290﹞陳普：《石堂先生遺集》卷十六《古田女》，書目文獻出版社，1998年，第771頁。

﹝註291﹞樂史：《太平寰宇記》卷一百五十九《嶺南道三》，中華書局，2007年，第410頁。

﹝註292﹞秦觀：《淮海集》卷六《海康書事》，線裝書局，2004年，第259頁。

﹝註293﹞周去非：《嶺外代答》卷十《十妻》，廣陵書社，2003年，第351頁。

﹝註294﹞游惠遠：《宋代民婦之家庭角色與地位研究》，臺灣東海大學歷史研究所碩士論文，1988年，第182頁。

　　（一）農副產品銷售。這主要是鄉村民婦將自己生產的產品拿到市場售賣，以謀取利潤，屬於自產自銷的情況為多。這可以分為以下幾種。

　　第一、穀類。宋政府有時會將收稅的物品折變為收錢銀，此時，農戶就需要將收穫的糧食加以出售，得錢繳稅。蘇軾《吳中田婦歎》詩曰：「汗流肩頰載入市，價賤乞與如糠粞。賣牛納稅拆屋炊，慮淺不及明年饑。官今要錢不要米，西北萬里招羌兒。龔黃滿朝人更苦，不如卻作河伯婦。」〔註295〕有的農戶收成後，除繳納租賦和留下自用的部分外，還有剩餘的，亦會將餘糧出售，以換取生產生活必需品。蘇轍《蠶市》詩曰：「傾囷計口賣餘粟，買箔還家待種生。不惟箱籢供婦女，亦有鉏鎛資男耕。」〔註296〕還有民婦加工糧食以出售獲利，如董國慶之妾，她「見董貧，則以治生為己任。罄家所有，買磨、驢七八頭，麥數十斛，每得面，自騎驢入城鬻之，至晚負錢以歸，率數日一出。如是三年，獲利愈益多，有田宅矣」〔註297〕。

　　還有的民婦還將其採集所得加以出售，如上山採薪售賣。如陸游詩曰：「沙上人爭渡，街頭婦賣薪。」〔註298〕還有賣菱角、蓮子的婦女，李流謙詩曰：「販鹽買客夜吹笛，賣菱女兒朝刺船」〔註299〕寫的就是婦女賣菱的情形。

　　第二、牲畜類。有些農家將自家飼養的豬、雞鴨鵝等出售。如姜七祖母，「專養母豬，多育豚子，貿易與人，一歲之間，動以百數。」〔註300〕她憑著賣豬的收入，使得家境漸好。還有常州無錫縣村民陳承信，「其母平生尤好養豕。」〔註301〕她飼養幼豬即是為出售之用的。在廣西欽州，當地民眾用陷阱擒野鹿，有婦女將所擒之鹿帶至市場銷售，周去非《嶺外代答》載：「欽州平野多鹿，……淳熙乙未二月，有野婦把一白麝鬻於市。」〔註302〕宋代屠戶中還有民婦，參與到肉類的銷售過程。《夷堅志補》卷四《湯七娘》條載：「紹興初，建州甌寧縣婦人湯七娘，本屠家女，亦善宰牛，平生所害以百數」。

　　第三、水產品類。民婦售賣水產品如魚蝦的情況，宋代史籍中多有記載。

〔註295〕蘇軾：《蘇軾詩集》卷八《吳中田婦歎》，中華書局，1982年，第404頁。
〔註296〕蘇轍：《欒城集》卷一《蠶市》，上海古籍出版社，1987年，第22頁。
〔註297〕洪邁：《夷堅乙志》卷一《俠婦人》，中華書局，1981年，第190頁。
〔註298〕陸游：《劍南詩稿》卷六十《野人舍小飲》，錢仲聯主編《陸游全集校注》，浙江出版聯合集團，2012年，第6冊，第400頁。
〔註299〕李流謙：《澹齋集》卷八《舟中》，線裝書局，2004年，第367頁。
〔註300〕洪邁：《夷堅三志》己卷二《姜七家豬》，中華書局，1981年，第1313頁。
〔註301〕洪邁：《夷堅甲志》卷七《陳承信母》，中華書局，1981年，第56頁。
〔註302〕周去非：《嶺外代答》卷九《白鹿》，廣陵書社，2003年，第294頁。

如舒岳祥筆下的賣魚婦，「江上提魚婦，朝朝入市闤。守船留稚子，換酒醉良人。不著淩波襪，長垂濺水裙。」〔註303〕鄭剛中也有詩曰：「鳴榔時撥刺，挈網亂斕斒。販婦貪趁市，漁翁喜動顏。」〔註304〕一些賣魚的民婦四處售賣，流動性極強。「一日三四處，處處售蝦魚。」〔註305〕陳普《古田女》詩曰：「昔年過饒州，一事獨希差。……朝昏賣魚蝦，晴雨親耕稼」。〔註306〕有的賣魚婦還會送貨上門，仇遠詩曰：「鄰翁寒乞炭，溪女曉供魚」〔註307〕。

第四、經濟作物類。在商品經濟的衝擊下，一些民戶不自覺地遵循著商品經濟的規律，改變了單一的糧食種植，種蔬菜出售獲利。如《夷堅志》中《寶積行者》條載：台州仙居縣寶積寺附近，「園人陳甲常種蔬菜來鬻，直堂行者慶修竊其一畦，陳妻王氏知之而不克與競，但仰空詛云：『我所失菜，直一貫二百錢』。」〔註308〕舒岳祥筆下的賣菜婦，「賣菜深村婦，休嗟所獲微。」賣菜婦所獲微薄，「囊裏腰錢去，街頭買肉歸。」〔註309〕但也可以買肉回家了。《太平廣記》中《定婚店》記載有「鬻蔬以給朝夕」的「賣菜家嫗」。〔註310〕《宋史》載：洛陽一「民家嫗」進城時被查出攜帶私鹽，抓了起來，後來查明是被和尚誣陷的，原來她是經常「入城鬻蔬」的民婦〔註311〕。孫陞《孫公談圃》卷下載：「儂智高反時，官軍屢敗。孫沔、余靖軍行不整，所過殘掠。狄青為帥，有婦人賣蔬於道，一卒倍取。（狄）青捉卒馬前斬之」。可見，宋代民婦賣菜的現象極為普遍。

一些民婦經營茶葉銷售，陸游在四川時即碰見來賣茶、菜的婦女，「村人

〔註303〕舒岳祥：《閬風集》卷三《自歸耕篆畦見村婦有摘茶車水賣魚汲水行鹺寄衣舂米種麥泣布賣菜者作十婦詞》，北京出版社，2011年，第601頁。

〔註304〕鄭剛中：《北山集》卷二十二《民入錢抱債公庫東塘決水取魚甚盛漁翁謂抱債者販婦則旁午於塘上者皆婦人也》，商務印書館，2005年，第585頁。

〔註305〕秦觀：《淮海集》卷六《海康書事》，線裝書局，2004年，第259頁。

〔註306〕陳普：《石堂先生遺集》卷十六《古田女》，書目文獻出版社，1998年，第771頁。

〔註307〕仇遠：《金淵集》卷三《遣意》，商務印書館，2005年，第318頁。

〔註308〕洪邁：《夷堅支志》景卷四《寶積行者》，中華書局，1981年，第909頁。

〔註309〕舒岳祥：《閬風集》卷三《自歸耕篆畦見村婦有摘茶車水賣魚汲水行鹺寄衣舂米種麥泣布賣菜者作十婦詞》，北京出版社，2011年，第601頁。

〔註310〕李昉：《太平廣記》卷一百五十九《定婚店》，中華書局，1981年，第1143頁。

〔註311〕（元）脫脫等：《宋史》卷二百五十二《武行德傳》，中華書局，1985年，第8856頁。

來賣茶、茱者甚眾，其中有婦人，皆以青斑布帕首，然頗白皙，語音亦頗正。」
〔註312〕其有詩《黃牛峽廟》曰：「村女賣秋茶，簪花髻鬓匝。繈兒著背上，帖
妥若在榻。」〔註313〕在其歸隱故鄉江陰時，當地也有不少賣茶的村女，陸游
詩曰：「園丁刈霜稻，村女賣秋茶。」〔註314〕《秋晚村舍雜詠二首‧其一》詩
曰：「園丁種多茱，鄰女賣秋茶。」〔註315〕《倚杖》詩曰：「兒童拾筍籜，婦
女賣茶芽。」〔註316〕可見，當時民婦賣茶的現象較爲普遍，並非某個地方獨
有的現象。有的婦女還鋌而走險，參與到私販茶葉的違法買賣，前文已有論
及。

　　一些民婦也有參與賣水果的，如滄州有婦人，「幼年母病臥床，家無父兄，
日賣果於市，得贏錢數十以養母」〔註317〕。

　　宋代的花卉種植已成爲農業生產中相對獨立的一支，出現了專門種植花
卉的花戶，而出賣鮮花的也多以女性爲主。

　　（二）飲食類銷售。宋人林栗對《周易》的解讀中說道：「主饋食，婦人
之職也。」〔註318〕所以，女性經營食品自是順理成章之事。《夷堅志》中《鄂
渚王媼》條載：「鄂渚王氏，三世以賣飯爲業。王翁死，媼獨居不改其故。」
〔註319〕汴河岸邊「有賣粥媼」，長期流動經營，「日以所得錢置甔籯中，暮則
數」〔註320〕。還有「臨安一山寺前，有翁媼市餅餌爲給」〔註321〕，夫妻二人
勤勉努力但求溫飽，近二十年。這些民婦售賣飲食物品的情況，多是以流動
貨賣爲主。

〔註312〕陸游：《入蜀記》卷六，錢仲聯主編《陸游全集校注》，浙江出版聯合集團，
　　　　2012年，第11冊，第129頁。
〔註313〕陸游：《劍南詩稿》卷二《黃牛峽廟》，錢仲聯主編《陸游全集校注》，浙江出
　　　　版聯合集團，2012年，第1冊，第125頁。
〔註314〕陸游：《劍南詩稿》卷三十一《幽居》，錢仲聯主編《陸游全集校注》，浙江出
　　　　版聯合集團，2012年，第4冊，第245頁。
〔註315〕陸游：《劍南詩稿》卷四十七《秋晚村舍雜詠》，錢仲聯主編《陸游全集校注》，
　　　　浙江出版聯合集團，2012年，第5冊，第417頁。
〔註316〕陸游：《劍南詩稿》卷三十二《倚杖》，錢仲聯主編《陸游全集校注》，浙江出
　　　　版聯合集團，2012年，第4冊，第294頁。
〔註317〕郭彖：《睽車志》卷二，中華書局，1985年，第17頁。
〔註318〕林栗：《周易經傳集解》卷十九，北京出版社，2011年，第470頁。
〔註319〕洪邁：《夷堅支志》甲卷八《鄂渚王媼》，中華書局，1981年，第775頁。
〔註320〕郭彖：《睽車志》卷三，中華書局，1985年，第27頁。
〔註321〕何薳：《春渚紀聞》卷十《糝制》，中華書局，1983年，第151頁。

　　除了流動貨賣，也有婦女是固定開鋪經營餐飲業的。如北宋都城開封有曹婆婆肉餅店鋪，南宋都城臨安有宋五嫂魚羹、李婆婆雜菜羹等。宋五嫂魚羹、李婆婆雜菜羹還被皇帝享用過，因此較為出名。

　　在宋代，一些民婦還參與到酒的售賣中，如《夢粱錄》卷六《收燈都人出城採春》條有「王小姑酒店」。一些民婦則以賣散酒為生，陸游在四川就遇到「有婦人負酒賣，亦如負水狀，呼買之，長跪以獻。」〔註322〕陸游《三峽歌》詩曰：「古妝峨峨一尺髻，木盎銀盃邀客舟」〔註323〕，講的也是婦女到客舟上流動賣酒的情形。在宋代，未得官府許可，私販酒是要受到嚴懲的。為追逐利潤，亦有婦女幹起販賣私酒的勾當。如《夷堅志》中《吳六競渡》記述了方五妻私酤之事，方五死後，「孀妻獨居，營私釀酒。每用中夜雇漁艇運致，傳入街市酒店，隔數日始取其直」〔註324〕。

　　有的婦女還開茶肆賣茶水。茶肆，宋時又稱茶館、茶坊、茶樓或茶邸，是一種主要以售賣茶水，供顧客品茶賦閒、怡情養性的場所。不僅都市中茶肆較常見，就連一些偏僻小鎮也有開設，如施耐庵《水滸傳》第三十二回有「那清風鎮上也有幾座小勾欄、茶坊、酒肆。」茶坊種類的繁多，有的只是為過往旅客提供解渴消乏之用，而更多的茶坊則是交際、貿易、娛樂的場所。因此，不同的茶肆所接待的客人也有差別。如項安世《建平縣道中》詩曰：「門前健婦能招商，茗碗角餌邀人嘗」〔註325〕。

　　在城鎮中，婦女開茶肆的現象也很普遍。吳自牧《夢粱錄》卷十六《茶肆》載：「瓦內王媽媽家茶肆，名『一窟鬼』茶坊。」南宋臨安的「一窟鬼」茶坊為中瓦內王媽媽所開，氛圍頗為高雅，士大夫多在此約朋會友，吟詩作對。福州城西居民「家素貧，僅能啟小茶肆。」〔註326〕這家店鋪規模小，位置也不佳，僅經營解決自身溫飽而已。「平江茶肆民家」夫妻連日離家後，「但留幼女守舍」，〔註327〕家中的小女兒也可以獨自照看茶肆，可見平日家中的女

〔註322〕陸游：《入蜀記》卷六，錢仲聯主編《陸游全集校注》，浙江出版聯合集團，2012年，第11冊，第134頁。
〔註323〕陸游：《劍南詩稿》卷三十《三峽歌》，錢仲聯主編《陸游全集校注》，浙江出版聯合集團，2012年，第4冊，第230頁。
〔註324〕洪邁：《夷堅支志》癸卷九《吳六競渡》，中華書局，1981年，第1287頁。
〔註325〕項安世：《平庵悔稿·建平縣道中》，線裝書局，2004年，第9頁。
〔註326〕洪邁：《夷堅支志》癸卷八《遊伯虎》，中華書局，1981年，第1278頁。
〔註327〕洪邁：《夷堅丙志》卷十《茶肆民子》，中華書局，1981年，第452頁。

性都是參與經營的。還有莊綽《雞肋編》卷上載：「嘗泊舟嚴州城下，有茶肆婦人少艾，鮮衣靚妝，銀釵簪花，其門戶金漆雅潔」。

一些民婦還參與賣鹽，如洪邁《夷堅志補》卷二十五《李二婆》條載：「鄂州民媼李二婆，居於南草市，老而無子，以鬻鹽自給。」她雖生活不易，其經商卻誠實厚道，「每日所貨鹽，來買一斤，以十八兩與之，所憑以活殘年者，一秤而已」，受到郡守等人的嘉獎。在宋代，私販一定數量的鹽也是要受到嚴懲的，一些婦女亦有私販鹽的行為，前文已有述及。

（三）日用品銷售。紡織品即是婦女自產自銷的主要產品，葉茵《機女歎》詩曰：「機聲呼軋到天明，萬縷千絲織得成。售與綺羅人不顧，看紗嫌重絹嫌輕。」〔註328〕徐積《織女》詩曰：「此身非不愛羅衣，月曉霜寒不下機。織得羅成還不著，賣錢買得素絲歸。」〔註329〕為了供應專業織戶日益增多的「素絲」需要，還出現了專事煮繭與繅絲以出售的專業戶。范成大《繅絲行》詩曰：「今年那暇織絹著，明日西門賣絲去。」〔註330〕有的婦女本身不參與紡織生產的，而以販賣布帛為生。如「李容於街中，有舊識販繒媼」。〔註331〕有的是夫婦協作經營的，如宗立本夫婦之例即是如此。因為販布婦容易與生產布料的織婦打交道，這也是她們從事絲布經營銷售的優勢。

有的婦女織草鞋以出售自給。如《太平廣記》記載了以織鞋子為生的廣州「何二娘」，「廣州有何二娘者，以織鞋子為業」。〔註332〕一些婦女則以出售刺繡成品為生。

閨閣女子日常所需用之物亦是宋代民婦較多經營的品種，如《宋史·列女傳》載：「朱氏，開封民婦也，家貧，賣巾履簪珥以給其夫。」〔註333〕朱氏出售毛巾、草鞋、髮簪、耳環這些日常用品以獲取利潤。還有民婦賣花粉的情況，花粉為婦女日常化妝之用，可以將其溶於水敷面。《夷堅志》中《鄭氏犬》條載：「邑有販婦，以賣花粉之屬為業。」〔註334〕賣胭脂的販婦也不少見。

〔註328〕陳起：《江湖小集》卷四十葉茵《機女歎》，商務印書館，2005年，第666頁。
〔註329〕徐積：《節孝集》卷二十五《織女》，商務印書館，2005年，第303頁。
〔註330〕范成大：《范石湖集》卷三《繅絲行》，上海古籍出版社，2010年，第30頁。
〔註331〕洪邁：《夷堅甲志》卷十九《誤入陰府》，中華書局，1981年，第170頁。
〔註332〕李昉：《太平廣記》卷六十二《何二娘》，中華書局，1981年，第390頁。
〔註333〕（元）脫脫等：《宋史》卷四百六十《列女傳》，中華書局，1985年，第13479頁。
〔註334〕洪邁：《夷堅丙志》卷九《鄭氏犬》，中華書局，1981年，第444頁。

「郭華家富好學，求名不達，遂負販爲商。遊京城，入市，見市肆中一女子美麗，賣胭脂粉。」〔註335〕還有磨鏡出售的，如衡州陳道人以磨鏡爲業，中年後失明，每日「憑妻肩行於市」，後來索性在家養病，「獨令妻自行磨鏡以取給」〔註336〕，她的妻子獨自磨鏡出售以糊口養家。

宋時還有一些民婦有開雜貨店，如「信陽軍羅山縣，荒殘小邑也」，在這較爲偏僻的地方，也「有沈嫗者，啓雜貨店於市」〔註337〕。

（四）醫藥銷售。在宋代，賣藥的婦女也不少見。如《夷堅志》中《一足婦人》條載：「紹興十七年，泉州有婦人，貨藥於市，二女童隨之。」〔註338〕這是專門以走街串巷兜售藥品的「藥婆」。在定點銷售藥物的鋪子中，亦有女性經營者。如北宋汴京開封有「醜婆婆藥鋪」，〔註339〕南宋臨安有「陳媽媽泥面具風藥鋪」〔註340〕，夜市中，「賞新樓前仙姑賣食藥」〔註341〕，在這些經營藥品的婦女當中，大多掌握一定的醫術，加之她們對藥品的功能、品性有所瞭解，賣藥之餘還可爲人診療一些常見的病症。

第四節　服務業

在宋代，服務業也得到長足的發展，有學者估計，到南宋中後期，臨安城內從事工商業和服務業的人口就有二十萬人左右。〔註342〕宋代服務業中，亦不乏民婦的影子。這主要有以下幾種情況。

一、傭工爲生

在宋代，有民婦出外傭工爲生或補貼家用，這種情況並不罕見。有的是夫婦都以爲人傭工爲生的。史載：「顏氏夫婦業傭，留小女守舍。」〔註343〕

〔註335〕皇都風月主人：《綠窗新話》卷上《郭華買脂慕粉郎》，古典文學出版社，1957年，第45頁。

〔註336〕洪邁：《夷堅丁志》卷二十《陳磨鏡》，中華書局，1981年，第707頁。

〔註337〕洪邁：《夷堅三志》壬卷六《羅山道人》，中華書局，1981年，第1508頁。

〔註338〕洪邁：《夷堅甲志》卷二十《一足婦人》，中華書局，1981年，第184頁。

〔註339〕孟元老撰、伊永文箋注：《東京夢華錄箋注》卷三《大內西右掖門外街巷》，中華書局，2006年，第373頁。

〔註340〕吳自牧：《夢梁錄》卷十三《鋪席》，中華書局，1985年，第113頁。

〔註341〕吳自牧：《夢梁錄》卷十三《夜市》，中華書局，1985年，第115頁。

〔註342〕林正秋：《南宋都城臨安》，西泠印社，1986年，第190頁。

〔註343〕洪邁：《夷堅志補》卷四《顏氏義犬》，中華書局，1981年，第1582頁。

在廣西地區，民婦出外傭工的情況較多，其中有不少是少數民族的婦女，因此遭到宋政府的禁止。李燾《續資治通鑒長編》載：仁宗景祐四年（1037）夏四月，「禁廣西路民庸雇溪洞婦女，犯者以違制論」〔註344〕。

　　在宋代鄉村，農家日常的勞動大多是沒有報酬的，爲了增加家庭收入，爲人傭耕是民婦的經濟來源之一。如李廌筆下的田舍女，「傭工出力當一男，長大過笄不會拜。」〔註345〕在城鎮、鄉村中，有的民婦爲人傭舂、傭織。《宋史》卷四三七載：「境內有婦人傭身紡績舂簸，以養其姑。」〔註346〕《夷堅志補》中《李姥告虎》條載：「姥爲人家紡績，使兒守舍，至暮歸，裹飯哺之，相與爲命。」〔註347〕孝宗朝福建官員黃璃，對「負租而逃」的寡婦，「寬其期以召之，來則使之傭織於人，以漸償所付」〔註348〕。

　　還有一些民婦，憑藉自己的技藝走街串巷，臨時被富家雇傭做短暫的家務活。她們按時爲人漿洗衣服、縫紉、幫廚等粗活雜役，屬於計件計酬式或日傭制，雇主和雇工之間沒有什麼契約關係。如《夷堅志補》卷一《都昌吳孝婦》條載：「都昌婦吳氏，爲王乙妻，無子寡居，而事姑盡孝。……吳爲鄉鄰紡緝、澣濯、縫補、炊爨、掃除之役，日獲數十百錢，悉以付姑，爲薪米費。」還有鹽城周氏的女兒，父母死後，無以糊口，「朱從龍寓居堰側，時時呼入其家，供薪水之役」〔註349〕。這些從事各類家庭雜役的女性，受雇多爲臨時工性質，沒有對雇主的人身依附關係。這些受雇於富家的婦女，其收入也是較可觀的，至少可以養活家小。如前述都昌婦人吳氏「爲鄉鄰紡緝、澣濯、縫補、炊爨、掃除之役，日獲數十百錢，悉以付姑，爲薪米費」，收入並不算少。

　　在宋代，有的婦女還受雇於酒樓，類似現今的「女服務員」。如《東京夢華錄》卷二《飲食果子》載：「更有街坊婦人，腰繫青花布手巾，綰危髻，爲酒客換湯斟酒，俗謂之『焌糟』。」她們在城市中充當「打工者」角色，在服

〔註344〕李燾：《續資治通鑒長編》卷一百二十，仁宗景祐四年四月丙午條，中華書局，2004年，第2825頁。

〔註345〕李廌：《濟南集》卷三《田舍女》，線裝書局，第666頁。

〔註346〕（元）脫脫等：《宋史》卷四百三十七《程迥傳》，中華書局，1985年，第12951頁。

〔註347〕洪邁：《夷堅志補》卷四《李姥告虎》，中華書局，1981年，第1580頁。

〔註348〕朱熹：《晦庵集》卷九十三《朝散黃公墓誌銘》，商務印書館，2005年，第25頁。

〔註349〕洪邁：《夷堅支志》丁卷九《鹽城周氏女》，中華書局，1981年，第1036頁。

務業中終日爲衣食而奔忙。南宋酒樓還有以小爐薰香爲供的老婦。周密《武林舊事》卷六《酒樓》：「及有老嫗，以小爐薰香爲供者，謂之『香婆』」。

　　一些民婦受雇於人，從事爲人荷轎、撐船擺渡等體力活。莊綽《雞肋編》卷中記載：「泉、福二州婦人轎子，則用金漆，雇婦人以荷。」在呂陶筆下，爲我們描繪了爲人擺渡的河津女的情況。其詩曰：「河津女娟者，可與壯士儔。簡子欲南渡，誰人爲撐舟。娟奮紅袂起，姿容盛優柔。長篙與風快，大翼如雲浮。頃刻易千里，恬然濟中流」〔註350〕。

二、貿易經紀

　　在宋代，牙人作爲市場交易的中介人與經紀人，又稱牙儈、牙商、牙子、牙保、馹儈等，他們是工商貿易活動中溝通買賣雙方的中間人，以此獲取一定的傭金，其中的女性牙人稱女儈、牙嫂或牙婆。女儈同樣是溝通信息，提供媒介服務，促進商品流通的重要力量。陳普《古田女》詩曰：「插花充牙儈，城市稱雄霸。梳頭坐列肆，笑語皆機詐。新奇弄濃妝，會合持物價。」〔註351〕詩中描述了女牙儈的職責，她們穿梭活躍於市場，對溝通買賣雙方起了積極的作用。如米芾《書史》提到：「姑蘇衣冠萬家，每歲荒及迫節，往往使老婦馹攜書畫出售。余昔居蘇，書畫遂加多」。可見，宋代書畫市場也出現了女牙人，促進了書畫的銷售。

　　在宋代，女儈的形象並不光彩，因爲一些女儈在正當的經營之外，還在人口買賣中居間引薦。吳自牧《夢粱錄》記載，在北宋首都汴京，「如府宅官員，豪富人家，欲買寵妾、歌童、舞女、廚娘、針線供過、粗細婢妮，亦有官私牙嫂，及引置等人，但指揮便行踏逐下來」。〔註352〕牙婆們還與人販子、虔婆相互串通，多以替女子找婆家或找職業爲名，使用花言巧語、坑蒙拐騙的手段，把良家女子推入火坑，或做婢女、或爲妾、或當傭、或爲娼，從中牟取暴利。有的女儈參與人口買賣行爲甚至接近誘騙擄掠，如紹興初，王從事與妻子失散，多年團聚後才知道，是被女儈拐賣「貨於宰，得錢三十萬。」〔註353〕王繼勳性格殘暴，他「分司西京殘暴愈甚，強市民家子女以備給使，

〔註350〕呂陶：《淨德集》卷二十九《河津女》，中華書局，1985年，第305頁。
〔註351〕陳普：《石堂先生遺集》卷十六《古田女》，書目文獻出版社，1998年，第771頁。
〔註352〕吳自牧：《夢粱錄》卷十九《雇覓人力》，中華書局，1985年，第182頁。
〔註353〕洪邁：《夷堅丁志》卷十一《王從事妻》，中華書局，1981年，第632頁。

小不如意，即殺而食之，以槽櫝貯其骨出棄於野外，女儈及鬻棺者，出入其門不絕，民甚苦之」〔註354〕。可見，有的女儈明知道雇主不好，有可能所雇之人可能失掉性命的情況下，仍然殷勤介紹，以賺取傭金。女儈在人口買賣中的惡劣行徑很受人們的痛恨，宋人有嚴防女儈入門的警戒。陳元靚《事林廣記》前集卷九載：「一子弟不可入宅，二牙婆不可入宅，三師尼不可入宅，人家亦然。」袁采《外人不宜入宅舍》載：「尼姑、道婆、媒婆、牙婆及婦人以買賣針灸為名者，皆不可令入人家」。

其實，這些女牙儈作為商品交易的中介人，亦起到了一定的促進產銷作用。

三、婚介賣卦

在宋代，成婚用媒已由單純的禮制要求變為法制規範。隨著媒人活動的範圍逐步擴大，她們除了在溝通兩性聯繫、促成婚姻締結方面外，還在傳遞社會信息、加強人際交流方面發揮一定作用。

宋時，婚姻是否合禮合法，媒婆要承擔一定的法律責任。在吳處厚《青箱雜記》曰：「使媒婦通意」〔註355〕，「媒婆」一詞在兩宋史籍中屢見不鮮。這些媒婆一般都深曉禮儀，伶牙俐齒，隨機應變，多能準確地把握男女雙方的喜好和心理。在宋人的婚姻中，媒人在婚嫁過程中擔當著重要角色。如果媒婆正當為人說媒，也可以成就無數金玉良緣，屬於當時社會不可或缺的職業。吳自牧《夢粱錄》載：「婚娶之法，先憑媒氏，以草帖子通於男家……自送定之後，全憑媒氏往來，朔望傳語。」〔註356〕可見，媒人是擔任男女兩家的溝通橋梁。因為媒人的存在，才使得婚禮能夠順利進行。

在宋代，媒人的社會地位大體上是不高的。因為這些媒人往往也是以重酬勞為前提，為完成婚姻交易獲得謝媒禮，常常對雙方連鬨帶騙，想方設法促成其事。袁采《袁氏世範》對媒人有過這樣的評價，「古人謂周人惡媒，以其言語反覆，紿女家則曰男富，紿男家則曰女美，近世尤甚。紿女家則曰男家不求備禮，且助出嫁之資。紿男家則厚許其所遷之賄，且虛指數目」〔註357〕。

〔註354〕李燾：《續資治通鑒長編》卷十八，太宗太平興國二年正月丁未條，中華書局，
　　　　2004年，第398頁。
〔註355〕吳處厚：《青箱雜記》卷四，中華書局，1985年，第42頁。
〔註356〕吳自牧：《夢粱錄》卷二十《婚娶》，中華書局，1985年，第185頁。
〔註357〕袁采：《袁氏世範·睦親·媒妁之言不可信》，黃山書社，2007年，第71頁。

在宋代社會裏，女巫也是女性賴以謀生的職業之一。早在遠古社會，巫覡已經盛行，在男爲覡，在女爲巫。女巫的功能主要就是給人們占卜、算卦。宋代女巫這一特殊女性群體，多稱以「巫母」。僅從稱謂來看，女巫的年齡一般都偏大，但並沒有嚴格的年齡界限。

儘管受到來自傳統社會的各種質疑，女巫在宋代下層民間仍擁有廣泛的信眾。黃休復《茅亭客話》載：「導江縣有一女巫，人皆肅敬，能逆知人事。」〔註358〕沈括《夢溪筆談》載：「山陽有一女巫，其神極靈。」〔註359〕潘永因《宋稗類鈔》十六載：「京師閭閻多信女巫。」從中不難看出人們對神異女巫的尊崇態度。

女巫的一個功能就是爲人占卜，賣卦獲利。如「土人何婆善琵琶卜……士女塡門，餉遺滿道」。〔註360〕還有「崇仁坊阿來婆彈琵琶卜，朱紫塡門。」〔註361〕一般人在求助女巫之後，都會給予一定的報酬。《夷堅志》中《聖七娘》條載：淄州姜廷言因爲「久不得家書，日夕憂惱，邦人盛稱女巫聖七娘者行穢跡法通靈，能預知未知事。（姜）乃造其家。」姜得母弟訊後，「厚致錢往謝。」〔註362〕而女巫賣卦獲利者，想必亦不少。

女巫還通過給人看病獲得酬勞。《夷堅志》中《陸道姑》條便記載了一位夫爲商人的巫醫陸道姑。慶元元年（1195）九月，陸道姑來到新安（今安徽徽州），「聞其風者踵至，日常數百」。〔註363〕可見這位巫醫的收入頗爲不錯的。

四、賣藝獻唱

在宋代，由於賣藝商業化，以賣藝爲生成爲一部分平民選擇的職業。一些破產農民，從農村流入城鎮，靠賣藝糊口，這種一家一戶上場演出的謀生方式在宋代已較爲普遍。吳自牧《夢粱錄》載：「村落百戲之人，拖兒帶女，就街坊橋巷呈百戲使藝，求覓鋪席宅捨錢酒之資。」〔註364〕在北宋都城汴京的鬧市中，就有不少賣藝的女子。如在表演雜耍的場子中，就有女相撲手表

〔註358〕黃休復：《茅亭客話》卷十《孫處士》，商務印書館，2005年，第260頁。
〔註359〕沈括：《夢溪筆談》卷二十《神奇》，中華書局，1985年，第128頁。
〔註360〕李昉：《太平廣記》卷二百八十三《何婆》，中華書局，1981年，第2256頁。
〔註361〕李昉：《太平廣記》卷二百八十三《來婆》，中華書局，1981年，第2257頁。
〔註362〕洪邁：《夷堅支志》景卷五《聖七娘》，中華書局，1981年，第917頁。
〔註363〕洪邁：《夷堅支志》戊卷八《陸道姑》，中華書局，1981年，第1111頁。
〔註364〕吳自牧：《夢粱錄》卷二十《百姓伎藝》，中華書局，1985年，第192頁。

演熱場，「先以女颭數對打套子，令人觀睹，然後以臂力者爭」〔註365〕。在南宋都城臨安，亦有不少賣藝的女子，周密《武林舊事》卷六《諸色伎藝人》條中，所羅列的諸色伎藝有十九種之多，而且每一種均有女子的參與。如「演史」女藝人有「張小娘子、宋小娘子、陳小娘子」。影戲的女藝人有「李二娘、王潤卿、黑媽媽」等，鼓板有「陳宜娘、潘小雙」，女相撲高手就有「繡勒帛、錦勒帛、賽貌多、女急快」等人。

在宋代，還有一些賣唱的民婦。范成大在夔州（今四川奉節），就見到了船上獻唱的女子。其有詩曰：「當筵女兒歌《竹枝》，一聲三疊客忘歸。萬里橋邊有船到，繡羅衣服生光輝。」〔註366〕欣賞歌聲的多是行旅客人，這些女子的歌唱應該不是免費的，而與商業活動密切相關。陸游也對此現象有所描繪，其《荊州歌》詩曰：「伏波古廟占好風，武昌白帝在眼中。倚樓女兒笑迎客，清歌未盡千觴空」〔註367〕。一些民家婦女自幼學得絲竹樂器，到酒樓等賣唱為生的亦有。如《水滸傳》中，魯智深所救的金翠蓮，即是與父親在酒樓賣唱為生。

五、理髮美容及其它

在宋代，一些婦女還以替人理髮美容為生。如《夷堅志》中《都鑷工》條載：「政和初，成都有鑷工，出行塵間，妻獨居。一鬐鬌道人來，求摘耏毛，先與錢二百。妻謝曰：『工夫不多。只十金足矣。』曰：『但取之。為我耐煩可也。』遂就坐，先剃其左，次及右。」〔註368〕有的婦女以替人繳面美容謀生，繳面即去除臉上的汗毛，使得皮膚光滑。《名公書判清明集》卷十四《賣卦人打刀鑷婦》便記載了一名以繳面為業的張姓婦人，「阿張借繳面之末技，以資助衣食」。

宋代一些婦女還在鄉村開設旅店，作為旅行者途中的休憩場所和官方驛站的有益補充。有的是夫妻一起經營的，如《夷堅志》中《支友璋鬼狂》條

〔註365〕吳自牧：《夢粱錄》卷二十《角抵》，中華書局，1985 年，第 193 頁。
〔註366〕范成大：《范石湖集》卷十六《夔州竹枝歌》，上海古籍出版社，2010 年，第 220 頁。
〔註367〕陸游：《劍南詩稿》卷十九《荊州歌》，錢仲聯主編《陸游全集校注》，浙江出版聯合集團，2012 年，第 3 冊，第 246 頁。
〔註368〕洪邁：《夷堅乙志》卷十二《成都鑷工》，中華書局，1981 年，第 287 頁。

載：「漣水民支氏，啓客邸於沙家堰側，夫婦自主之。」〔註369〕還有的是婦女獨自經營的，如太宗時期的宰相盧多遜，因牽涉連秦王趙廷美結黨營私一案，全家被貶至崖州（今海南三亞）。「逾嶺，憩一山店。店嫗舉止和淑‧頗能談京華事。」〔註370〕盧多遜與店嫗交談，得知其是從開封流落於此，以此店為生。可見，婦女在鄉村經營小旅店的行為，在宋代也是屢見不鮮的。

〔註369〕洪邁：《夷堅支志》己卷三《支友璋鬼狂》，中華書局，1981 年，第 1324 頁。
〔註370〕王辟之：《澠水燕談錄》卷九，中華書局，1981 年，第 112 頁。

第四章　宋代平民婦女的精神文化活動

第一節　文化素質

一、教育情況

  在宋代，平民婦女的教育情況也體現出與其他階層婦女不同的時代特色。總的來說，大多數民婦與讀書受教育根本無緣，尤其是家境貧寒的農家女子更是如此。她們爲了生存日夜勞作，白天操持家務，照顧家人，晚上還要辛勤紡織，因此很少有時間參與學習文化知識。況且，受教育還需要一定的費用支出，對於貧苦家庭，尤其是在溫飽線上掙扎的民戶來說，更是無法提供家中女子良好的教育條件。有機會受教育的平民女子，多來自富商大戶、市井小民等經濟條件尚可的人家。宋代民婦文化素質總體水平並不高，但不乏有曉文翰知詩詞者。

  宋時民婦受教育的途徑和內容是相輔相成的，這主要有以下幾種情況。

  第一、家庭教育。家庭教育是平民女子接受教育的主要渠道。生活技能是民婦家庭教育的重要內容，爲以後生活中能夠打理家庭生計作準備。司馬光指出：「『女工』謂蠶桑、織績、裁縫及爲飲膳，不惟正是婦人之職。」〔註1〕無論貴賤貧富人家，一般都要求女兒從小學習女工。即使是富家女子，也要學習女工，爲的是「欲使之知衣食所來之艱難，不敢恣爲奢麗。」〔註2〕有些富家女出嫁之前便養成了勤於生業的習慣，如《夷堅志》中《武女異疾》

〔註1〕 朱熹：《家禮》卷一《通禮》，北京出版社，2011年，第463頁。
〔註2〕 司馬光：《書儀》卷四《居家雜儀》，商務印書館，2005年，第700頁。

條載：南宋時期的荊湖北路鄂州富商武邦寧，「長子有女，勤於組紃，常至深夜始寢。」〔註3〕如果婦女不會紡織、縫紉之事，往往為夫家所嫌棄。

至於酒食之事，民婦一般學會做飯就可以了，並不要求定要精於烹飪技術。這與平民家庭生活貧苦，難以講究飲食，而富貴人家又多婢女、廚娘負責飲食有關。

民婦還會學習一些書算知識，也是為了今後為人妻母時操持家務的必要準備。《袁氏世範》中《寡婦治生難託人》載：若夫死子幼，「惟婦人自識書算，而所託之人衣食自給，稍識公義，則庶幾焉。不然，鮮不破家」〔註4〕。

宋代民婦家庭教育的內容還包括婦德教育。婦德教育是宋代女子教育的基本內容。無論是宮廷女子、官宦女子還是民家女子都要接受婦德教育，主要進行三從四德、賢妻良母和日常禮儀的教育。宋代是我國家訓發展和繁榮的重要時期，不僅出現了大量的家訓專著，還出現了彙集歷朝歷代的家訓總集。如司馬光《家範》、《居家雜儀》，趙鼎《家訓筆錄》，劉清之《戒子通錄》，袁采《袁氏世範》。這些家訓從不同方面對婦人提出了規範要求，主要不外乎婦德、婦言、婦容、婦功四個方面。如司馬光《家範》中對女德進行了詳細的論述。「為人妻者，其德有六：一曰柔順；二曰清潔；三曰不妒；四曰儉約；五曰恭謹；六曰勤勞」〔註5〕。

民婦所接受的家庭教育往往還包括文化教育。一些有文化背景的家庭，大多是家長親自為兒女傳授知識。《夷堅志》中《吳淑姬嚴蕊》條載：「湖州吳秀才女，慧而能詩詞，貌美家貧。」〔註6〕湖州吳秀才，其女兒名叫淑姬，聰慧而擅長作詩詞，能投筆立成《長相思令》，令滿座傾服。吳秀才詩書滿腹卻窮困潦倒，不可能延師教女，淑姬多半由吳秀才自己教成。還有蘇洵之女蘇八娘，亦在其父的指導下學習詩文知識，蘇洵《自尤並敘》詩中提到：「女幼而好學，慷慨有過人之節，為文亦往往有可喜。」〔註7〕有些名匠之家的女子還能秉承父業，自幼學得一些專業技術知識。據歐陽修《歸田錄》卷二載，著名建築家喻皓之女自幼耳濡目染，學習建築技術。

〔註3〕 洪邁：《夷堅支志》庚卷五《武女異疾》，中華書局，1981年，第1174頁。
〔註4〕 袁采：《袁氏世範·睦親·寡婦治生難託人》，黃山書社，2007年，第69頁。
〔註5〕 司馬光：《家範》卷八《妻上》，上海書店出版社，1994年，第419頁。
〔註6〕 洪邁：《夷堅支志》庚卷十《吳淑姬嚴蕊》，中華書局，1981年，第1216頁。
〔註7〕 蘇洵：《類編增廣老蘇先生大全文集》補遺《自尤》，線裝書局，2004年，第146頁。

　　經濟條件較好的家庭還會聘請家庭教師教育兒女。羅燁《新編醉翁談錄》記載：「處州林五郎，居鄉質樸，其家頗富。無男，只生一女，名素姐，小年患痘瘡，一眼失明。夫妻商議：『有女如此，當教之讀書，將來招一女婿入贅。』乃令入學，招黃季仲而教導之。季仲乃福州人，寓居其里中；素姐年至十二，聰敏，無書不讀，善書算。」〔註8〕女子有學識同樣能擔起家庭的責任，並能提高身價，在擇婿上也是一項不可忽視的砝碼。

　　在宋代，一些殷實人家還讓女兒自幼學習絲竹樂器等技藝，以擡高身價，增加女子在出嫁時的砝碼。司馬光就曾抨擊過這種情況：「至於刺繡華巧，管絃歌詩，皆非女子宜習也」〔註9〕。朱熹亦指出：「今人或教女子以作歌詩，執俗樂，殊非所宜也。」〔註10〕由於琴棋書畫常被人視爲優秀資質和高雅情趣，所以一些經濟條件較好的家庭讓女兒從小學習琴、箏等樂器。一些平民女子迫於生計，也學習絲竹彈唱或其它技藝，以期長大後可以到酒樓賣唱等以謀生。

　　在商品經濟滲透的影響下，一些並不富裕的家庭生了女兒，倍加呵護，往往不惜重金聘請專業技師，教其歌藝絲竹，以待今後賺錢養家。洪巽《暘谷漫錄》記載：「京都中下之戶，不重生男，每生女，則愛護如捧璧擎珠。甫長成，則隨其資質，教以藝業，用備士大夫採拾娛侍。」文天祥《名姝吟》詩中也反映了京都臨安人教女技藝的現象：「京人薄生男，生女即不貧。東家從王侯，西家事公卿。」〔註11〕陳潤道《吳民女》詩曰：「吳民嗜錢如嗜飴，天屬之愛亦可移。養女日夜盼長成，長成未必爲民妻。百金求師教歌舞，便望將身贍門戶」〔註12〕。

　　在兩浙地區，教女習藝以贍養家庭的現象，雖然遭到文人士大夫的嚴厲聲討，但卻愈演愈烈，甚至已經成爲風俗。廉布《清尊錄》中記載了這麼一則故事：「興元民有得途遺小兒者，育以爲子。數歲，美姿首。民夫婦計曰：『使女也，教之歌舞，獨不售數十萬錢邪？』婦曰：『固可詐爲也。』因納深

〔註 8〕　羅燁：《醉翁談錄》卷一丙集《黃季仲不挾貴以易娶》，上海古籍出版社，2002年，第 418 頁。

〔註 9〕　司馬光：《家範》卷六，上海書店出版社，1994 年，第 406 頁。

〔註 10〕　朱熹：《家禮》卷一《通禮》，北京出版社，2011 年，第 463 頁。

〔註 11〕　文天祥：《文山先生全集》卷一《名姝吟》，線裝書局，2004 年，第 505 頁。

〔註 12〕　（清）厲鶚輯：《宋詩紀事》卷七十二陳潤道《吳民女》，上海古籍出版社，1983 年，第 1788 頁。

屋中，節其食飲，膚髮腰步，皆飾治之。比年十二三，嫣然美女子也。攜至成都，教以新聲，又絕警慧，益秘之不使人見，人以為奇貨。里巷民求為妻，不可，曰：『此女當歸之貴人』」。有平民夫婦在路上拾到棄兒，從小將其當做女兒教育，「教以新聲」，令人誤以為其是有才藝之美女子，以待價而沽。

　　第二、私塾教育。當時官學禁止女子入學，但私學的繁榮使女子接受私塾教育成為可能。如宋代名妓溫琬，年幼未入行之前，因父死家貧，託養在姨娘家中，「嘗衣以男袍，同學與之居積年，不知其為女子也。」〔註13〕一起讀書者稱為同學，溫琬的同學不知其是女性，說明溫琬曾就學於私塾。可見，民家女子入私塾學習的情況亦存在。

　　第三、社會教育。宋代女子從諸如說書、戲劇、俗講等喜聞樂見的形式中，學習歷史文化等知識。南宋臨安有的瓦舍「以為軍卒暇日娛戲之地」〔註14〕，軍士及家屬是南宋一些瓦舍的主要觀眾對象。宋人詩中也描寫了婦女聽優人講史，極為投入的樣子。劉克莊《田舍即事》詩曰：「兒女相攜看市優，縱談楚漢割鴻溝。山河不暇為渠惜，聽到虞姬只是愁。」〔註15〕張擇端《清明上河圖》也有一處描繪藝人作場，圍觀者便有婦女的身影。另外，中國歷史博物館藏品中有一方南宋銅鏡，鏡背鑄《嬰戲傀儡圖》。該圖畫有以一雙竿拉一橫幅帷帳，帳後一垂髻女童，兩手各執一杖頭傀儡，舉於帷帳上作表演狀，帳前一垂髻女童揮垂擊鼓，為傀儡演出伴奏，帳前另有四童席地而坐觀看演出。這幅畫證明了藝術對平民女子具有極大的感染力。那麼，眾多平民女子觀看藝人演出之事就不難理解了。

　　宋時的百戲技藝尤其是說話藝術，還向平民女子灌輸豐富的歷史知識。蘇軾《東坡志林》卷一載：「途巷中小兒薄劣，其家所厭苦，輒與錢，令聚坐聽說古話。至說三國事，聞劉玄德敗，顰蹙有出涕者；聞曹操敗，即喜唱快。」宋代話本《宣和遺事》中，一開頭便數落了夏桀、商紂、周幽王、楚靈王、陳後主、隋煬帝等歷代皇帝的殘暴無恥，還稱宋徽宗為無道昏君。同時頌揚薛仁貴、王彥章、岳飛等愛國英雄，痛斥了秦檜、蔡京、童貫等姦佞小人。通過聆聽說書、觀看戲劇等途徑，也使得民婦的見識有所增長。

〔註13〕劉斧：《青瑣高議》後集卷七，上海古籍出版社，1983年，第167頁。

〔註14〕吳自牧：《夢粱錄》卷十九《瓦舍》，中華書局，1985年，第178頁。

〔註15〕劉克莊：《後村先生大全集》卷十《田舍即事》，線裝書局，2004年，第790頁。

在宋代，平民婦女還有機會到寺廟聽法，接受到寺院的俗講教育。

二、總體素質

在宋代，平民家庭的女子受到教育的現象雖不多見，但也是存在的。頓起詩曰：「二喻出儒家，清貧一無有。零丁依老姑，破屋僧堂後。相對誦詩書，未嘗窺戶牖。」〔註16〕呂南公《稚女》詩曰：「衣無羅綺且貧清，口有詩書亦性靈。」〔註17〕胡次焱詩曰：「妾家貧如洗，妾貌妝不妍。……妾頗親筆硯，亦嘗閱簡編。」〔註18〕《夷堅志》中《張五姑》條載：「外舅女弟五姑，名宗淑，自幼明慧知書。既笄，嫁襄陽人董二十八秀才。」〔註19〕蘇軾幼年即得到其母的教導，他「生十年，父洵遊學四方，母程氏，親授以書。」〔註20〕可見，蘇軾之母程夫人亦是有一定文化素養的。

宋代書籍的普遍流通，也爲婦女閱讀書籍增長文化素質創造了條件。蘇軾指出：「余猶及見老儒先生，自言其少時，欲求《史記》、《漢書》而不可得，幸而得之，皆手自書，口夜誦讀，惟恐不及。近歲市人轉相摹刻諸子百家之書，日傳萬紙。」〔註21〕這使得普通的中產之家的婦女，亦可參與書籍閱讀。如曾氏「於財無所蓄，於物無所玩，自司馬氏以下史所記世治亂、人賢不肖，無所不讀。」〔註22〕劉氏認爲「蓄田千畝，不如藏書一束」，因而「不吝金帛以求之，插架幾萬軸」〔註23〕。

宋代一些地區的婦女頗有健訟之名，如章粲《廣州府移學記》載：廣州婦女「不恥爭鬥，婦代其夫訴訟，足躡公庭，如在其室，詭辭巧辯，喧嘖涎

〔註16〕 程遇孫：《成都文類》卷十三頓起《贈廣都寓舍賢婦二喻詩》，中華書局，2011年，第 293 頁。

〔註17〕 呂南公：《灌園集》卷五《稚女》，商務印書館，2005 年，第 258 頁。

〔註18〕 胡次焱：《梅岩集》卷二《嫠答媒》，商務印書館，2005 年，第 196 頁。

〔註19〕 洪邁：《夷堅丙志》卷十四《張五姑》，中華書局，1981 年，第 482 頁。

〔註20〕 （元）脫脫等：《宋史》卷三百三十八《蘇軾傳》，中華書局，1985 年，第 10801頁。

〔註21〕 蘇軾：《蘇軾文集》卷十一《李氏山房藏書記》，中華書局，1986 年，第 359頁。

〔註22〕 王安石：《臨川先生文集》卷一百《河東縣太君曾氏墓誌銘》，線裝書局，2004年，第 795 頁。

〔註23〕 周必大：《文忠集》卷三十六《曾監酒母孺人劉氏墓誌銘》，商務印書館，2005年，第 305 頁。

謾。被鞭笞而去者，無日無之。」〔註24〕《雞肋編》卷中也有載：「趙清憲公父元卿，爲東州某縣令。有婦人亡賴健訟，爲一邑之患，稱曰『欄街虎』。」〔註25〕這些擅訟婦女應該是有一定的文化素養的。

一些經商婦女或商人婦大多有一定的文化知識。如王洋詩曰：「聞君酬唱得此客，牧兒販婦哦新詩。」〔註26〕劉克莊詩曰：「嫁作商人婦，牙籌學算商」〔註27〕。

總地來說，宋代絕大多數民婦的文化素質並不高，尤其是生活在社會底層的婦女。如呂居仁《軒渠錄》記載了這麼一件趣事，北宋開封「有營婦，其夫出戍」，其子名窟賴兒，她「託一教學秀才寫書寄夫云：窟賴兒娘傳語窟賴兒爺，窟賴兒自爺去後，直是忔憎兒，每日根特特地笑，勃騰騰地跳。天色汪囊，不要吃溫吞蟽託底物事。」那個秀才無法捉筆，只能退回她數十錢。書面語言表達口語固然困難，而文化水平較低的人往往不容易聽懂書面語言，更不論自己作文了。在《夷堅志》中《鄂渚王媼》條載：王媼「好事佛，稍有積蓄則盡買紙錢入僧寺，如釋教納受生寄庫錢，素不識字，每令豢僕李大代書押疏文」〔註28〕。底層婦女雖然爲生計所迫，辛苦異常，但其所受的束縛要少於士宦之家的婦女是毋容置疑的。李覯《哀老婦》詩曰：「繄爾愚婦人，豈曰禮所拘。」〔註29〕周紫芝《野婦行》詩曰：「傾城可愛亦可憐，野婦誰知有西子」〔註30〕。

在宋代重文教的社會風氣、書籍的普遍流通以及士人提倡等影響下，民婦學習文化教育的情況比前代有所提升。

三、在詩詞書畫方面的貢獻

在宋代，一些民婦能詩會詞，對宋代文學的發展亦有一定的貢獻。宋人魏泰《隱居詩話》中指出：「近世婦女多能詩，往往有臻古人者。」這些能詩

〔註24〕（明）解縉等：《永樂大典》卷二萬一千九百八十四棻《廣州府移學記》，楊家駱主編，臺北世界書局，1977年，第97冊。

〔註25〕洪邁：《夷堅乙志》卷九《欄街虎》，中華書局，1981年，第256頁。

〔註26〕王洋：《東牟集》卷二《贈大猷》，商務印書館，2005年，第329頁。

〔註27〕劉克莊：《後村先生大全集》卷四十三《商婦詞》，線裝書局，2004年，第290頁。

〔註28〕洪邁：《夷堅支志》甲卷八《鄂渚王媼》，中華書局，1981年，第775頁。

〔註29〕李覯：《直講李先生文集》卷三十五《哀老婦》，線裝書局，2004年，第238頁。

〔註30〕周紫芝：《太倉稊米集》卷一《野婦行》，線裝書局，2004年，第749頁。

的婦女中，即有一定數量的民婦。有學者作過統計，在現存的資料中《全宋詩》中有女詩人 200 餘人，詩作 900 餘首。《宋詩紀事》中有女詩人 120 餘人，《全宋詞》中有詞人 90 餘人，詞作 300 餘首〔註31〕。

　　宋代民婦會作詩詞的情況，在史籍中亦多有反映。有的民婦自小即學習詩詞文翰，頓起詩曰：「二喻出儒家，清貧一無有。零丁依老姑，破屋僧堂後。相對誦詩書，未嘗窺戶牖。」〔註 32〕吳淑姬即是在其父吳秀才的指導下學習詩詞，「湖州吳秀才女，慧而能詩詞，貌美家貧。」〔註33〕還有溫琬「本良家子……六歲則明獻訓以詩書，則達旦不寐，從母授以絲枲，訓篤甚嚴，琬欣然丞暇。日誦千言，又能約通其大義，喜字學，落筆無婦人體，道渾且有格。」〔註34〕徐釚《詞苑叢談》記載這麼一件事，「宣和間，上元張燈，許士女縱觀，各賜酒一杯，一女竊所飲金杯，衛士見之，押至御前。女誦《鷓鴣天》詞云：『月滿蓬壺燦爛燈，與郎攜手至端門。貪觀鶴陣笙簫舉，不覺鴛鴦失卻群。天漸曉感皇恩，傳宣賜酒飲杯巡。歸家惟恐公姑責，竊取金杯作照憑。』道君大喜，遂以杯賜之，令衛士送歸。」〔註 35〕此竊杯女子應不是士宦人家的女子。楊延齡《楊公筆錄》載：「女郎曹希蘊作詩立成。一日，遊乾明寺，見諸民作繡工，民乞詩，乃應聲爲集句」。《桐江詩話》也載：「曹希蘊貨詩，都下人有以敲梢交爲韻，索賦《新月詩》者。曹詩云：『禁鼓初聞第一敲，乍看新月出林梢。誰家寶劍新磨出，匣小參差蓋不交』。」〔註36〕曹希蘊作詩思路敏捷，「作詩立成」，可見其作詩水平不低。洪邁《夷堅志補》卷十四《范礦無佛論》條載：「范無子，一女名德靜，頗知書，能詩文，嫁爲邑中程氏婦」。可見，一些民婦能詩會詞的情況並不罕見。

　　宋時民婦詩作多是以題壁的方式而爲後人所知。這些由民婦所作的題壁詩，前面大多有小序敘述作者的不幸遭遇，她們或於兵荒馬亂中離鄉背井；或遭丈夫拋棄；或夫死子幼無助。姑蘇（今江蘇蘇州）錢氏，「父母以妻里人

〔註31〕蘇者聰：《宋代女性文學》，武漢大學出版社，1997 年，第 33 頁。

〔註32〕程遇孫：《成都文類》卷十三頓起《贈廣都寓舍賢婦二喻詩》，中華書局，2011 年，第 293 頁。

〔註33〕洪邁：《夷堅支志》庚卷十《吳淑姬嚴蕊》，中華書局，1981 年，第 1216 頁。

〔註34〕劉斧：《青瑣高議》後集卷七，上海古籍出版社，1983 年，第 167 頁。

〔註35〕（清）徐釚：《詞苑叢談》卷七《竊杯女子詞》，上海古籍出版社，1981 年，第 152 頁。

〔註36〕胡仔：《苕溪漁隱叢話》前集卷二五《盧多遜》，人民文學出版社，1962 年，第 168 頁。

朱橫」，高宗紹興二十二年（1152），朱橫經商於嶺南不幸病故，身在嶺南的錢氏「無以自處，因攜其遺孤以歸故鄉。在道路歷艱虞，僅四十日矣。昨暮抵此，以風急未能濟，艤舟城下，夜久不寐，有西風颯然而來，皓月皎然類人。斯時也，況羈旅乎！曉登望湖亭，睹江山如故，不覺有所傷感然，因吐其胸中，書於壁間。好事君子，幸勿以婦人玩弄筆硯為誚。」〔註37〕錢氏攜孤歸鄉，途中有所感傷，在壁上作詩一首。

在朝代變更時期，民婦親身感受到國破家亡之痛，更是用題壁詩詞記錄了戰亂時期漂泊無定的痛苦。如淮上女《減字花木蘭》詞曰：「淮山隱隱，千里雲峰千里恨。淮水悠悠，萬頃煙波萬頃愁。山長水遠，遮斷行人東望眼。恨舊愁新，有淚無言對晚春。」〔註38〕該詞表現了南宋末年遭金人擄掠的民婦那種欲哭無淚的悲憤心情。劉將孫《養吾齋集》卷七載：「大橋，名清江橋，在樟鎮十里許，有無聞翁賦《沁園春》、《滿庭芳》二闋，書避亂所見女子，末有『埋冤姐姐、銜恨婆婆』語，極俚。後有螺川楊氏和二首，又自序楊嫁羅，丙子暮春，自涪翁亭下舟行，追騎迫，間逃入山，卒不免於驅掠。行三日，經此橋，睹無聞二詞，以為特未見其苦，乃和於壁。」靖康元年（1126），楊氏避難於此橋，睹無聞翁詞，心有所感，乃和詞於壁。她不僅對原題壁詞人的「苦情」有深切體會，而且和題二首。

宋代除了能詩詞的民婦，擅長丹青的也有。佚名《宣和畫譜》卷六載：「婦人童氏，江南人也，莫詳其世系。所學出王齊翰，畫工道釋人物。童以婦人而能丹青，故當時縉紳家婦女往往求寫照焉。有文士《題童氏畫》詩曰：『林下材華雖可尚，筆端人物更清妍。如何不出深閨裏，能以丹青寫外邊。』後不知所終。今御府所藏一。」可見，宋代民婦中亦有擅畫名家。

第二節　宗教信仰及其活動

一、信仰宗教的原因

在宋代，絕大多數民婦對宗教信仰較為熱衷。項安世指出：「凡言怪神者，

〔註37〕羅燁：《新編醉翁談錄》卷二乙集《姑蘇錢氏歸鄉壁記》，上海古籍出版社，2002 年，第 416 頁。

〔註38〕（金）元好問：《續夷堅志》卷四《泗州題壁詞》，中華書局，1985 年，第 61 頁。

中國少而荆越多，城市少而村野多，衣冠少而小民多，富室少而貧民多，主人少而童僕多，男子少而婦女多。」〔註 39〕由此可見，下層婦女對宗教信仰有著較其他階層婦女更爲濃厚的興趣，

　　宋代民婦熱衷於宗教信仰，是受到多種因素所影響的。

　　第一，宋代社會對民婦的宗教信仰一般抱以寬容的態度，因爲宗教教義的部分內容有助於女性自我塑造成社會理想的角色形象。如佛教十善是佛教的基本道德信條，即要求人們不殺生、不偸盜、不淫邪、不妄語、不兩舌（挑撥離間之語）、不惡口（粗惡之語）、不綺語（雜穢之語）、不貪欲、不瞋恚、不邪見等等。佛教在宋代宗教中影響最大，其教義在許多方面就與女性被期望的行爲標準不謀而合，例如甘於守寡、協助丈夫、慈愛善良等品質。

　　第二、受到社會環境的影響。宋代宗教信仰尤其是佛教極爲興盛，這自然會對廣大民家婦女有一定的影響。胡寅指出：「自佛法傳入中國，以死生轉化，恐動世俗千餘年間，特立不惑者，不過數人而已。」〔註 40〕可見，連宋代士大夫都陷入佛教之中，更不要說宋代婦女。如北宋「元豐、元祐間，釋氏禪家盛東南，士女紛造席下，往往空閨門。」〔註 41〕還有「鄉人春月，婦人集僧舍，觀佛事。」〔註 42〕在南宋漳州地區，甚至還出現「男女聚僧廬爲傳經會，女不嫁者爲庵舍以居」〔註 43〕的現象。

　　宋代佛教爲了擴大影響，還在社會各個階層中進行了弘法活動。佛教通常可分爲性、相、台、賢、禪、淨、律、密八大宗派。各宗的修行法門雖然不一，但門門皆能成佛。天台宗、華嚴宗等佛教派別在宋代女性中都有一定的影響，但禪宗的影響更爲廣泛，因爲南禪對禪宗以往深奧玄妙的教義、繁文褥節的修持進行了改造，提倡「不立文字」，標榜「明心見性」，看重內心的參悟。其所推崇的經典《金剛經》文字簡短，教義簡明，內容淺顯，無疑更易於女子接受。禪宗的簡便修行方法就非常適合平民婦女。而淨土宗構建了一個美妙無比的佛國世界，並提供了一個簡易的修行法門——人們只要虔

〔註39〕　項安世：《項氏家說》卷七《論鬼神》，中華書局，1985 年，第 87 頁。
〔註40〕　胡寅：《斐然集》卷二十《悼亡別記》，嶽麓書社，2009 年，第 383 頁。
〔註41〕　鄒浩：《道鄉先生鄒忠公文集》卷三十七《壽昌縣太君嚴氏墓誌銘》，線裝書局，2004 年，第 276 頁。
〔註42〕　王之望：《漢濱集》卷十五《故萬氏夫人墓誌銘》，上海書店出版社，1994 年，第 210 頁。
〔註43〕　（元）脫脫等：《宋史》卷四百二十九《朱熹傳》，中華書局，1985 年，第 12762 頁。

誠誦念佛的名號就能往生西方極樂世界，這對文化水平總體不高的民婦尤其有吸引力。如崔婆「但能誦阿彌陀佛，虔誠不少輟，不持數珠，莫知其幾千萬遍。」〔註44〕對於大多數民婦而言，她們的日常修行必須通過若干變通的方式才能達到修行的目的，所以她們能接受和奉行的多是簡單易懂、簡便易行的修行方式。如《夷堅志》中《李氏乳媼》條載：陳氏「每朝早起即誦《蓮花經》十餘遍，不能記全文，唯止憶兩三句，有『蓮花盆裏坐著玉仙人，每日清鐘淨不聞。』如是而已。」〔註45〕對於佛教徒而言，誦讀佛經祖語就好像是佛教親自為其宣講教義，故成為民婦信教日常修行的重要方法。可以肯定，崔婆、陳氏文化水平較低，但也能誦佛號以修行。

第三、宋代民婦在各自生活中遇到的挫折和痛苦，使之更加容易親近宗教。如《夷堅志》中《歐十一》條載：「湖州民歐十一，坐誤殺人配廣中。其妻在家齋素，日誦觀音。」〔註46〕歐十一妻在丈夫被判流放遠地的情況下，無能為力，唯有在家誦經吃素，祈求神明庇護家人及自己。宋代民婦屬於社會中的弱勢群體，應有的權利被漠視，大多生活艱苦，在受到不平等的對待時卻無力反抗，唯有皈依宗教，以求得心理慰藉。

民婦的宗教信仰還具有很強的功用性。她們認為相信神明，對信奉者，對家人能起到消災免禍等作用，以滿足她們趨利避吉的心理需要。如一些民婦未能生育或想生育男孩，故祈求神明，希望能求得兒子。舒岳祥《樂神曲》詩曰：「再拜奠神重酌酒，男耕女桑十倍強。大婦小婦別有祝，生養好男房計足」〔註47〕。

另外，面對至親離世的情況，不免對婦女留下心理的痛苦及對死亡的恐懼。而佛教「無生」學說認為人的肉體的死亡，正是其苦難的解脫和終極超越，這種精神和肉體的雙重超越是「涅槃」得以實現的形式，所以可以平靜地甚至是帶有喜悅地面對死亡。佛教教義的生死輪迴、因果報應等理論，為世人提供了新視野。

第四、受到家庭的影響。通常情況下，一個人從小接受某種信仰，與家庭環境的影響是有著一定的聯繫的。如蘇洵之妻程夫人，她在娘家時，其父

〔註44〕洪邁：《夷堅乙志》卷十《崔婆偈》，中華書局，1981年，第262頁。
〔註45〕洪邁：《夷堅支志》景卷七《李氏乳媼》，中華書局，1981年，第936頁。
〔註46〕洪邁：《夷堅甲志》卷十《歐十一》，中華書局，1981年，第90頁。
〔註47〕舒岳祥：《閬風集》卷二《樂神曲》，北京出版社，2011年，第588頁。

即信奉佛教，家中供有羅漢像。程夫人出嫁後，其父蘇洵亦是好佛之人。可以說，程夫人信佛與其家人信奉佛教必是有一定關係的。

第五、從生理構造上看，女性較男性更易於接受宗教。女性有著高度發達的右腦，對祖先思想和記憶的傳承，對古老的感性的東西更敏感，比如音樂、想像等等，重在整體把握，體驗能力強於男性。而宗教中又包含了很多感性的內容。因此宋代民婦比男子更易於投身宗教。

二、宗教信仰的各種類型

（一）佛道信仰

在宋代，佛教在當時社會中宗教信仰佔據非常重要的地位，道教的影響遠遜色於佛教。據統計，眞宗天禧五年（1021），汴京有僧尼二萬二千九百四十一人，道士、女冠九百五十九人。〔註48〕仁宗景祐元年（1034），全國有僧三十八萬五千五百二十八人，尼四萬八千七百四十二人。道七萬九千五百三十八人，女冠五百八十八人。〔註49〕由此可見，宋代佛教的影響力是遠遠超過道教的。

宋代民婦中既有信奉佛教的，也有信奉道教的，但後者爲少。雖然信仰有所差異，但其宗教活動的方式基本上是一致的。

宋代民婦的佛教信仰行爲，可以分爲家內和家外兩種。民婦在家內的佛教信仰活動，主要有以下幾種。

（1）誦經念佛。誦經念佛是佛教徒日常修行的重要方法，佛教中普遍有朝暮課誦之制，即誦經時間多在早上或暮晚。因祈望藉由課誦而獲得功德，故又稱「功課」。宋代民婦誦讀的佛教經典，主要集中在《心經》、《觀音經》、《金剛經》、《蓮花經》、《法華經》等篇幅較短、內容簡易的佛教經典。如《夷堅志》中《鄭行婆》條載：「合州城內一嫗曰鄭行婆，自幼不飲酒茹葷，默誦《金剛經》，未嘗少輟」〔註50〕。

（2）燒香供佛。宋代不少家庭都供奉有佛像，如徐熙載的母親程氏，「酷信釋書，雖年過七十，雞鳴而起，炷香持誦，不以寒暑易節，而瞻奉觀音，

〔註48〕（清）徐松輯：《宋會要輯稿》道釋一之一三，中華書局，1957 年，第 7875頁。
〔註49〕方勺：《泊宅編》卷十，中華書局，1983 年，第 57 頁。
〔註50〕洪邁：《夷堅支志》丁卷三《鄭行婆》，中華書局，1981 年，第 990 頁。

尤極誠敬」。〔註51〕舒岳祥筆下的汲水婦，「溪頭汲水婦，力小憩中途。奉佛澄齋鉢，供姑潔飯盂。」〔註52〕可見，婦女汲水歸家的用途之一就是擦洗佛具以供佛。還有陳普《古田女》詩曰：「上流濯垢膩，下流汲歸舍。供佛與事尊，共享如啖蔗」〔註53〕。

（3）齋戒修行。佛教主張不殺生、禁葷肉，民婦在家中亦遵守戒殺素食這一佛教清規。如前述鄭行婆即是「自幼不飲酒茹葷」，後來活到九十餘歲〔註54〕。崔婆亦「平生茹素」。歐十一妻「在家齋素，日誦觀音。」〔註55〕蘇洵妻程夫人由於信奉佛教，不主殺生，對蘇軾、蘇轍兄弟也有積極影響。

宋代民婦在家外的佛教信仰活動，亦有多種形式。

（1）進香還願。佛教寺院是人們燒香供佛、參與宗教活動的最重要場所。《夷堅志》中，即記載了平民黃廓攜妻到寺院燒香祈子之事。「黃廓，講書者，興化人，徙家信州。未有子，攜妻施氏及侍妾詣佛寺，禱於羅漢堂。」〔註56〕婦女進香的目的多是為家人祈求平安、求子或積德行善，許多祈福還願的婦女會到寺院進香。

由於婦女入寺燒香的現象過多，還遭到宋政府一再禁止。如李燾《續資治通鑑長編》載：哲宗元祐四年（1089）三月，詔：「今後士庶之家婦人，非遇開寺，不許輒入遊觀，及不得禮謁參請。」〔註57〕元符元年（1098）三月，詔「今後在京禪僧寺院，士庶之家婦女除同本家男夫作齋會聽人入外，餘輒入者，並杖一百」。〔註58〕徽宗政和七年（1118）八月，有大臣「又乞禁士庶婦女輒入僧寺，詔令吏部申明行下。」〔註59〕宋政府多次下令禁婦女入寺，也正說明了婦女入寺情況之普遍。

〔註51〕洪邁：《夷堅支志》辛卷五《觀音救溺》，中華書局，1981年，第1418頁。
〔註52〕舒岳祥：《閬風集》卷三《自歸耕篆畦見村婦有摘茶車水賣魚汲水行鹺寄衣舂米種麥泣布賣菜者作十婦詞》，北京出版社，2011年，第601頁。
〔註53〕陳普：《石堂先生遺集》卷十六《古田女》，書目文獻出版社，1998年，第771頁。
〔註54〕洪邁：《夷堅乙志》卷十《崔婆偈》，中華書局，1981年，第262頁。
〔註55〕洪邁：《夷堅甲志》卷十《歐十一》，中華書局，1981年，第90頁。
〔註56〕洪邁：《夷堅支志》乙卷十《黃講書禱子》，中華書局，1981年，第872頁。
〔註57〕李燾：《續資治通鑑長編》卷四百二十四，哲宗元祐四年三月乙酉條，中華書局，2004年，第10249頁。
〔註58〕李燾：《續資治通鑑長編》卷四百九十六，哲宗元符元年三月丙子條，中華書局，2004年，第11813頁。
〔註59〕楊仲良：《皇宋通鑑長編紀事本末》卷一百二十七《徽宗皇帝》，上海古籍出版社，2002年，第352頁。

　　（2）參加宗教結社。宋代佛寺常常組織一些結社活動，針對文化程度較低的民眾，進行僧講、俗講教育，以宣揚其宗教教義。這類宗教會社大都是男女參半，不分等級，本著共同的宗教目的聚在一起。宗教結社以南方地區較爲常見，宋人黃幹感慨道：「釋氏之教，南方爲盛，男女聚僧廬爲傳經會，女不嫁者，私以庵舍以居。」〔註60〕如吳自牧《夢梁錄》記載：「太平興國傳法寺向者建淨業會，每月十七日集善男信人，十八日集善女信人，入寺誦經設齋聽法」〔註61〕。

　　（3）捐財造像。宋代民婦出資修寺造像的事例較爲多見。重慶宋代大足石刻中就有很多女性供養者供養的造像，她們出資造像並供養，也是因爲深信因果報應，爲了表達其虔誠之心，希望通過出資造像而得到佛祖的保祐與庇護。宋代民婦捐財給寺院的事例並不罕見，如《夷堅志》中《閣大翁》條載：「閣大翁者，居鄱陽，以販鹽致富，家貲鉅億。夫婦皆好布施，諸寺觀無不沾其惠。」〔註62〕即使一些收入微薄的女信徒，也有捐錢積功德的行爲。如鄂渚王氏，「三世以賣飯爲業。王翁死，嫗獨居不改其故。好事佛，稍有積蓄則盡買紙錢入僧寺。」〔註63〕信佛婦女的捐獻成爲寺院經濟的重要來源。有的民婦，雖然經濟狀況不佳，亦通過「出力」的方式，參與到修建廟宇的行爲中。莊綽《雞肋編》卷中載：「平江府常熟縣有僧文用，目不識字，而有心術。始欲建寺……雖閨房婦女，亦以裙裾包裹瓦石填委其上」。

　　（4）參加佛教法事。佛事是指佛教爲慶典、說法、供佛、施食齋僧、拜懺、祈福、追福、存亡等舉行的儀式。法會是指在舉行這些儀式時的集會。其實，佛事和法會只是一體兩面的說法。主要的佛事法會有轉咒、念普佛、放生、放焰口、齋天、懺法、水陸法會、浴佛法會、盂蘭盆會以及佛教的一些其他節日的慶典。金盈之《醉翁談錄》卷四記載了民婦參加浴佛活動的盛大景象，「諸經說佛生日不同，其指言四月八日生者爲多……南方多用此日，北人專用臘八……常年平明，合都士庶婦女駢集，四方挈老扶幼交觀者，莫不蔬素。」〔註64〕還有田汝成《西湖遊覽志餘》卷二十載：

〔註60〕黃幹：《勉齋先生黃文肅公文集》卷三十四《朝奉大夫華文閣待制贈寶謨閣直學士通議大夫諡文朱先生行狀》，線裝書局，2004年，第712頁。
〔註61〕吳自牧：《夢梁錄》卷十九《社會》，中華書局，1985年，第180頁。
〔註62〕洪邁：《夷堅支志》辛卷七《閣大翁》，中華書局，1981年，第1439頁。
〔註63〕洪邁：《夷堅支志》甲卷八《鄂渚王嫗》，中華書局，1981年，第775頁。
〔註64〕金盈之：《醉翁談錄》卷四《京城風俗記》，上海古籍出版社，2002年，第203頁。

「二月十五日為花朝節。……十九日，上天竺建觀音會，傾城士女皆往」。

女性參與的各種宗教活動非常廣泛，除布施、說法、俗講、浴佛之外，還參與迎佛骨、放生等宗教活動中。

（二）民間信仰

除了佛道信仰外，宋代民間信仰中亦可常常見到民婦的身影。如《夷堅志》中《范之綱妻》條載：范之綱「其母日夜焚香，敬禱天地鬼神」〔註65〕。在家庭以外，民婦參加的民間信仰之事亦不少。潘牥《郊行》詩曰：「買香誼岳廟，翁媼亦祈籤。」〔註66〕陳賡《平水神祠歌》詩曰：「是時三月遊人繁，男女雜沓簫鼓喧。騫茭沈玉笑靈覘，割牲醴酒傳巫言。」〔註67〕周密《武林舊事》卷三《都人避暑》載：「六月六日，顯應觀崔府君誕辰，自東都時廟食已盛。是日都人士女，駢集炷香。」還有田汝成《西湖遊覽志餘》載：「三月二十八日，俗傳為東嶽齊天聖帝生辰，杭州行宮凡五處，而在吳山者最盛。士女答賽拈香，或奠獻花果，或誦經上壽，或枷鎖伏罪，鐘鼓法音，嘈振竟日」〔註68〕。

在宋代，紫姑神是民間影響較廣的司廁之神，與婦女關係尤為密切。范成大《（紹定）吳郡志》卷二載：「（十二月）十六日婦女祭廁姑，男子不得至」。宋代女詩人張玉娘有《燈夕迎紫姑神》詩曰：「燭影暈迷光綽約，簾環聲徹佩玲瓏。不妨鳥篆留仙跡，鳳輦殷勤出紫宮。」洪適《南歌子》詞曰：「蕙帳銀盃化，紗窗翠黛顰。燒香試問紫姑神。一歲四並三樂、幾多人。」〔註69〕可見，紫姑神崇拜與女性有著密切的聯繫。

（三）民俗活動

在宋代，民婦還參與到一些具有明顯女性特徵的民俗活動中，主要有以下幾種。

（1）摸石求子。在宋人眼中，婚姻的重要功能就是延續香火、傳宗接

〔註65〕 洪邁：《夷堅支志》丁卷二《范之綱妻》，中華書局，1981年，第981頁。
〔註66〕 劉克莊：《分門纂類唐宋時賢千家詩選校證》卷第十四潘牥《郊行》，人民文學出版社，2002年，李更、陳新校正，第335頁。
〔註67〕 （清）陸心源編：《宋詩紀事補遺》卷八十七陳賡《平水神祠歌》，上海古籍出版社，2002年，第528頁。
〔註68〕 田汝成：《西湖遊覽志餘》卷二十，中華書局，1960年。
〔註69〕 洪適：《盤洲文集》卷八十《南歌子》，線裝書局，2004年，第524頁。

代。蔡襄指出：「娶婦何謂，欲以傳嗣。」〔註70〕直白地道出了婚姻的意義。「不孝有三，無後爲大」更是將子嗣問題放在舉足輕重的位置。不少婦女也將生育兒子作爲自己的責任，黃庭堅的兩位妻子孫氏、謝氏，都育有女兒，但「二夫人平生常恨無男」〔註71〕。生有兒子的婦女則認爲自己已經在生育方面盡到義務，周必大妻王氏「甫年二十二，得子，喜曰：『吾責塞矣！』」〔註72〕。

在宋代史籍中，對婦女「摸石求子」的民俗多有記載。如費著《歲華紀麗譜》載：「（三月）二十一日，出大東門，宴海雲山鴻慶寺，登眾春閣，觀摸石。蓋開元二十三年靈智禪師以是日歸寂，邦人敬之，入山遊禮，因而成俗，山有小池，士女探石其中，以占求子之祥。」莊綽《雞肋編》卷上記載：「襄陽正月二十一日，謂之『穿天節』，云交甫解佩之日。郡中移會漢水之濱，傾城自萬山泛彩舟而下。婦女於灘中求小白石有孔可穿者，以色絲貫，懸插於首，以爲得子之祥」。

宋詞中亦多有摸石求子民俗的記載，葛勝仲《驀山溪》詞曰：「冶容炫服，摸石道宜男，穿翠霭，度飛橋，影在清漪裏。」〔註73〕黃庭堅《山谷琴趣外篇》卷二《減字木蘭花》詞曰：「黔中士女遊晴晝。花信輕寒羅綺透。爭尋穿石道宜男，更買江魚雙貫柳。」紹聖初年，黃庭堅被貶涪州別駕，黔中安置。這首詞便是他對黔中民俗的一個記錄。

（2）拜月習俗。中國古代即有「秋暮夕月」的習俗，夕月即祭拜月神。在宋代，民婦拜月習俗也很興盛。謝翱《商人婦》詩曰：「抱兒來拜月，去日爾初生。」〔註74〕金盈之《醉翁談錄》載：「中秋，京師賞月之會異於他郡，傾城人家子女，不以貧富，自能行至十二三，皆以成人之服服飾之，登樓或於中庭焚香拜月……女則淡竚妝飾，則願貌似嫦娥，員如皓月」〔註75〕。

宋詞中亦有描述婦女獨自望月而拜，對月傾訴心願的情形。如賀鑄《迎

〔註70〕蔡襄：《莆陽居士蔡公文集》卷二十五《福州五戒》，書目文獻出版社，1998年，第233頁。
〔註71〕黃庭堅：《山谷外集》卷八《黃氏二室墓誌銘》，商務印書館，2005年，第305頁。
〔註72〕周必大：《文忠集》卷七十六《益國夫人墓誌銘》，商務印書館，2005年，第438頁。
〔註73〕葛勝仲：《丹陽集》卷二十三《驀山溪》，線裝書局，2004年，第728頁。
〔註74〕謝翱：《晞髮遺集》卷上《商人婦》，商務印書館，2005年，第122頁。
〔註75〕金盈之：《醉翁談錄》卷四《八月》，上海古籍出版社，2002年，第204頁。

春樂》詞曰：「竚倚碧雲如有待，望新月、爲誰雙拜。細語人不聞，微風動、雙裙帶」〔註76〕。

（3）祭蠶習俗。在宋代，每個行業都有自己的行業神。行業神是從業者供奉的用來保護自己和本行業利益，並與行業特徵有一定關聯的神靈。每個行業所奉之神，或爲祖師，或爲保護神，世代相傳，來源複雜。桑蠶業的行業神是蠶神，其內涵有著明顯的女性特徵，祭祀者也以女性爲主。從史籍上看，宋人所謂的蠶神主要有以下數人：一是蠶叢氏，又稱爲「青衣神」，主要在巴蜀地區流行；二是漢儀后；三是紫姑神；四是馬明王，又稱「馬頭娘」、「蠶花娘娘」；五是嫘祖娘娘；六是菀窳婦人和寓氏公主。

宋代史籍中，對婦女祭祀蠶神的習俗有著豐富的記載。如陸游詩曰：「兒童茸茶舍，婦女賽蠶官。」〔註77〕劉蒙山《春日田園雜興》詩曰：「村婦祈蠶分面繭，，老農占歲說泥牛。」〔註78〕汪藻《蠶婦行》詩曰：「三眠欲食春已老，旋炊新麥祀蠶神。」〔註79〕劉克莊詩曰：「田父扶攜問雞卜，村姑呼喚祭蠶神。」〔註80〕可見，祭祀蠶神是婦女的專門任務。

（4）乞巧習俗。七夕節被古人認爲是「牛郎織女」相會的日子，織女被人們認爲是心靈手巧女子的典範。七夕節參與的主體是女性，其內涵具有明顯的女性特徵。

在七夕節，宋代民婦用各種方式乞巧，以祈求自己能心靈手巧。如《東京夢華錄》中《七夕》條載：「至（七月）初六日七日晚，貴家多結綵樓於庭，謂之『乞巧樓』。鋪陳磨喝樂（小型土偶）、花瓜、酒炙、筆硯、針線，或兒童裁詩，女郎呈巧，焚香列拜，謂之『乞巧』。婦女望月穿針。或以小蜘蛛安合子內，次日看之，若網圓正，謂之『得巧』。里巷與妓館，往往列之門首，爭以侈靡相向。」〔註81〕周密《武林舊事》中《乞巧》條載：「婦人女子，至

〔註76〕（清）佚名：《宋金元人詞》賀鑄《迎春樂》，上海古籍出版社，2002年，第17頁。

〔註77〕陸游：《劍南詩稿》卷三十二《春晚雜興》，錢仲聯主編《陸游全集校注》，浙江出版聯合集團，2012年，第4冊，第280頁。

〔註78〕吳渭：《月泉吟社》劉蒙山《春日田園雜興》，線裝書局，2004年，第529頁。

〔註79〕傅璇琮等主編：《全宋詩》卷一千四百三十七汪藻《蠶婦行》，北京大學出版社，1998年，第25冊，第16560頁。

〔註80〕劉克莊：《後村先生大全集》卷二十一《次韻三首》，線裝書局，2004年，第86頁。

〔註81〕孟元老撰、伊永文箋注：《東京夢華錄箋注》卷八《七夕》，中華書局，2006年，第781頁。

夜對月穿針。餖飣杯盤，飲酒爲樂，謂之『乞巧』。及以小蜘蛛貯合內，以候結網之疎密爲得乞之多少」。〔註82〕高承《事物紀原》卷八載：「今七夕望月，穿針以彩縷過者，爲得巧之候」。〔註83〕

（四）女性占卜

在宋代，占卜也是民婦較爲熱衷的活動。相比於男性占卜，女性占卜趨於簡單，以決疑具體事件爲主。從占卜的內容來看，民婦主要占卜的是情感問題，如戀情進展如何、心上人何時歸家等等。她們傾向於使用簡便的占卜方法，希望通過占卜以得到心靈慰藉。在一些情況下，民婦亦把占卜當做一種遊戲來看待，作爲消磨時光的活動。因此，她們傾向於在家自卜，而非外出求卜。

在宋代，民婦占卜的方法很多，如用釵簪、銅錢、花草、動物、燈花、團扇、鏡子等，較爲常見的有以下幾種。

（1）花草卜。即用花朵枝葉來占卜，即以花草的單雙數來判定所求之事是否如願。具體有兩類做法，一是數花瓣、花鬚或草的單雙數，代表成與不成，多以雙數爲好兆頭。辛棄疾《祝英臺近》詞曰：「試把花卜心期，才簪又重數。」〔註84〕劉過《賀新郎》詞曰：「試把花心輕輕數，暗計歸期近遠。」〔註85〕另一種是通過尋找並蒂花或雙葉以爲吉兆。如晁端禮《江城子》詞曰：「石榴雙葉憶同尋，卜郎心，向誰深。」〔註86〕賀鑄《木蘭花》詞曰：「離亭再卜合歡期，尋見石榴雙翠葉」〔註87〕。

（2）動物占。宋代民婦將動物的行爲或鳴聲作爲心事應驗的先兆。常被用來占卜的動物有鴉鵲、蜘蛛、流螢等。如民婦見到喜鵲，聞道鵲語，便以爲是吉兆。晁補之《好事近》詞曰：「應是畫簾靈鵲，把歸期先說。」〔註88〕蜘蛛被女子們用來卜巧。通常的做法是將蜘蛛置於盒內，以所結網的疎密卜得巧的多少。流螢、蝴蝶等也可以用來占卜。劉一止《西河》詞曰：「撲流螢、

〔註82〕周密：《武林舊事》卷三《乞巧》，中華書局，2007年，第84頁。
〔註83〕高承：《事物紀原》卷八《乞巧》，中華書局，1985年，第308頁。
〔註84〕趙聞禮：《陽春白雪》卷一辛棄疾《祝英臺近》，上海古籍出版社，2002年，第296頁。
〔註85〕劉過：《龍洲集》卷十二《賀新郎》，商務印書館，2005年，第557頁。
〔註86〕唐圭璋編：《全宋詞》卷五十七晁端禮《江城子》，中華書局，1999年，第555頁。
〔註87〕賀鑄：《賀方回詞》卷二《木蘭花》，上海古籍出版社，2002年，第548頁。
〔註88〕晁補之：《晁無咎詞》卷六《好事近》，商務印書館，2005年，第626頁。

應卜自事。」〔註89〕無名氏《踏莎行》詞曰:「把君團扇卜君來,近牆撲得雙蝴蝶」〔註90〕。

(3)釵卜、金錢卜。即以髮釵、錢幣作爲占卜的工具占卜吉凶禍福的方法。通常是將發釵、錢幣拋擲於地,根據奇偶得出卦形,根據卦象理解吉凶。吳文英《醉落魄》詞曰:「偷擲金錢,重把寸心卜」〔註91〕。

(4)燈花卜。利用燈芯燃燒時結成的花樣占卜。如趙孟堅《驀山溪》詞曰:「瑣窗孤影,夜卜燭花明。」〔註92〕許價《菩薩蠻》詞曰:「繡嬾寒不暖,愁遠天無岸,夜夜卜燈花,幾時郎到家」〔註93〕。

(5)紫姑卜。紫姑卜又稱「箕卜」,與後世的扶乩多有相似,即插筆於箕上禱祝。陸游《箕卜》詩曰:「孟春百草靈,古俗迎紫姑。廚中取竹箕,冒以婦裙襦。豎子夾扶持,插筆祝其書。俄若有物憑,對答不須臾。豈必考中否,一笑聊相娛。詩章亦間作,酒食隨所須。興闌忽辭去,誰能執其祛。持箕界竈婢,棄筆臥牆隅。」〔註94〕可見,紫姑卜多以婦女來操作。在宋詞中亦有這方面的記載,朱敦儒《好事近》詞曰:「卻上紫姑香火,問遼東消息。」〔註95〕歐陽修《驀山溪》詞曰:「應卜紫姑神,問歸期、相思望斷天涯」〔註96〕。

第三節　休閒體育

一、休閒活動

在宋代,民家婦女亦有相當多的休閒活動。由於民婦大多爲了生計而奔忙,空餘時間本來就少,不可能從事佔用時間和消耗體力較多的休閒活動。

〔註89〕劉一止:《苕溪集》卷五十三《西河》,線裝書局,2004 年,第 369 頁。
〔註90〕趙聞禮《陽春白雪》卷七無名氏《踏莎行》,上海古籍出版社,2002 年,第 371 頁。
〔註91〕吳文英:《夢窗稿》丁稿《醉落魄》,北京出版社,2011 年,第 292 頁。
〔註92〕趙孟堅:《彝齋文集》卷二《怨別》,商務印書館,2005 年,第 682 頁。
〔註93〕趙聞禮:《陽春白雪》卷七許價《菩薩蠻》,上海古籍出版社,2002 年,第 372 頁。
〔註94〕陸游:《劍南詩稿》卷五十《箕卜》,錢仲聯主編《陸游全集校注》,浙江出版聯合集團,2012 年,第 6 冊,第 1 頁。
〔註95〕朱敦儒、鄧子勉校注:《樵歌校注》卷中,上海古籍出版社,2010 年,第 237 頁。
〔註96〕歐陽修撰、李之亮箋注:《歐陽修集編年箋注》卷三《驀山溪》,巴蜀書社,2007 年,第 7 冊,第 275 頁。

因此，民婦較多地從事弱體力、自娛性強，或是家庭成員間互娛互樂的活動。另外，宋代民婦的休閒活動還具有節令性的特色，例如初春踏青、寒食秋韆、端午競渡、中秋拜月、重陽登高即是如此。

　　總的說來，宋代民婦休閒娛樂活動主要有以下幾種。

　　一、觀戲聽書。宋代商品經濟的發展突破了唐代坊市制度，百姓居住區和商品交易場所、娛樂場所的瓦舍結合在一起，百戲技藝貼近了百姓的日常生活。城市中的瓦舍勾欄常常有表演，民婦觀看瓦舍表演成爲常事。如北宋東京的軍營附近、宅舍之前，成爲人們觀看瓦舍表演的去處，「或軍營放停樂人，動鼓樂於空閒，就坊巷引小兒婦女觀看。」〔註 97〕除了在較爲熱鬧的瓦舍、勾欄等固定場所有說書戲劇表演，鄉村裏也有這類說書等伎藝表演，陸游《小舟遊近村舍舟步歸》詩曰：「斜陽古柳趙家莊，負鼓盲翁正作場。死後是非誰管得，滿村聽說蔡中郎」〔註 98〕。

　　在宋代，一些富家大戶婦女在閨閣中也調弄絲竹樂器。司馬光就曾指出：「至於刺繡華巧，管絃歌詩，皆非女子所宜習也。」〔註 99〕朱熹也指出：「今人或教女子以作歌詩、執俗樂，殊非所宜也。」〔註 100〕謝逸感慨道：「近世婦人，往往以吹竹彈絲、歌舞蒲博爲事。」〔註 101〕謝逸此說可能有誇張之處，卻反映出當時富商大戶婦女喜好音樂歌舞的風氣。

　　二、棋牌博戲。從生理機制來分，人體運動包括體力和智力兩方面。宋代民婦從事的智力運動包括棋牌博戲等，這主要有以下幾種。

　　（一）棋牌類。這類智力運動主要是通過思維活動、智力較量來達到愉悅身心的目的。宋時主要流行的是圍棋和象棋，梅堯臣《象戲》詩曰：「象戲本從棋局爭，後宮龜背等人情。今聞儒者飽無事，亦學婦人閒鬥明。」〔註 102〕鄧肅詩曰：「老妻畫紙棋，赤腳沽村釀」〔註 103〕。

〔註97〕孟元老撰、伊永文箋注：《東京夢華錄箋注》卷三《諸色雜賣》，中華書局，2006 年，第 373 頁。

〔註98〕陸游：《劍南詩稿》卷三十三《小舟遊近村舍舟步歸》，錢仲聯主編《陸游全集校注》，浙江出版聯合集團，2012 年，第 4 冊，第 327 頁。

〔註99〕司馬光：《家範》卷六，上海書店出版社，1994 年，第 406 頁。

〔註100〕朱熹：《家禮》卷一《通禮》，北京出版社，2011 年，第 463 頁。

〔註101〕謝逸：《溪堂集》卷九《甘夫人墓誌銘》，線裝書局，2004 年，第 452 頁。

〔註102〕梅堯臣：《宛陵集》卷二十《象戲》，朱東潤校注《梅堯臣集編年校注》，上海古籍出版社，2006 年，第 351 頁。

〔註103〕鄧肅：《栟櫚集》卷十《次韻王信州古風》，商務印書館，2005 年，第 586 頁。

在民間，不乏一些棋藝精湛的民婦，如《武林舊事》卷六「諸色伎藝人」條載，有一名為「沈姑姑」的象棋女棋待詔。棋待詔是專陪皇帝下棋的專業棋手，又稱「國手」。從民間進入宮廷，需要經過層層嚴格考覈，可見沈姑姑棋藝不俗。

宋代還有一種婦女常玩的遊戲「葉子戲」，即紙牌。唐人藏書，皆作卷軸，其後附有葉子，但凡文學有備檢用者，因卷軸開闔不便而寫在葉子上，「葉子戲」即由此而得名。史載：「葉子戲，相傳宋太祖命後宮習之以消夜」〔註104〕，宋太祖曾命後宮女子習葉子戲藉以消暇。可見，葉子戲亦為宋代婦女喜愛的棋牌遊戲之一。

（二）博戲。博戲「懸於投」，通過擲骰子來進行遊戲，追求偶然性。因為在博戲中加入了有一定財物為歸屬的規則，具有很強的刺激性、娛樂性。在宋代，博戲深受不同階層婦女的喜愛。上層婦女主要為了排遣深閨寂寞，中下層婦女看中博戲形式簡單、氣氛熱烈。按遊戲方法的不同，博戲又可以分為樗蒲、打馬、雙陸等。謝逸曾指出：「近世婦人，往往以吹竹彈絲、歌舞蒲博為事。」〔註105〕可見，博戲亦為宋代婦女喜愛的遊戲項目之一。

二、體育項目

在宋代，由於婦女本身體質之故，其體育項目多具輕柔、靈巧、活潑、細膩之特點，給人以舒緩而美好的視覺感受。民婦從事的體育項目主要有以下幾類。

（一）蕩秋韆。這是宋代婦女普遍熱衷的體育活動。蕩秋韆主要通過利用繩索的慣性和前後擺動，來蕩出各種姿勢。秋韆原是軍事訓練的工具，漢代以後逐漸成為各階層婦女所喜愛的運動。蕩秋韆之所以在婦女中盛行，主要是因為該項目形式簡單、製作簡易、運動量小、沒有時間限制，非常適合婦女的體質。在宋代史籍中，對民婦蕩秋韆有著極為豐富的記載。張綱詩曰：「欲尋女伴嬉遊去，試問秋韆有幾家。」〔註106〕連老年婦女也有參與到蕩秋韆的活動中來的。戴復古《村景》詩曰：「簫鼓迎神賽社筵，藤枝搖曳打秋韆。

〔註104〕（清）王初桐：《奩史》卷五十二《技藝門》，上海古籍出版社，2002年，第43頁。

〔註105〕謝逸：《溪堂集》卷九《甘夫人墓誌銘》，線裝書局，2004年，第453頁。

〔註106〕張綱：《華陽集》卷三十四《戲題所見》，線裝書局，2004年，第596頁。

坐中翁媼鬢如雪，也把山花插滿顛。」〔註107〕可見，當時民婦盪秋韆的風氣之盛。

（二）蹴鞠。宋代蹴鞠分兩種，一種有球門，類似後世的足球，宋時也稱「築球」。另一種是沒有球門的「白打」，民婦多鍾情於更注重技巧與花樣的「白打」。北京故宮博物館就藏有一個宋代的蹴鞠紋陶枕，枕上圖案是一個紮著兩個小辮的女孩，身體略微往前躬，穿著花布做的長衫，右腳擡起，把球挑到了空中。1954年河北邢臺出土了一個宋代瓷枕，枕上有一個蹴鞠圖象，也是一個紮小辮的女孩正在踢球。從衣著和神態來看，也是一個普通的女子。可見，宋時女子蹴鞠非常普及。

在宋代史籍中，對民婦蹴鞠的記載屢見不鮮。《東京夢華錄》載：「舉目則秋韆巧笑，觸處則蹴踘踈狂。」〔註108〕描寫的就是當時人們對蹴鞠的瘋狂熱愛，連女子也對蹴鞠鍾愛有加。劉攽也有詩曰：「秋韆冷揚梨花雨，蹴踘高騰燕子風。」〔註109〕梅堯臣詩曰：「蹴踘漸知寒食近，秋韆將立小鬟雙」〔註110〕。

（三）相撲，亦做「角抵」、「角牴」，類似現代的「摔跤」。《夢粱錄》卷二十《角抵》載：「角抵者，『相撲』之異名也，又謂之『爭交』。兩宋時期女子相撲活動比較活躍，女子相撲不但成為宮廷宴會上為帝王助興的娛樂活動，在街頭瓦肆亦能看到她們矯健的身影。如《東京夢華錄》卷十八《角觝》條載：「瓦市相撲者，乃路岐人聚集一等伴侶，以圖摽手之資，先以女颭數對打套子，令人觀睹。……及女占賽關索、囂三娘、黑四姐女眾，俱瓦市諸郡爭勝，以為雄偉耳。」可見，在汴京開封的瓦肆裏，在正式表演前，還先由婦女以相撲為戲作為熱場。相撲還成為一些婦女的謀生職業，在南宋臨安，出名的女相撲手就有張椿、韓春春、繡勒帛、錦勒帛、賽貌多、僥六娘、後輩僥、女急快等人。

（四）鬥草，又稱「鬥百草」、「鬥百花」等。鬥草亦是宋代婦女十分喜

〔註107〕陳思：《兩宋名賢小集》卷二百七十六戴復古《村景》，線裝書局，2004年，第80頁。

〔註108〕孟元老撰、伊永文箋注：《東京夢華錄箋注》卷六《收燈都人出城採春》，中華書局，2006年，第613頁。

〔註109〕蒲積中：《歲時雜詠》卷十三劉攽《禁煙遊園》，商務印書館，第533頁。

〔註110〕梅堯臣：《宛陵集》卷四十六《依韻和孫都官河上寫望》，朱東潤校注《梅堯臣集編年校注》，上海古籍出版社，2006年，第412頁。

好的娛樂項目。鬥草的方法主要有兩種：一種是「武鬥」，就是兩人各持一草，以草莖相勾連，然後用力一拉，斷者為輸。另一種是「文鬥」，各人找來不同的花草，以花草名相鬥，多者為贏。如張炎《臺城路》詞曰：「燕子人家，夕陽巷陌，行入野畦深窈。籌花鬥草，記小舫尋芳」〔註111〕。

婦女鬥草的場合不限，或溪邊、池塘邊，或臺階前、小亭中、欄杆旁等，只要有對手即可進行。柳永《木蘭花慢》詞曰：「盈盈鬥草踏青。人艷冶、遞逢迎。向路旁往往，遺簪墮珥，珠翠縱橫。」〔註112〕為我們描繪了婦女在春日踏青鬥草的熱鬧情景，婦女因鬥草十分投入，以至頭上的簪子耳環、珠寶翠玉撒了一地還沒有察覺。晏殊《破陣子》詞曰：「疑怪昨宵春夢好，元是今朝鬥草贏。」〔註113〕可見，如若鬥草獲勝的婦女，往往興高采烈。民婦從事的體育項目還有投壺，投壺是將箭遠遠地投進酒壺，以投中次數的多少來決定比賽的勝負。

第四節　節日娛樂

在宋時節慶期間，政府和社會對婦女的要求有所放鬆，婦女不僅可以自由出行，還可以參加各種各樣的娛樂活動。其中又以下面幾個節日最為明顯。

一、元旦。宋時過新年與現在一樣，都是以正月初一為新年之始。這一天，社會各色人等穿新裝，相互拜年，十分熱鬧。其中婦女亦可以自由出行，到各處遊玩。吳自牧《夢粱錄》卷一載：「正月朔日，謂之『元旦』，俗呼為『新年』。一歲節序，此為之首。官放公私僦屋錢三日，士夫皆交相賀，細民男女亦皆鮮服往來拜節」。

二、元宵。宋時元宵節為正月十五，亦稱為「燈節」、「上元節」。元宵是春節之後的第一個重要節日，元宵之夜是一年之中第一個月圓之夜，也是一元復始、大地回春的夜晚。依照傳統習俗，在元宵節晚上，人們要點起綵燈萬盞，以示慶賀。在這一天，婦女們都格外用心裝扮自己。周密《武林舊事》

〔註111〕張炎撰、（清）江昱疏證：《山中白雲詞疏證》卷一《臺城路》，上海古籍出版社，2002年，第229頁。
〔註112〕黃昇：《唐宋諸賢絕妙詞選》卷五柳永《木蘭花慢》，唐圭璋等校點《唐宋人選唐宋詞》，上海古籍出版社，2004年，第637頁。
〔註113〕晏殊、晏幾道撰，張草紉箋注：《二晏詞箋注》，上海古籍出版社，2008年，第177頁。

卷二載：「元夕節物，婦人皆戴珠翠、鬧蛾、玉梅、雪柳、菩提葉、燈球、銷金合、蟬貂袖、項帕，而衣多尚白，蓋月下所宜也。」朱弁《續骫骳說》載：「都下元宵觀遊之盛。……又婦女首飾，至此一新，髻鬢簪插，如蛾蟬、蜂蝶、雪柳、玉梅、燈球，嫋嫋滿頭，其名件甚多。」鄉村婦女亦有出行遊玩的自由。李綱《上元日二首·其二》詩曰：「應爲飄零有故侯，競將燈火簇溪樓。田夫野婦盈衢巷，怪我還能與共遊」〔註 114〕。

文天祥筆下記載的元宵節就有各色婦女傾城而出的壯大景觀，「正月十五，衡州張燈火合樂，宴憲若倉於庭。州之士女傾城來觀，或累數舍竭蹶而至……婦女有老而禿者，有羸無齒者，有傴僂而相攜者，冠者，髻者，有盛塗澤者，有無飾者，有攜兒者。有負在手者，有任在肩者，或哺乳者，有睡者，有睡且蘇者，有啼者，有啼不止者。有爲兒弁髦者，有爲總角者。有解後敘契闊者，有自相笑語者，有甲笑乙者，有傾堂笑者，有無所睹，隨人笑者」〔註 115〕。

在元宵節裏，男女交遊尤其自由，良家男女也可能一見鍾情。宋詞中的元宵詞就對此有著較多描述，「東來西往誰家女。買玉梅爭戴，緩步香風度。北觀南顧，見畫燭影裏，神仙無數。引人魂似醉，不如趁早，步月歸去。這一雙情眼，怎生禁得，許多胡覷。」〔註 116〕柳永《迎新春》詞曰：「漸天如水，素月當午。香徑裏、絕纓擲果無數。更闌燭影花陰下，少年人，往往奇遇」〔註 117〕。

元宵節前後的幾天，政府往往要弛禁數夜，讓人們盡情遊玩。元宵節後到三月初，婦女都有較多自由出行的機會，尤其是繁華的城鎮更是如此。周密《武林舊事》卷三載：「都城自過收燈，貴遊巨室，皆爭先出郊，謂之『探春』，至禁煙爲最盛。……都人士女，兩堤駢集，幾於無置足地。水面畫楫，櫛比如魚鱗，亦無行舟之路，歌歡簫鼓之聲，振動遠近，其盛可以想見」。

三、上巳、寒食、清明。上巳節爲三月初三，古代於春秋兩季，有至水濱舉行祓除不祥的習俗。三國以後就定爲三月初三日，前往水邊洗濯祓除，是爲上巳「祓禊」活動。宋南渡士人王安中曾回憶承平時期婦女上巳節出遊

〔註 114〕李綱：《李綱全集》卷七《上元日》，嶽麓書社，2004 年，第 65 頁。
〔註 115〕文天祥：《文山先生文集》卷十三《衡州上元記》，線裝書局，2004 年，第 675 頁。
〔註 116〕佚名：《草堂詩餘》卷四李邴《女冠子》，商務印書館，2005 年，第 589 頁。
〔註 117〕柳永：《樂章集》卷上《迎新春》，北京出版社，2011 年，第 379 頁。

的盛況，「忽於都人士女駢闐繁華之處，睹此岩岫溪流，修篁翠柏，物外超然之趣，心目蕭爽，恍出塵境」〔註118〕。王安石《上巳聞苑中樂聲書事》詩中也有對婦女在三個佳節相連之時乘舟祓褉的描寫，「年華未破清明節，日暮初回祓褉舟」〔註119〕。

寒食節在冬至後一百零五日，宋時又稱爲「百五日」。由於此日有廚房禁火的習俗，亦被稱爲「禁煙節」。婦女也常於寒食節出遊，張耒詩曰：「寒食清明人意閒，春城士女出班班。柳黃花白樓臺外，紫翠江南數疊山。」〔註120〕趙鼎臣亦指出：「寒食清明之間，都人士女嬉遊娛樂。」〔註121〕韓琦在其《安陽集》中亦載：「遇寒食節，州之士女無老幼，皆摩肩躡武，來遊吾園，或遇樂而留，或擇勝而飲，歡賞歌呼，至徘徊忘歸」〔註122〕。

在寒食節裏，盪秋韆和蹴鞠是婦女最喜愛的活動，對此，宋代史籍中多有記載。謝景初《禁煙即事》詩曰：「蹴踘逢南陌，秋韆送晚煙。」〔註123〕楊傑《秀溪寒食》詩曰：「十里喧闐錦繡川，秋韆人健趁飛鳶。……遊女踐成芳草徑，畫船沖散碧溪煙。」〔註124〕楊繪《遊春》詩曰：「傾城追逐豔陽天，上巳清明節序連。……遲日未西人已醉，綠楊柔弱舞秋韆」〔註125〕。

宋時，寒食節還是少女笄頭的日子。《夢粱錄》記載：「清明交三月，節前兩日謂之『寒食』，京師人從冬至後數起至一百五日，便是此日，家家以柳條插於門，名之曰『明眼』，凡官民不以小大家，子女未冠笄者，以此日上頭」〔註126〕。

〔註118〕王安中：《初寮集》卷一《進和御製上巳賜宴詩》，線裝書局，2004年，第153頁。

〔註119〕王安石：《臨川先生文集》卷十八《上巳聞苑中樂聲書事》，線裝書局，2004年，第292頁。

〔註120〕張耒：《張右史文集》卷三十四《十八日》，上海商務印書館，1936年，第263頁。

〔註121〕趙鼎臣：《竹隱畸士集》卷九《代開封尹奏獲到闖遺物箚子》，商務印書館，2005年，第569頁。

〔註122〕韓琦：《安陽集》卷二十一《相州新修園池記》，線裝書局，2004年，第480頁。

〔註123〕蒲積中：《歲時雜詠》卷十三謝景初《禁煙即事》，商務印書館，2005年，第532頁。

〔註124〕楊傑：《無爲集》卷六《秀溪寒食》，線裝書局，2004年，第298頁。

〔註125〕謝維新輯：《古今合璧事類備要》前集卷十三楊繪《遊春》，北京圖書館出版社，2006年。

〔註126〕吳自牧：《夢粱錄》卷二《清明節》，中華書局，1985年，第11頁。

寒食節像清明節一樣，也是拜祭祖先的日子。《武林舊事》記載了婦女寒食外出祭祀的情況。「南北兩山之間，車馬紛然，而野祭者尤多，如大昭慶九曲等處，婦人淡裝素衣，提攜兒女，酒壺肴罍。村店山家，分餕遊息」〔註127〕。

在清明節，婦女出行也很普遍。周密《武林舊事》記載：「清明前後十日，城中士女豔妝飾，金翠深縟，接踵聯肩，翩翩遊賞，畫船簫鼓，終日不絕」。

在立春之時，宋代婦女也有參與觀看「打春牛」習俗的情況，田汝成《熙朝樂事》載：「立春之儀，……至日，郡守率僚屬往迎，前列社夥，殿以春牛，士女縱觀，闐塞市街」。

立春後的第五個戊日即為春社日，在鄉間，人們要舉行祭祀社神的活動，以祈求本年風調雨順、五穀豐登。在這一天，鄉村民眾都聚在一起暢飲為樂，其中亦不乏婦女的影子，黃大受詩曰：「二月祭社時，相呼過前林。磨刀向豬羊，穴地安釜鬵。老幼相後先，再拜整衣襟。釃酒卜筊杯，庶知神靈歆。得吉共稱好，足慰今年心。祭餘就廣坐，不間富與貧。所會雖里閭，亦有連親姻。」〔註128〕張耒《田家三首》詩曰：「社南村酒白如餳，鄰翁宰牛鄰嫗烹。插花野婦抱兒至，曳杖老翁扶背行」〔註129〕。

由此可見，在整個春季，民婦出行活動都較為普遍。

四、端午。在五月初五的端午節，民婦們也有外出觀看競渡的習慣。朱翌記載了荊楚地區士女端午節觀看競渡的盛況，「樓船將軍下瀟浦，伙飛射士彍強弩。大堤士女立如堵，樂事年年動荊楚。」〔註130〕。

五、七夕。七月初七的七夕節主要是女性的節日，可以說是一個名副其實的女兒節。吳自牧《夢粱錄》載：「七月七日，謂之『七夕節』。其日晚晡時，傾城兒童女子，不問貧富，皆著新衣。富貴之家，於高樓危榭，安排筵會，以賞節序，又於廣庭中設香案及酒果，遂令女郎望月，瞻斗列拜，次乞巧於女、牛。或取小蜘蛛，以金銀小盒兒盛之，次早觀其網絲圓正，名曰『得巧』。」〔註131〕金盈之《醉翁談錄》載：「七夕，潘樓前買賣乞巧物。自七月

〔註127〕周密：《武林舊事》卷三《祭掃》，中華書局，2007年，第78頁。
〔註128〕陳思：《兩宋名賢小集》卷二百六十六黃大受《春日田家三首》，線裝書局，2004年，第15頁。
〔註129〕張耒：《張右史文集》卷十九《田家三首》，上海商務印書館，1936年，第158頁。
〔註130〕朱翌：《潛山集》卷一《端午觀競渡曲江》，中華書局，1985年，第17頁。
〔註131〕吳自牧：《夢粱錄》卷四《七夕》，中華書局，1985年，第24頁。

一日，車馬嗔咽，至七夕前三兩日，車馬不通行，相次壅遏，不復得出，至夜方散。」〔註132〕當時的乞巧節熱鬧程度可見一斑。

六、立秋。八月初的立秋也是一年的重要節氣，這一天之後，天氣會變得漸漸涼爽。民間傳說這一天吃了楸葉，能治療瘡痛，「立秋日，太陽未升，採楸葉熬爲膏，傅瘡立愈，謂之『楸葉膏』。」〔註133〕正因爲楸葉有著如此神奇的療效，因而民間大量採摘楸葉賣到城市，市民紛紛購買。《東京夢華錄》中《立秋》條載：「立秋日，滿街賣楸葉。婦女兒童輩，皆剪成花樣戴之。」〔註134〕《夢粱錄》載：立秋日「都城內外，侵晨，滿街叫賣楸葉，婦人、女子以及兒童輩爭買之，剪如花樣，插於鬢邊，以應時序」。〔註135〕《武林舊事》卷三載：「立秋日都人戴楸葉，飲秋水、赤小豆」〔註136〕。

七、秋社。宋時立秋後的第五個戊日，是爲秋社。在秋社這天，鄉民祭祀社神，感謝神明一年來的庇護，希望來年還能有好的收成。秋社是民眾的公共假日，無論男女老少都盡情享受節日的快樂。

在秋社這一天，婦女還有忌勞作、回娘家的習俗。張邦基《墨莊漫錄》載：「今人家閨房遇春秋社日，不作組紃，謂之『忌作』。」〔註137〕《東京夢華錄》卷八《秋社》載：「人家婦女皆歸外家。晚歸即外公姨舅皆以新葫蘆兒、棗兒爲遺，俗云宜良外甥」。〔註138〕秋社婦女歸寧回娘家時，家人會送葫蘆、棗子之類，以示祝婦女早生貴子之意。

八、重陽節。在九月初九的重陽節，婦女們也有登高、帶茱萸的習慣。史載：「今世人九日登高飲酒，婦人帶茱萸囊。」〔註139〕民婦們還戴上應節序的頭飾，裝扮自己。陳元靚《歲時廣記》載：重陽「都城人家婦女，剪綵繒爲茱萸菊、木芙蓉花，以相送遺」〔註140〕。

〔註132〕金盈之：《醉翁談錄》卷四《七月》，上海古籍出版社，2002年，第204頁。
〔註133〕陳元靚：《歲時廣記》卷二十五《熬楸膏》，中華書局，第291頁。
〔註134〕孟元老撰、伊永文箋注：《東京夢華錄箋注》卷八《立秋》，中華書局，2006年，第805頁。
〔註135〕吳自牧：《夢粱錄》卷四《七月》，中華書局，1985年，第23頁。
〔註136〕周密：《武林舊事》卷三《乞巧》，中華書局，2007年，第84頁。
〔註137〕張邦基：《墨莊漫錄》卷九，中華書局，2002年，第241頁。
〔註138〕孟元老撰、伊永文箋注：《東京夢華錄箋注》卷八《秋社》，中華書局，2006年，第807頁。
〔註139〕謝維新輯：《事類備要》前集卷十七《重九》，北京圖書館出版社，2006年。
〔註140〕陳元靚：《歲時廣記》卷三十四《綵繒花》，中華書局，1985年，第382頁。

在多季，民婦的娛樂活動就相對少。立多之日，民婦也有出遊迎寒的習俗，如王珪記載：「立多之節，士氣含收，百穀用成，士女嘉樂，迎寒在野。」〔註141〕多至之日，也會有民婦出遊的情況。周密《武林舊事》載：「都人最重一陽賀多，車馬皆華整鮮好，五鼓已填擁雜沓於九街，婦人小兒服飾華炫，往來如雲」〔註142〕。

除了傳統節日，如浴佛節、孟蘭節等宗教節日，民婦也參與到遊樂的行為中，前文已有敘及，此處不再贅言。

第五節　慈善公益

在宋代，不少民婦亦積極參與到公益事業中。從慈善對象的身份看，民婦的慈善活動的涉及對象不僅是家族成員，也有不少無血緣關係的社會人士。這在賑饑救荒活動以及慈幼恤孤等公益事業中表現得尤為突出，顯示出宋代民家婦女的公益行為具有廣闊的社會屬性。

總體而言，宋代民婦參與的慈善公益行為可分以下幾種類型。

一、農田水利建設，如修治堤塘、蓄水灌溉等。福建的木蘭陂的修建即與宋代民婦錢氏女有著密切關係，鄭樵記載：「興木蘭之役者，有長樂郡之二人焉始，則錢氏之女用十萬緡。」錢氏致力於木蘭陂建設，使之「溉田萬頃，旱嘆飢饉之虞，百年於茲。」〔註143〕還有王雲《節婦夫人吳氏墓碣銘》載：泌陽人吳氏，夫死後返回娘家唐州泌陽縣（今屬河南駐馬店市）居住。在此期間，她親自督率民夫興修水利，「闢污萊，均灌溉，身任其勞，築環堤以潴水，疏斗門以洩水。未幾，壞化為膏腴」〔註144〕。

二、地方公益建設，如築路鋪橋、掘井架亭等。宋代民婦出資修路建橋等公共設施的事跡頻頻見於史籍，如《平陽縣志》有不少宋代民婦捐資造橋的記載，「清信女弟子林氏三娘捨錢造此橋一所，為亡夫主王十一郎建平生界者」〔註145〕。「清信女弟子陳二十七娘舍橋……紹聖四年十一月初二日建造」。

〔註141〕王珪：《華陽集》卷三十二《立多祝文》，中華書局，1985年，第411頁。

〔註142〕周密：《武林舊事》卷三《冬至》，中華書局，2007年，第92頁。

〔註143〕鄭樵：《夾漈遺稿》卷中《重修木蘭陂記》，線裝書局，2004年，第630頁。

〔註144〕（清）蔡上翔：《王荊公年譜考略》卷七《節婦夫人吳氏墓碣銘》，中華書局，1959年，第118頁。

〔註145〕國家圖書館善本金石組：《宋代石刻文獻全編》，《（民國）平陽縣志》卷五十五《林氏三娘造橋題字》，北京圖書館出版社，2003年，第2冊，第35頁。

〔註146〕「陳縮妻張氏十四娘舍石橋一所，奉答四恩三有，宣和七年正月造」
〔註147〕。

關於民婦掘井架亭之事，也有見於史載的。南宋初，「金壇市東南隅無井，夏多道喝者，市人薛氏之母閔焉。病且死，屬成曰：『自汝先人在時，吾業紡織以禦寒暑，斥其餘以補朝哺之煙。逮汝成立，克供厥事，吾紡織不廢，而無所用其餘，積於今盈若干，吾欲經始井事，而病日侵，且計所用甫什之一，用弗謙於心。汝卒成之，吾死猶不死也』。」〔註148〕薛母捐資為本鄉打井，費用出自平生紡織所蓄。

三、社會慈善救濟，這包括平時的濟貧活動及饑荒期間的賑饑。蘇洵妻程夫人散家財，以救濟鄉里族人的事眾所周知。「始夫人視其家財既有餘，乃歎曰：『是豈所謂福哉？不已且愚吾子孫』，因求族姻之孤窮者，悉為嫁娶振業之。鄉人有急者，時亦賙焉。比其沒，家無一年之儲。」〔註149〕還有單夔母葉氏，「周人之急，切切如己戚休事。其在寠乏時，雖解衣鬻珥不少靳。既貴，則雖甚費而不肯已也」〔註150〕。信州上饒民婦陳烈婦，「年二十五，生子四齡而寡。丙子兵寇起，能以智全其家。歲饑發粟賑貧，類大丈夫，慷慨知大節，非徒守閨門貞行而已。」〔註151〕丁氏，遇到「年荒，分食以貽餓者。」〔註152〕劉氏如遇「歲大侵，穀貴。必痛下其估，寒者衣，疢者藥」〔註153〕。可見，民婦參與社會慈善救濟活動亦並不少見。

四、葺建廟宇。在這方面表現得較為突出的是富戶婦女，她們處在社會

〔註146〕國家圖書館善本金石組：《宋代石刻文獻全編》，《（民國）平陽縣志》卷五十五《陳二十七娘舍橋題字》，北京圖書館出版社，2003年，第2冊，第36頁。
〔註147〕國家圖書館善本金石組：《宋代石刻文獻全編》，《（民國）平陽縣志》卷五十五《陳縮妻舍橋題字》，北京圖書館出版社，2003年，第2冊，第37頁。
〔註148〕劉宰：《漫塘文集》卷二十《果泉亭記》，線裝書局，2004年，第248頁。
〔註149〕司馬光：《司馬溫公集編年箋注》卷七十六《蘇主簿程夫人墓誌銘》，巴蜀書社，2009年，第534頁。
〔註150〕袁說友：《東塘集》卷二十《故太淑人葉氏行狀》，線裝書局，2004年，第478頁。
〔註151〕（清）謝旻：《（康熙）江西通志》卷一百四十八戴表元《浴鼉沙溪水為陳烈婦作有序》，臺北成文出版社，第2876頁。
〔註152〕施宿：《（嘉泰）會稽志》卷十四《貞婦烈女》，中華書局，1990年，第6987頁。
〔註153〕楊萬里：《誠齋集》卷一百三十二《夫人劉氏墓銘》，線裝書局，2004年，第55頁。

上層，其經濟實力允許她們不遺餘力地參與建設，爲興建廟宇、造塔設像以及寺院發展出錢出力，她們的捐獻也成爲寺院經濟的重要來源。如「右南廂梁安家室柳三娘捨錢造寶塔二座，同祈平安。紹興乙丑七月題」〔註154〕。還有一些婦女親身投入寺院的建設，莊綽《雞肋編》卷中記載「平江府常熟縣有僧文用，目不識字而有心術。始欲建寺，……邑人欣然從之，老幼負土，雖閨房婦女，亦以裙裾包裹瓦石填委其上，不旬月，遂爲皐陸」。

　　從宋代民婦從事慈善公益活動的行爲來看，這些行善婦女多有信奉佛教的背景。宗教慈悲情懷的外在驅動，加之女性自身博愛、憐憫等情感因素，使得宋代民婦樂於參與社會公益活動。

　　由於女性的家庭觀念以及活動空間的限制，宋代婦女慈善公益行爲也受到地域性的制約，但她們還是盡自己最大的努力在力所能及的範圍之內救急濟困。通過民婦對社會活動的參與，其活動範圍已經逐漸從家裏滲透到社會中，其活動具有廣泛的社會屬性，在一定程度上擴大了婦女的社會影響，提高了她們的社會地位。

〔註154〕國家圖書館善本金石組：《宋代石刻文獻全編》，《（民國）福建金石志》卷九《開元寺柳三娘造塔記》，北京圖書館出版社，2003年，第4冊，第398頁。

結　語

　　上世紀二十年代，梁啓超在東南大學的演講中指出：「欲知歷史眞相，決
不能單看檯面上幾個大人物幾大事件便算完結，最要緊的是看出全個社會的
活動變化；全個社會的活動變化，要集積起來比較一番才能看見。」〔註1〕誠
如斯言。女性約占人類社會總人口的半數，古今皆然。而平民婦女又占婦女
人數的絕大多數，她們才眞正是婦女的主體。在宋代，民婦所從事的勞動和
生計類型、婚姻習俗、家庭生活、日常生活等方面，都表現出與其他階層婦
女群體所不同的風格。

　　宋代被普遍認爲是中國社會由前期向後期轉變的關鍵時期。在政治上，
通過科舉考試選拔官吏的體制方式，使官僚政治最終代替貴族政治。在經濟
上，土地私有化日趨嚴重，地主經濟得到很大發展，宋代租佃關係更爲完善。
隨著宋代經濟的發展，社會生產力的提高，更多的人從土地上解放出來，投
入到手工業勞動和商業活動中，促進了城市經濟的發展。城市人口的增加、
城市經濟的發展，促進了全社會的消費能力，相應地促進了與城市發展密切
相關的服務業、娛樂業的發展。學術上，各種思想學說相當活躍。北宋有關
學、洛學、蜀學等，南宋則有心學、理學、婺學、永康學派、永嘉事功學派
等。在宋代，社會風尙亦多有轉變，許多新習俗產生，並爲後世所遵循。如
在婚姻制度方面，如出嫁坐轎、夫妻拜天地、當日廟見、喝交杯酒等禮節，
都是從宋代開始而延續到後世的。宋時的這些社會變革，必然會對生活在其
中的平民婦女生活有所影響。

〔註 1〕 梁啓超：《歷史統計學》，載梁啓超著、賈菁菁編選《梁啓超演講集》，天津古
　　　　籍出版社，2005 年，第 70 頁。

　　張邦煒先生指出:「宋代不是貞節觀念驟然增長，婦女地位急轉直下的時期。……理學不是宋朝政府的官方哲學和主要統治思想。……對於當時政府的政策和整個社會的風氣都影響不大，與明清時代的情形簡直不能比較。」〔註2〕這一論斷可謂公允。可以說，婦女的地位在很大程度上是由財產狀況所決定的。對於宋代平民婦女而言，她們參與各種社會生產，是家庭基本物質生活的提供者之一。不少地區尤其是南方地區的民婦，在生活上往往可以不依賴男子而自立，靠自己的雙手養活自己及親人。特別是在農業勞動中，民婦的地位和作用尤不可忽略。她們廣泛地參與到農事耕作中，成為男子耕作的得力助手。民婦生產的紡織品除了繳納賦稅和家內消費，還可以拿到市場去出售。出售紡織品往往成為婦女私人財產的主要來源。在農業家庭中，婦女紡織加上在農作方面付出的勞動，在核心家庭中，成年女性至少承擔了三分之一的家庭收入。在有的家庭中，婦女甚至成為收入的主要承擔者。除去喪偶家庭外，丈夫離家外出也讓妻子更多地承擔起家庭生活的重擔。

　　在宋代，普通民戶因為經濟上的貧窮狀況，使他們很難組成中型或大型家庭，小型核心家庭是最主要的類型。由於人口較少，每個成員對家庭就顯得更重要。同時，家長專制的程度相對會輕些，家長更重視家庭成員尤其是妻子的意見。在普通家庭中，尊重母親與女性尊長以及夫妻齊體的觀念，使得民婦常常可以對家內事務發表意見。可以肯定地說，相對宋代其他階層的婦女，平民婦女在家中的地位是比較高的。

　　但是，宋代民婦的社會地位是要受到政治、經濟、法律、文化、社會習俗等諸因素綜合影響的。平民婦女在家中擁有更大的發言權，並不意味著她在社會上也能獲得相應的地位。在中國古代社會，「男尊女卑」，「男主外，女主內」的觀念，自先秦以來已逐漸成為一種占主導地位的文化意識。儒家所倡導的「三從四德」的女性基本道德行為規範，也被古代婦女自身視為完美人格的集中體現。就宋代民婦群體而言，她們所處的社會環境，仍是一個男權文化居統治地位的社會。女性無論在家庭還是社會上，地位均低於同時代的男性群體。在宋代，官辦學校禁止女子入讀，科舉制度更沒有向女子開放，女性被排斥在公共管理領域之外。在宋代，民婦廣泛參與社會生產並不意味著其擁有與男性相近的權利和地位。例如，遇到要為家庭犧牲時，妻子往往

〔註 2〕張邦煒:《婚姻與社會》，四川人民出版社，1987 年，第 92、96 頁。

是首選。丈夫可以將她們出租甚至出賣，只爲能有口飯吃。這時，丈夫並不認爲自己做的有什麼不對，反而認爲是天經地義的。

　　總體上說，宋代社會以男性爲主，以女性爲輔、爲從的性別制度十分明確。因此，民婦性別角色的從屬性特質是毫無疑問的。外部世界的影響、社會的教化，尤其是男性社會的女性觀都對宋代民婦的社會地位有著至關重要的影響。總的來說，宋代民婦無論在家庭還是社會上，所處的地位較古代社會後期的婦女地位要高。南宋後期，理學逐漸獲得最高統治者的某些認同，並給予其一定的地位。婦女的日常生活行爲也逐漸受制於理學的約束之下，與此同時，婦女在家庭和社會生活中的地位也開始日趨下降。

　　在宋代，政權多元、民族多元、思想多元、文化多元，還有由此帶來的整個社會女性觀的多元。這一切都造成了宋代民婦生活的多姿多彩。對於宋代民婦而言，家族門戶之外與內的界限雖然清楚，卻並非不可逾越。在鄉村中，農婦與男子一起從事農耕是較普遍的現象。民婦在外從事商業、手工業、服務業等維持家計也是宋代社會極爲普遍的現象。在宗教活動、休閒活動、節日娛樂、社會公益活動等方面也不乏平民婦女的身影。

　　由此可見，宋代民婦的生活並未完全囿於「內」——家庭之中。正如學者所指出的：「『婦人無外事』的標準或許較適用於傳統中國上層社會的婦女，並且至少是飽讀儒家經典的士大夫所抱持的基本理念和態度」〔註3〕。儒家理論雖然從婦女的性別角度尤其是倫理關係中的性別角度規定了其身份、等級與行爲，而這些規範並不是時時處處都那樣地嚴苛周密，這就使總體上處於卑下、從屬地位的婦女獲得一定的空隙和靈活性。對於宋代民婦而言，更是如此。

　　正如高世瑜先生所言：「婦女史的內容與寫法可以是多元的、多角度的，每個人眼中的婦女史也可以是各種各樣的、多姿多彩的，不必強求一律。」〔註4〕限於篇幅，在本文中全面展現宋代民婦群體生活的方方面面是不可能的。因此，本文以宋代民婦的婚姻家庭生活、日常生活、經濟行爲、精神文化活動這四方面爲切入點，以期盡可能地反映宋代民婦的生活情態。由於主題選

〔註3〕　鮑家麟、呂慧慈：《婦女之仁與外事——宋代婦女和社會公共事業》，載鄧小
　　　　南主編《唐宋女性與社會》，上海辭書出版社，2003年，第263頁。
〔註4〕　高世瑜：《中古性別制度與婦女》，載杜芳琴、王政主編《中國歷史中的婦女
　　　　與性別》，天津人民出版社，2004年，第70頁。

擇、筆者學力和史料所限，宋代民婦研究中存在的許多值得探討的問題，未能做到盡如人意，在時間和資料更爲充分的情況下，宋代平民婦女的研究將更爲全面和深入。

附錄：研究資料索引

一、期刊與會議論文

1. 全漢昇《宋代女子職業與生計》，《食貨》，1935 年第 1 卷 9 期。

2. 李德清《宋代女口考辨》，《歷史研究》，1983 年第 5 期。

3. 陳鵬《唐宋時期泉州的農田水利建設》，《農業考古》，1983 年第 2 期。

4. 張邦煒《試論宋代「婚姻不論閥閱」》，《歷史研究》，1985 年第 6 期。

5. 方建新《宋代婚姻論財》，《歷史研究》，1986 年第 3 期。

6. 張岩《李清照前期詞的社會意義》，《固原師專學報》，1986 年第 3 期。

7. 王墨、黃君萍《淺論宋代婦女的社會地位》，《廣東民族學院學報》，1988 年第 1 期。

8. 張邦煒《兩宋時期的社會流動》，《四川師範大學學報》，1989 年第 2 期。

9. 張邦煒《宋代婚姻制度的種種特色》，《社會科學研究》，1989 年第 3 期。

10. 吳旭霞《試論宋代的貞淫觀》，《江漢論壇》，1989 年第 5 期。

11. 陳廣勝《宋代生子不育風俗的盛行及其原因》，《中國史研究》，1989 年第 1 期。

12. 唐玲玲《李清照現象與兩宋女性文化》，《棗莊師專學報》，1989 年第 3 期。

13. 吳寶琪《試析宋代育婚喪俗的成因》，《北京師範大學學報》，1989 年第 5 期。

14. 吳寶琪《宋代產育之俗研究》，《河南大學學報》，1989 年第 1 期。

15. 吳寶琪《宋代的離婚與婦女再嫁》，《史學集刊》，1990 年第 1 期。

16. 鄭必俊《儒家禮教與兩宋婦女》，載《國際宋代文化研討會論文集》，四川大學出版社，1991 年。

17. 彭國維《合肥北宋馬紹庭夫妻合葬墓》,《文物》,1991 第 3 期。

18. 賈貴榮《宋代婦女地位與二程貞節觀的產生》,《山東社會科學》,1992 年第 3 期。

19. 姚紅《從寡婦財產權的變化看兩宋女子地位的升降》,《浙江學刊》,1993 年第 1 期。

20. 張明葉《兩宋末年愛國婦女的詩詞》,《文史知識》,1993 年第 11 期。

21. 鄭必俊《論兩宋婦女在經濟文化方面的貢獻》,載《週一良先生八十生日紀念論文集》,中國社會科學出版社,1993 年。

22. 謝桃坊《論宋人話本小說的市民女性群像》,《社會科學研究》,1993 年第 2 期。

23. 游惠遠《宋代婦女的職業類別所反映的婦女社會地位》,《勤益學報》,1994 年第 12 期。

24. 王章偉《從幾個墓誌銘看宋代河南呂氏家族中的婦女》,載《宋史論文集——羅球慶老師榮休紀念專輯》,香港中國史研究會,1994 年。

25. 孔淑真《宋代婦產科學》,《中華醫史雜誌》,1994 年第 3 期。

26. 馬秀娟《宋代的婦女詩作》,《中國典籍與文化》,1994 年第 3 期。

27. 程春萍《宋代婦女詞中的女性形象》,《社會科學戰線》,1994 年第 6 期。

28. 楊果《宋代後妃參政述評》,《江漢論壇》,1994 年第 9 期。

29. 唐自斌《略論南宋婦女的財產與婚姻權利問題》,《求索》,1994 年第 6 期。

30. 魏志江《論宋代後妃》,《揚州師院學報》,1994 年第 1 期。

31. 蔡一平《漢宋女主的比較》,《中國典籍與文化》1994 年第 3 期。

32. 王進先、石衛國《山西長治市五馬村宋墓》,《考古》,1994 年第 9 期。

33. 宋德金《遼金婦女的社會地位》,《中國史研究》,1995 年第 3 期。

34. 梁鳳榮《宋代婦女的獨立意識》,《鄭州大學學報》,1995 年第 5 期。

35. 鐘年、孫秋雲《肉體與精神的雙重禁錮——宋代的婦女生活》,《文史雜誌》,1996 年第 1 期。

36. 宋東俠《論宋代婦女改嫁盛行的原因》,載《宋史研究論文集》,河北大學出版社,1996 年。

37. 杜芳琴《十年回顧:中國婦女研究的對外交流》,《雲南學術探索》,1996 年第 1 期。

38. 杜芳琴《婦女史研究:女性意識的「缺席」與「在場」》,《婦女研究論叢》,1996 年第 4 期。

39. 劉春萍《南宋婚姻家庭法規範中婦女地位芻議》,《求是學刊》,1996 年第 6 期。

40. 吳旭霞《淺談宋代婦女的就業》，《學術研究》，1997 年第 10 期。

41. 李曉燕《論宋代列女的特質》，《江西師範大學學報》，1997 年第 2 期。

42. 宋東俠《宋代婦女的法律地位論略》，《青海師範大學學報》，1997 年第 3 期。

43. 高世瑜《婦女史研究三議》，《婦女研究論叢》，1997 年第 3 期。

44. 張邦煒《兩宋婦女的歷史貢獻》，《社會科學研究》，1997 年第 6 期。

45. 諸葛憶兵《論宋代後妃與朝政》，《南京師大學報》，1998 年第 4 期。

46. 程民生《略論宋代市民文藝的特點》，《史學月刊》，1998 年第 6 期。

47. 鄧小南《宋代士人家族中的婦女——以蘇州爲例》，載《國學研究（第 5 輯）》，北京大學出版社，1998 年。

48. 易素梅《契約關係中的女性活動——以唐宋時期的女性戶主爲中心》，載《國學研究（第 5 輯）》，北京大學出版社，1998 年。

49. 張偉然《唐宋時期峽江女性的形象與日常生活》，《中國文化研究》，1998 年第 2 期。

50. 劉靜貞《正位於內——宋代女性的生活空間》，載《錢穆先生紀念館館刊》，1998 年第 2 期。

51. 李侃諭《宋代的婦女地位及其生活》，《史化》第 27 期，1999 年。

52. 杜芳琴、蔡一平《中國婦女史研究的本土化探索》，《陝西師範大學學報》，1999 年第 2 期。

53. 余貴林《宋代買賣婦女現象初探》，《中國史研究》，2000 年第 3 期。

54. 杜桂榮《宋代女子離婚、再嫁與社會地位》，《湖北大學學報》，2000 年第 5 期。

55. 宋東俠《淺議宋代婦女在社會生產中的作用》，《青海社會科學》，2000 年第 6 期。

56. 陳興吾《浙江湖州三天門宋墓》，《東南文化》，2000 年第 9 期。

57. 臧健《對宋元家族制度、家法與女性的考察》，《山西師大學報》，2000 年第 2 期。

58. 方建新《宋人生育觀念與生育情況析論》，《浙江學刊》，2001 年第 4 期。

59. 宋東俠《簡析宋代在室女的財產權》，《青海師範大學學報》，2002 年第 1 期。

60. 宋東俠《理學對宋代社會及婦女的影響》，《青海社會科學》，2002 年第 1 期。

61. 初春英《也論宋代婦女的離婚、再婚及其地位》，《黑龍江教育學院學報》，2002 年第 3 期。

62. 李伯重《問題與希望：有感于中國婦女史研究現狀》,《歷史研究》,2002年第 2 期。

63. 龍登高《南宋臨安的娛樂市場》,《歷史研究》,2002 年第 5 期。

64. 黃敏《宋代著名女詞人詞作個性差異論析》,《江西社會科學》,2002 年第 3 期。

65. 張明華《論北宋女性政治的蛻變》,《河南大學學報》,2002 年第 1 期。

66. 臧健《南宋「生子不舉」現象之分析》,《中國史研究》,2003 年第 2 期。

67. 王善軍《宋代家庭結構初探》,《社會科學戰線》,2003 年第 3 期。

68. 李伯重《墮胎、避孕與絕育：宋元明清時期江浙地區的節育方法及其運用》,載李伯重《多視角看江南經濟史（1250～1850）》,三聯書店,2003年。

69. 郭麗冰《〈夷堅志〉中的勞動婦女》,《廣東農工商職業技術學院學報》,2003 年第 2 期。

70. 劉靜貞《歐陽修筆下的宋代女性——對象、文類與書寫期待》,《台大歷史學報》第 32 期,2003 年。

71. 黃敏、程箐《論宋代女性的文化心理與女性詞》,《南昌大學學報》,2003 年第 4 期。

72. 羅嬋《試比較唐宋兩代婦女的政治地位》,《零陵學院學報》,2003 年第 4 期。

73. 徐適端《元代平民婦女婚姻生活考》,《西南師範大學學報》,2003 年第 2 期。

74. 李小紅《計產育子：宋代南方家庭人口的自我調適》,《中國礦業大學學報》,2004 年第 2 期。

75. 丁海燕《宋人史料筆記研究——從〈四庫全書總目〉對宋代史料筆記的評價談起》,《中州學刊》,2004 年第 1 期。

76. 楊果《宋人墓誌所見女性形象解讀》,《東吳歷史學報》,2004 年第 6 期。

77. 李智萍《宋代宗女婚姻論略》,《殷都學刊》,2004 年第 1 期。

78. 張明華《王安石家族女性文化初探》,《鄭州航空工業管理學院學報》,2004 年第 1 期。

79. 楊果《唐宋婦女史研究的突破與深化——評〈唐宋女性與社會〉》,《婦女研究論叢》,2004 年第 4 期。

80. 李健秋《女禍觀念影響下的市民敘事——論宋元話本中的煙粉靈怪故事》,《學術交流》,2005 年第 7 期。

81. 程郁《柳田節子新作〈宋代庶民的婦女們〉評介》,《中國史研究動態》,2005 年第 7 期。

82. 奚明《安徽舒城縣三裏村宋墓的清理》,《考古》, 2005 年第 1 期。

83. 秦豔《淺談兩宋之交婦女的生活狀況》,《長治學院學報》, 2005 年第 4 期。

84. 李智萍《宋代女户的財產來源》,《平頂山學院學報》, 2005 年第 6 期。

85. 張文《民間慈善：婦女參與社會活動的有效途徑——立足於宋朝的考察》,《西南大學學報》, 2005 年第 3 期。

86. 黃亞娟《試論宋代女子教育》,《内蒙古農業大學學報》, 2005 年第 4 期。

87. 方燕《女巫與宋代社會》,《四川大學學報》, 2006 年第 5 期。

88. 張金花《宋代女性經商探析》,《中國史研究》, 2006 年第 4 期。

89. 陳大爲《從社會法律層面看唐宋女子再嫁問題》,《青海師範大學學報》, 2006 年第 2 期。

90. 胡桂香《婚姻與歷史——讀〈内闈：宋代的婚姻與婦女生活〉》,《婦女研究論叢》, 2006 年第 6 期。

91. 鮑家麟、呂慧慈《婦人之仁與外事——宋代婦女和社會公共事業》, 載鄧小南主編《唐宋女性與社會》, 上海辭書出版社, 2003 年。

92. 陳靜梅《醫學史中的性別政治：讀費俠莉〈繁盛之陰：中國醫學史中的性（960～1665）〉》,《婦女研究論叢》, 2007 年第 5 期。

93. 關冰《從〈夷堅志〉中的婚戀故事看兩宋婚戀意識形態》,《宜春學院學報》, 2007 年第 3 期。

94. 秦玉琴《雙重框架下的宋代平民女性》,《法制與社會》, 2007 年第 3 期。

95. 高楠《母親生前的奩產權利——以宋代爲中心》,《雲南社會科學》, 2007 年第 5 期。

96. 譚平《後妃與宋代政治》,《中華文化論壇》, 2008 年第 3 期。

97. 程民生《宋代婚喪費用考察》,《文史哲》, 2008 年第 5 期。

98. 陳國燦《論南宋江南地區市民階層的社會形態》,《史學月刊》, 2008 年第 4 期。

99. 楊果、陸溪《宋代女性自殺原因初探》,《蘭州大學學報》, 2008 年第 5 期。

100. 郭麗冰《宋代女性對家庭經濟貢獻探析》,《湘潭師範學院學報》, 2008 年第 3 期。

101. 臧健《淺議宋人子嗣觀念變化及對婦女地位的影響》, 載《鄧廣銘教授百年誕辰紀念論文集（1907～2007）》, 中華書局, 2008 年。

102. 邢鐵《唐宋時期的贅婿和接腳夫》, 載《宋史研究論叢》, 河北大學出版社, 2008 年。

103. 魏天安《宋代財產繼承法之「女合得男之半」辨析》,《雲南社會科學》,2008 年第 6 期。

104. 姚延玲《宋代溺嬰問題探析》,《河北青年管理幹部學院學報》,2008 年第 2 期。

105. 汪莉《論宋代上層婦女教育中的儒家人文主義思想》,《鄖陽師範高等專科學校學報》,2008 年第 2 期。

106. 方燕《從催生巫術看宋代婦女的生育》,《甘肅社會科學》,2008 年第 2 期。

107. 朱蕾、任仲書《宋代社會中媒人的活動與影響》,《渤海大學學報》,2008 年第 3 期。

108. 魏娜娜《宋代女性婚姻家庭生活狀況探悉》,《法制與社會》,2008 年第 30 期。

109. 郭麗冰《從〈夷堅志〉看宋代女性的婚姻生活》,《長春市委黨校學報》,2008 年第 3 期。

110. 黃啓江《兩宋社會菁英家庭婦女佛教信仰之再思考》,臺灣《法鼓佛教學報》,2008 年第 6 期。

111. 饒軍《「餓死事小,失節事大」的貞節觀與宋朝婦女地位》,《湖北職業技術學院學報》,2009 年第 3 期。

112. 宋冬霞《唐宋女性著述之比較》,《蘭州學刊》,2009 年第 4 期。

113. 白興榮《淺議宋代外命婦及其家務管理職能》,《濮陽職業技術學院學報》,2009 年第 4 期。

114. 鐵愛花《論宋代女性的賑濟活動》,《西北師大學報》,2009 年第 4 期。

115. 劉欣《略論宋代家訓中的「女教」》,《中華女子學院學報》,2009 年第 5 期。

116. 李智萍《宋代女戶的特點》,《婦女研究論叢》,2009 年第 6 期。

117. 文瑾《宋代市井體育休閒文化考略》,《新聞愛好者》,2009 年第 16 期。

118. 馬瑩瑩《宋代婦女的生活及地位考》,《黑龍江史志》,2009 年第 16 期。

119. 郭美琴《宋代家訓文獻述論》,《蘭台世界》,2009 年第 8 期。

120. 鄧小南《出土材料與唐宋女性研究》,載《中國史新論·性別篇》,財經出版社,2009 年。

121. 鐵愛花《論宋代士人階層的夫妻關係——秩序規範與實際形態》,《蘭州大學學報》,2009 年第 1 期。

122. 秦豔《從墓誌看宋代女性的佛教信仰》,《晉陽學刊》,2009 年第 6 期。

123. 戰秀梅《宋代婦女經濟活動探析》,《中國社會經濟史研究》,2010 年第 10 期。

124. 崔碧茹《宋代女性的經濟活動：以地產買賣與契約爲中心》,《中國經濟史研究》, 2010 年第 3 期。

125. 劉雲霞《女性形象在柳永詞中的全新面貌》,《邢臺學院學報》, 2009 年第 2 期。

126. 范夢《宋代下層婦女的社會生活》,《西南農業大學學報》, 2010 年第 5 期。

127. 張本順《宋代婦女奩產所有權探析及其意義》,《法制與社會發展》, 2011 年第 5 期。

128. 曾維剛《婦女史研究的新視野》,《中國社會科學報》, 2011 年 12 月 1 日

129. 來桂佩《試析宋代士人階層婦女的生存狀況》,《重慶交通大學學報》, 2011 年第 6 期。

130. 李敏《淺析唐宋婦女服飾之差異》,《文物春秋》, 2011 年第 3 期。

131. 光曉霞《宋代婦女的慈善活動——以墓誌爲中心》,《樂山師範學院學報》, 2011 年第 4 期。

132. 謝穡《宋代女作家自我意識的覺醒及其詩詞呈現》,《湖南農業大學學報》, 2012 年第 1 期。

133. 金建鋒《論宋代婦女與佛教》,《宋史研究論叢》, 2012 年。

134. 王申近《10 年唐宋婦女史研究的回顧與反思》,《婦女研究論叢》, 2012 第 2 期。

135. 朱瑞熙《評〈中國婦女通史‧宋代卷〉》,《中國史研究動態》, 2012 年第 4 期。

136. 汪悅《北宋婦女的婚姻與生育——以墓誌銘爲研究樣本》,《重慶理工大學學報》, 2012 年第 4 期。

137. 和溪《兩宋時期女子纏足的文化因素探析》,《赤峰學院學報》, 2012 年第 8 期。

138. 王翠《宋代出嫁女與本家的經濟關係》,《許昌學院學報》, 2013 年第 1 期。

139. 龍曉添《喪禮中的女性——以〈儀禮〉〈朱子家禮〉記述爲例》,《廣西師範大學學報》, 2013 年第 2 期。

140. 葉露《此花不與群花比——從宋人對李清照的評價看宋代女性教育》,《貴州師範大學學報》, 2013 年第 5 期。

141. 張蓓蓓、束霞平《北宋初漢族婦女服飾特徵探微》,《絲綢》, 2013 年第 12 期。

142. 石雅軒《宋代婦女再嫁問題研究探述》,《貴陽學院學報》, 2014 年第 4 期。

143. 任歡歡《宋代女性服裝消費》,《商丘師範學院學報》, 2014 年第 8 期。

二、學位論文

1. 宋東俠《宋代婦女的社會地位》, 河北大學碩士論文, 1986 年。

2. 游惠遠《宋代民婦之家庭角色與地位研究》, 臺灣東海大學碩士論文, 1988 年。

3. 李連秀《隋唐五代時期下層婦女的社會生活研究》, 福建師範大學碩士論文, 2003 年。

4. 李智萍《宋代女戶研究》, 河南大學碩士論文, 2004 年。

5. 苗玉勤《試論宋代婦女的地位及其社會作用》, 鄭州大學碩士論文, 2005 年。

6. 邵育欣《宋代筆記小說中的婦女形象》, 首都師範大學碩士論文, 2005 年。

7. 方燕《巫文化視域下的宋代女性》, 四川大學博士論文, 2005 年。

8. 鐵愛花《宋代士人階層女性研究——秩序、規範與女性生活》, 武漢大學博士論文, 2006 年。

9. 戚良豔《宋代士人婦女在家庭經濟運營中的作用》, 上海師範大學碩士論文, 2006 年。

10. 翟瑞芳《宋代家禮的立制與實踐》, 上海師範大學碩士論文, 2007 年。

11. 秦玉琴《宋代女性的佛教「空門生活」探微》, 華中師範大學碩士論文, 2007 年。

12. 劉芳《論清朝中下層婦女與封建專制的抗爭》, 山西大學碩士論文, 2007 年。

13. 郭宏榮《宋朝市民階層婦女研究》, 西南大學碩士論文, 2007 年。

14. 孫曉紅《蘇軾詞中女性形象研究》, 延邊大學碩士論文, 2008 年。

15. 姚社《宋代家訓中的婦女觀研究》, 華中師範大學碩士論文, 2008 年。

16. 位雪燕《元代漢族平民婦女家庭生活研究》, 西南大學碩士論文, 2008 年。

17. 丁翠萍《考古出土的兩宋時期首飾研究》, 吉林大學碩士論文, 2009 年。

18. 潘宏麗《宋代話本中的女性形象研究》, 延邊大學碩士論文, 2010 年。

19. 朱偉傑《宋代女性詞人詞作傳播研究》, 蘭州大學碩士論文, 2010 年。

20. 龍蓉《宋代女性繼承制度探析》, 南昌大學碩士論文, 2010 年。

21. 鄭麗萍《宋代婦女婚姻生活研究——以〈全宋文〉所涉 4802 篇墓誌為例》, 華東師範大學博士論文, 2010 年。

22. 張曉華《宋代平民婦女財產權利研究——以律法爲中心的考察》，遼寧大學碩士論文，2011 年。

23. 徐爽《宋代女子禮佛研究》，浙江大學碩士論文，2011 年。

24. 許從彬《宋代女訓思想研究》，南京師範大學碩士論文，2011 年。

25. 王雯嬌《宋代離婚婦女生活狀況研究》，遼寧大學碩士論文，2011 年。

26. 魏哲《宋代婦女財產權研究》，河南大學碩士論文，2011 年。

27. 湯琳《宋代女性倫理研究》，安徽大學碩士論文，2011 年。

28. 馬曉倩《宋代婦女的財產權研究》，山東大學碩士論文，2011 年。

29. 汪芳《宋代婦女宗教信仰與性別角色》，上海師範大學碩士論文，2011 年。

30. 張晶《北宋中上層婦女的婚姻與生育模式研究，西南大學碩士論文，2012 年。

31. 夏濤《唐宋時期知識女性的文化運用》，河北師範大學碩士論文，2012 年。

32. 段國華《宋代婦女的歷史貢獻及其地位研究》，山西師範大學碩士論文，2012 年。

33. 梁素麗《宋代女性家庭地位研究》，遼寧大學碩士論文，2012 年。

34. 谷汀璐《宋代女性在婚姻家庭中的法律地位》，重慶大學碩士論文，2012 年。

35. 侯志敏《宋代閨閣女詩人及其詩作研究》，內蒙古大學碩士論文，2012 年。

36. 于輝《宋代家族女性財產繼承權研究》，廣西師範大學碩士論文，2012 年。

37. 閆瓊琳《宋代歸宗女法律問題初探》，蘇州大學碩士論文，2012 年。

38. 范夢《宋代妻妾關係研究》，西南大學碩士論文，2012 年。

39. 顧紅芬《抑揚之間：宋代女性的社會評價研究》，四川師範大學碩士論文，2012 年。

40. 王文淵《唐宋女性犯罪問題探研》，四川師範大學碩士論文，2012 年。

41. 雷晶晶《唐、宋兩代女性裙裝研究》，鄭州大學碩士論文，2012 年。

42. 肖雲姣《宋朝女性詞作中的民俗》，江西師範大學碩士論文，2012 年。

43. 彭豔芳《宋代女詞人常見意象分析》，陝西師範大學碩士論文，2012 年。

44. 謝靜雯《宋代女性詩人及詩作探析》，寧夏大學碩士論文，2013 年。

45. 馬玉鳳《宋代平民婦女家庭生活研究》，蘭州大學碩士論文，2013 年。

46. 石蘭《北宋都市女性的娛樂生活研究》，華中師範大學碩士論文，2013年。

47. 許靜《宋代女性頭飾設計研究》，蘇州大學博士論文，2013年。

48. 梁鷹《唐宋時期女性財產權述論》，青海師範大學碩士論文，2013年。

49. 紀昌蘭《宋代女性妝飾研究》，河南大學碩士論文，2013年。

50. 李承潤《宋代女性詞人創作特點研究》，延邊大學碩士論文，2013年。

51. 楊帆《南宋女子財產權判例研究》，天津商業大學碩士論文，2013年。

52. 張凌潔《宋代女性飾品的審美內涵》，中國地質大學（北京）碩士論文，2013年。

53. 沈文潔《司馬光的女子德育思想》，山西師範大學碩士論文，2013年。

54. 向歡《宋代繪畫女性生活題材內容探析》，首都師範大學碩士論文，2013年。

55. 唐雲林《北宋時期的婚姻禮俗研究》，中原工學院碩士論文，2013年。

56. 趙旭《宋代女性戶絕財產繼承研究》，西北大學碩士論文，2014年。

57. 宋靜雯《宋詩女性服飾描寫研究》，淮北師範大學碩士論文，2014年。